Auxiliando a humanidade a encontrar a Verdade

Série
Memórias do Espiritismo
Volume 1

Fotos e ilustrações da página anterior (de cima para baixo, a partir da esquerda):
Gabriel Delanne, Bezerra de Menezes, Allan Kardec, Leon Denis;
William Crookes, Alfred Russel Wallace, Alexander Aksakof, Oliver Lodge;
Yvonne do Amaral Pereira, Alfred Binet, Ernesto Bozzano, Arthur Conan Doyle;
Hercílio Maes, Caibar Schutel, Gustavo Geley, Eurípedes Barsanulfo;
Victor Hugo, Charles Robert Richet, Cesare Lombroso, Pierre Gaetan Leymarie;
Andrew Jackson Davies, Camille Flammarion, Francisco Cândido Xavier, Emanuel Swedenborg.

Reconhecemos a ausência de inúmeros expoentes do espiritismo nesta galeria de imagens. Em razão do limitado espaço, escolhemos apenas algumas personalidades ilustres para representar todos aqueles que gostaríamos de homenagear.

Evolução Anímica

Ensaios de psicologia fisiológica
segundo o espiritismo

© 2008 – Conhecimento Editorial Ltda.

Evolução Anímica
L'Évolution Animique (1897)
Gabriel Delanne

Todos os direitos desta edição reservados à
CONHECIMENTO EDITORIAL LTDA
www.edconhecimento.com.br
conhecimento@edconhecimento.com.br
Caixa Postal 404 – CEP 13480-970
Limeira – SP – Fone: 19 34510143

Nos termos da lei que resguarda os direitos autorais, é proibida a reprodução total ou parcial, de qualquer forma ou por qualquer meio — eletrônico ou mecânico, inclusive por processos xerográficos, de fotocópia e de gravação — sem permissão por escrito do editor.

Tradução:
Julieta Leite
Projeto Gráfico:
Sérgio Carvalho
Colaborou nesta edição:
Mariléa de Castro

ISBN 978-85-7618-128-6
1ª Edição – 2008

• Impresso no Brasil • *Presita en Brazilo*

Dados Internacionais de Catalogação na Publicação (CIP)
(Câmara Brasileira do Livro, SP, Brasil)

Delanne, Gabriel, 1857-1926
 Evolução Anímica – Ensaios de psicologia fisiológica segundo o espiritismo/ Gabriel Delanne; [tradução Julieta Leite]. — 1ª ed. — Limeira, SP : Editora do Conhecimento, 2008.

 ISBN 978-85-7618-128-6

 1. Alma 2. Espiritismo - Filosofia 3. Evolução Espiritismo 4. Perispírito 5. Psicologia fisiológica I. Título

08-01173   CDD – 133.93

Índices para catálogo sistemático:
1. Evolução anímica : Psicologia fisiológica :
Espiritismo : 133.901

Gabriel Delanne

Evolução Anímica

Ensaios de psicologia fisiológica
segundo o espiritismo

1ª edição
2008

EDITORA DO
CONHECIMENTO

Nota de repúdio à pirataria

Respeitar o sacrifício alheio para produzir uma obra espírita é o mínimo que se espera de todos que almejam alcançar a condição de "bons espíritas", conforme nos ensina *O Evangelho Segundo o Espiritismo*, no capítulo 17, intitulado "Sede perfeitos", item **Os bons espíritas**.

O capítulo 26 desta obra básica ("Dai de graça o que de graça recebestes") nos conduz a uma importante reflexão sobre o tema "mediunidade gratuita", explicando, de forma muito objetiva, o papel do médium como intérprete dos Espíritos:

> ... receberam de Deus um dom gratuito – o dom de ser intérpretes dos Espíritos –, a fim de instruir os homens, mostrar-lhes o caminho do bem e conduzi-los à fé, e não para vender-lhes palavras que não lhes pertencem, porque não são produto de suas concepções, nem de suas pesquisas, nem de seu trabalho pessoal. ...

Contudo, muitos seguidores da Codificação têm um entendimento equivocado a respeito da produção das obras espíritas e/ou espiritualistas, atribuindo a elas o ônus da gratuidade, ao confundir a produção editorial com a mediunidade gratuita, universo do qual ela não faz parte.

É fundamental separar uma coisa da outra, para que os espíritas não sejam induzidos a erros, cujos efeitos morais e éticos conflitam com os princípios espirituais.

Para que um livro de qualquer gênero literário chegue às mãos dos leitores, é preciso mais que a participação do autor (ou do médium escrevente), uma vez que o processo editorial depende de inúmeros profissionais qualificados em áreas diversas. Sem eles, as ideias e conteúdos não se materializariam em forma de livros.

Portanto, tradutores, revisores, editores, digitadores, diagramadores, ilustradores, capistas, artefinalistas, impressores, distribuidores, vendedores e lojistas fazem parte desse rol de profissionais empenhados na veiculação das obras espíritas/espiritualistas. Sem citar os custos da produção gráfica com papel e insumos que influem no preço final do livro.

Como se pode perceber, para que um conteúdo, uma psicografia, chegue aos leitores, percorre-se um longo caminho que envolve uma equipe diversa, em que muitos dos profissionais não são médiuns nem voluntários e, portanto, não se inserem na máxima: "Dai de graça o que de graça recebestes".

Por isso, ao se praticar a pirataria, apropriando-se indevidamente de uma obra literária, seja através da reprodução de seu conteúdo por arquivo pdf ou digital, visando ao compartilhamento "fraterno" dos ensinamentos da Doutrina Espírita, se está na realidade infringindo a lei da Primeira Revelação: "Não roubarás!". Sim, porque apropriação indébita de bens que também fazem parte do plano material é um delito, qualquer que seja a suposta boa intenção.

Este é o alerta que a maioria das editoras, inclusive as espíritas, gostaria de fazer chegar aos leitores e que a Editora do Conhecimento inclui na conclusão desta belíssima obra, fruto de um trabalho editorial que não envolveu voluntários, mas sim profissionais remunerados que exigem respeito por suas atividades.

Deixamos aqui registrado nosso repúdio a sites, blogs, fóruns e outras mídias que pirateiam e armazenam obras literárias. Ao fazer uso ilícito desses depósitos de livros roubados, "espíritas e espiritualistas" se distanciam cada vez mais do seu aprimoramento moral.

Finalizando, lembramos que "o homem de bem respeita todos os direitos que as leis da natureza atribuem aos seus semelhantes, como gostaria que respeitassem os seus" (*O Evangelho Segundo o Espiritismo*, capítulo 17 "Sede perfeitos", item **O homem de bem**).

Conhecimento Editorial
Seus editores.

Sumário

Introdução 11

1 – **A vida** 21
 • Estudo a respeito da vida • Destruição orgânica • Criação orgânica • Propriedades gerais dos seres vivos • Condições gerais para manutenção da vida • A umidade • O ar • O calor • Condições químicas do meio • Semelhança do funcionamento vital em todos os seres vivos • A força vital • Por que se morre? • Utilidade fisiológica do perispírito • A idéia diretriz • O funcionamento orgânico • Papel psicológico do perispírito. A identidade • O sistema nervoso e a força nervosa ou psíquica • Resumo

2 – **A alma animal** 54
 • Os selvagens • Identidade entre o corpo humano e o dos animais • Estudo das faculdades intelectuais e morais dos animais • A curiosidade • O amor-próprio • A imitação inteligente • A abstração • A linguagem • A idiotia • Amor conjugal • Amor materno • Amor ao próximo • O sentimento estético • A gradação dos seres • A luta pela vida • Resumo

3 – **Como o perispírito pôde adquirir suas propriedades funcionais** 82
 • A teoria celular • Desenvolvimento correlato do gânglio cerebral e da inteligência na série animal • O perispírito • Formação dos órgãos dos sentidos: papel do perispírito • O sistema nervoso e a ação reflexa • O instinto • Resumo

4 – **A memória e as personalidades múltiplas** 119
• A antiga e a nova psicologia • Sensação e percepção • Condições da percepção • O inconsciente psíquico • Estudo a respeito da memória • A memória orgânica, ou inconsciente fisiológico • A memória psíquica • A memória propriamente dita • Aspectos múltiplos da individualidade • A personalidade • Alterações da memória por enfermidade • Dupla personalidade • História de Félida • História da srta. R. L. • Sonambulismo provocado • Diferentes graus de sonambulismo • Esquecimento das existências passadas • Resumo

5 – **O papel da alma do ponto de vista da reencarnação, da hereditariedade e da loucura**.................... 180
• A força vital • O nascimento • A hereditariedade • Pangênese • A hereditariedade fisiológica • A hereditariedade psicológica • A obsessão e a loucura • Resumo

6 – **O Universo** 220
• A matéria e o espírito • A evolução cósmica • A evolução terrestre

Conclusão 236

Introdução

O Espiritismo constitui-se de um conjunto de doutrinas filosóficas reveladas pelos Espíritos, isto é, por inteligências que viveram na Terra. Seu estudo pode ser dividido em duas partes:

1. a análise dos fatos que comprovam a comunicação entre os vivos e os impropriamente chamados mortos;

2. o exame das teorias elaboradas por essas inteligências desencarnadas.

Nosso fim de século tem como característica uma evolução radical das idéias. Os mais ilustres homens de ciência, embora oriundos do campo materialista, já estão convencidos de que o niilismo intelectual é a mais crassa das utopias. Tal hipótese, em contradição com todos os conhecimentos adquiridos a respeito da alma, nada explica quanto ao que se refere à natureza, nem produz outros resultados a não ser o abatimento, a apatia intelectual ante a perspectiva do nada. As antigas crenças na imortalidade, que se apoiavam sobre bases religiosas, desapareceram quase por completo, e vemos as lamentáveis conseqüências que a falta de ideais acarreta à sociedade. É chegada a hora de reagir energicamente contra os sofismas pseudo-sábios, que orgulhosamente decretaram que a morte é incognoscível, e, derrubando todos os entraves que pretenderam opor à investigação do além, poderemos afirmar que a sobrevivência e a imortalidade do princípio pensante são verdades demonstráveis com incontestável rigor.

O espiritismo chegou na hora certa. Diante das negações de um ceticismo grosseiro, ele afirma a sobrevivência da alma com manifestações tangíveis, que ninguém pode contestar, sob pena de fazer jus ao título de ignorante, ou, no mínimo, de preconceituoso. Foram inúteis todos os sarcasmos com que pretenderam ocultar as verdades reveladas pelo espiritismo: elas trazem consigo tal cunho de certeza, que é difícil não reconhecê-las. Por isso seus contestadores adotaram outra tática, e esperam triunfar pela conspiração de silêncio que organizaram em torno da ciência espírita.

A ciência oficial, apesar das numerosas investigações efetuadas neste domínio por físicos e químicos eméritos, fechou os olhos e os ouvidos obstinadamente diante dos fatos que davam um desmentido formal às suas assertivas, e tratou de fazer crer que o espiritismo estava morto. Vã ilusão! Hoje, o espiritismo está mais florescente do que nunca. Como sabemos, o fenômeno começou com o movimento das mesas, mas atingiu proporções verdadeiramente extraordinárias, respondendo, a cada uma das críticas contra ele formuladas, com fatos que demonstram peremptoriamente a falsidade das hipóteses imaginadas para explicá-lo.

À teoria dos movimentos inconscientes do médium, ou das pessoas presentes, preconizada por eminências como Babinet, Chevreul e Faraday, os Espíritos contrapuseram o movimento de objetos inanimados mudando de lugar sem contato visível, como o atesta o informe da Sociedade Dialética de Londres. À negação de uma força emanada do médium, William Crookes respondeu construindo um aparelho que mede matematicamente, à distância, a ação da força psíquica.[1] Para arrasar o argumento predileto dos incrédulos – a alucinação – as individualidades do espaço se deixam fotografar, demonstrando assim, de modo incontestável, sua objetividade. E mais: É possível obter moldes das partes de um corpo fluídico temporariamente formado, e conservar indefinidamente esses moldes como testemunho perene e autêntico da realidade da aparição. E algumas vezes os Espíritos dão a medida do seu poder sobre a matéria, produzindo a escrita sem qualquer dos meios para ela utiliza-

---
1 *O Fenômeno Espírita - Testemunho dos Sábios.*

dos, e transportando através de muros e paredes, sem danificá-los, objetos materializados. Finalmente, os Espíritos atestam sua inteligência e personalidade com provas absolutas, deixando claro que viveram na Terra.

Muitos falaram e escreveram contra o espiritismo, mas ninguém conseguiu destruí-lo; antes pelo contrário, saiu cada vez mais pujante do batismo da crítica. Todos os anátemas, todas as negações tendenciosas viram-se forçados a recolher-se diante da avalancha de documentos reunidos pela tenacidade dos investigadores. O fato espírita conquistou adeptos em todas as classes sociais. Legisladores, magistrados, professores, médicos, engenheiros, artistas não hesitaram em proclamar a nova fé, resultado de um exame acurado e de uma longa experimentação. O que falta às comunicações de além-túmulo é somente a consagração da ciência oficial: já tem a sanção dos seus mais notáveis representantes. Tão rigorosamente positivo foi o caráter que deram às suas experiências os ilustres sábios que se ocuparam com essa questão na França, na Alemanha, na Inglaterra, na Itália e nos Estados Unidos, que hoje já não é permitido contestar a autoridade das suas afirmações, mil vezes repetidas.

A luta foi longa e encarniçada, porque foi preciso enfrentar os materialistas, cujas teorias caíam por terra com tais experiências, e também as religiões, que viam seus dogmas seculares oscilarem diante do ímpeto irresistível das individualidades do espaço. Em outra obra,[2] expusemos metodicamente o grandioso desenvolvimento do espiritismo graças à experimentação, e discutimos ponto por ponto todas as objeções dos incrédulos, mostrando claramente a insensatez das teorias imaginadas para explicar os fenômenos, seja através das leis físicas atualmente conhecidas, seja pela sugestão, ou alucinação. Do nosso exame imparcial, surge a irrefutável conclusão de que esses fenômenos devem-se aos homens que viveram na Terra.

Atualmente, nenhuma escola filosófica, exceto o espiritismo, pode dar uma explicação coerente dos fatos. Teósofos, ocultistas, magos e outros evocadores do passado tentaram dá-la, atribuindo os fenômenos a seres imaginários chamados *elemen-*

---

[2] Esta força revela-se de maneira incontestе após as experiências dos Srs. Richet, Dariex, Lombroso, Carlos du Prel, Rochas, e outros. Ver a *Exteriorização da Motilidade*, de Rochas.

tais, ou *elementares, cascões astrais,* ou *inconscientes inferiores.* Além de não resistirem à investida de um exame sério, essas hipóteses não explicam todas as experiências satisfatoriamente e têm como único resultado complicar a questão sem necessidade. Compreende-se, assim, porque nenhum desses sistemas conseguiu propagar-se, e porque foram esquecidos tão depressa quanto foram conhecidos.

A sobrevivência do ser pensante firmou-se de modo contundente, categórico; o grande problema da destinação futura está resolvido. A morte rasgou seus véus, e por entre os farrapos vemos luzir na imortalidade e no infinito os afetos que imaginávamos desvanecidos para sempre. Portanto, não voltaremos a examinar as numerosas provas que possuímos da sobrevivência da alma. Nesta obra, nos ateremos a estudar o Espírito durante a encarnação terrestre, levando em consideração os ensinamentos lógicos do espiritismo e as últimas descobertas da ciência. Os novos conhecimentos, que devemos às inteligências extraterrenas, ajudam-nos a compreender toda uma categoria de fenômenos psicológicos e psíquicos, que sem eles são inexplicáveis. Ao negarem a existência da alma, os materialistas se privam voluntariamente de noções indispensáveis à compreensão dos fenômenos vitais do ser animado, e os filósofos espiritualistas, empregando como único instrumento de investigação o senso íntimo, não conheceram a verdadeira natureza da alma. De modo que até hoje não se conseguiu conciliar, numa explicação comum, os fenômenos físicos e mentais. Mostrando a composição do Espírito, e tornando tangível nossa porção fluídica, o espiritismo projetou viva luz sobre essas dificuldades, aparentemente insuperáveis, e agora podemos abranger numa vasta síntese todos os fatos da vida corporal e da vida intelectual, e entender suas mútuas relações, até então desconhecidas.

Para que se compreenda melhor nosso pensamento, é conveniente recordar, em poucas palavras, as novas noções que adquirimos a respeito da alma, o que porá em destaque a originalidade e a grandeza da nova doutrina.

O ensinamento dos Espíritos foi coordenado com notória elevação de propósitos e com incontestável lógica por Allan Kardec.[3] Este profundo filósofo expôs metodicamente uma sé-

---
[3] Ver as obras de Kardec: *O Evangelho Segundo o Espiritismo, O Livro dos*

rie de problemas relativos à existência de Deus, da alma e da constituição do Universo, e deu uma solução clara e racional à maioria desses temas difíceis, descartando cuidadosamente a metafísica dos seus raciocínios. Por isso o tomamos por guia neste breve resumo.

A alma, ou Espírito, é o princípio inteligente do Universo, sendo, por sua natureza, indestrutível como a energia e a matéria. A essência íntima da alma nos é desconhecida, mas somos obrigados a reconhecer nela um modo de existência peculiar, porque suas faculdades a diferenciam de tudo o que existe. O princípio inteligente de que emanam todas as almas é inseparável do fluido universal,[4] ou seja, da matéria em sua forma original, primordial, em seu estado mais puro.

Seja qual for seu grau de evolução, todos os Espíritos acham-se revestidos de um envoltório invisível, intangível e imponderável. Este corpo fluídico chama-se perispírito, e sobre ele o espiritismo nos dá uma série de ensinamentos específicos. Contrariando a opinião geral, o espiritismo sustenta que a alma não é uma essência pura, nem uma abstração ideal, nem uma entidade vaga, como afirmam os espiritualistas, e sim um ser concreto, dotado de um organismo psíquico perfeitamente delimitado.

Se no estado normal a alma é invisível, pode, no entanto, em condições determinadas, aparecer-nos com densidade suficiente para impressionar-nos os sentidos. Os médiuns vêem-na no espaço com a última forma que teve na Terra; algumas vezes se materializa o suficiente para deixar traços duradouros da sua intervenção, podendo-se afirmar que, mesmo quando escapa aos nossos sentidos, é tão real e atuante quanto o homem terrestre.

Veremos, no decorer deste estudo, que apesar da sua materialidade o perispírito é tão etéreo que a alma não poderia atuar sobre a matéria sem o auxílio de uma força a que se deu o nome de fluido vital.

A alma tem por objetivo desenvolver todas as faculdades que lhe são inerentes. Para consegui-lo, vê-se forçada a encarnar muitas vezes na Terra, a fim de desenvolver suas faculdades

---

Espíritos, O Livro dos Médiuns, O Céu e o Inferno, Gênese, Obras Póstumas, e, principalmente, a *Revista Espírita*, onde publicou numerosos estudos do mais alto interesse sobre diferentes pontos.
4 *Matéria Cósmica Primitiva* (*prótilo*, suposta matéria primordial de todos os corpos), de Crookes.

morais e intelectuais e aprender a dominar-se e a dominar a matéria. Uma evolução contínua, das formas mais rudimentares de vida à humanidade, granjeia-lhe a individualidade própria do ser pensante. Chegada a esse nível, deve desenvolver sua espiritualidade, dominando os instintos grosseiros remanescentes da sua passagem pelas formas inferiores, para, na série de transformações, elevar-se a destinos cada vez mais altos.

As reencarnações são uma necessidade incontestável para o adiantamento do Espírito. Cada existência terrena suporta apenas determinada quantidade de esforços, após os quais a energia da alma fica debilitada. A morte é um repouso, uma etapa no longo caminho da eternidade, e voltar depois à Terra representa uma espécie de rejuvenescimento para o Espírito. A cada renascimento, as águas do Letes[5] trazem à alma uma nova virgindade: os preconceitos, os erros, as superstições do passado se dissiparam; as antigas paixões, as infâmias, os remorsos desapareceram; o esquecimento deu origem a um novo ser, que se lança com entusiasmo numa nova estrada. Cada esforço pressupõe um progresso, cada progresso, uma força maior, e, lentamente, essas sucessivas aquisições elevam a alma nos inúmeros degraus da perfeição.

Tais revelações nos fazem entrever as perspectivas do infinito: mostram-nos a existência eterna desenvolvendo-se nos esplendores do cosmos, e nos permitem compreender melhor a justiça e a bondade do Imortal Autor dos seres e das coisas.

Criados iguais, todos temos as mesmas dificuldades a vencer, as mesmas lutas a travar, o mesmo ideal a aspirar: a felicidade perfeita. Nenhum poder arbitrário predestina uns a sofrimentos intermináveis e outros à beatitude; ninguém, a não ser a nossa consciência, nos julga ou condena; a cada regresso ao espaço, é ela que nos mostra as faltas cometidas e os meios de repará-las. Somos os soberanos árbitros da nossa sorte futura; cada existência prepara a seguinte, e, apesar da nossa lenta marcha ascensional, gravitamos sem cessar até às alturas radiantes, onde sentiremos palpitar o coração de nossos irmãos e onde entraremos em comunhão cada vez mais íntima com a

---

[5] Letes — Para a antiguidade clássica, rio que existia no Hades (o mundo do além) e cujas àguas, bebidas pela alma que devia voltar à Terra, faziam tudo esquecer. (N.R.)

grande alma universal: o Poder supremo.

Para dar a estes ensinamentos toda a autoridade que encerram em si, é preciso demonstrar que os Espíritos que no-los ditaram não se enganaram; é preciso verificar-lhes as afirmações, passando-as pelo crivo da razão e, sempre que possível, ver se estão em consonância com as modernas idéias científicas.

A fim de nos submetermos a esse programa, e para procedermos metodicamente, começaremos por estudar o papel da alma durante a encarnação. Trataremos de determinar, inicialmente, a natureza e as funções desse órgão que os espíritas chamam de *perispírito*, e uma vez estando este bem conhecido, estudaremos alguns problemas ainda não resolvidos, e veremos se nos é permitido, mediante sua intervenção, esclarecer alguns fenômenos fisiológicos e psíquicos.

Quando questionada sobre a causa da evolução vital dos seres orgânicos, a ciência nos dá apenas respostas evasivas. Por que se morre? Por que as forças que levam o corpo ao seu pleno desenvolvimento são impotentes para mantê-lo nesse estado? Por outro lado, de onde provém a determinação específica e individual do tipo dos seres vivos, apesar do incessante fluxo de matéria que a cada momento renova os corpos? Estas são as primeiras questões que nos propomos resolver, levando o perispírito a intervir em nossas investigações.

Tentaremos demonstrar, a seguir, que os numerosos fenômenos da vida vegetativa e orgânica necessitam de uma força continuamente ativa para coordenar as ações reflexas do sistema nervoso, às quais ditos fenômenos se devem. E empenharemos a maior atenção em evidenciar a característica psíquica desses atos, demonstrando que todos têm uma finalidade inteligente, contribuindo para a conservação do indivíduo. Isso nos conduzirá ao estudo das faculdades propriamente ditas.

Ninguém ignora as insuperáveis dificuldades em que os filósofos antigos esbarraram quando tentaram explicar a ação do físico sobre o moral, ou da alma sobre o corpo. O conhecimento do perispírito elimina radicalmente esse problema. Graças a ele, o processo da vida mental se evidencia com tamanha clareza que permite compreender nitidamente a formação e conservação do inconsciente físico e psíquico; ficam demonstrados os matizes, ou gradações progressivas que ligam o instinto à inteligência;

ficam claros o mecanismo das ações cerebrais e as conexões existentes entre elas; explica-se por que a alma mantém sua unidade e identidade através das sucessivas vidas; têm-se indicações precisas sobre as condições em que as encarnações se verificam. Finalmente, o perispírito revela-se como instrumento indispensável para compreender a ação dos Espíritos nas manifestações mediúnicas.

Vê-se, pois, que a obra que aqui apresentamos ao leitor tem um duplo objetivo: primeiro, destina-se a demonstrar que a doutrina espírita está em consonância com as teorias científicas; depois, visa a tornar conhecido o desempenho físico de um órgão essencial à vida do corpo e do Espírito, e evidenciar a importância dessa descoberta.

A própria natureza das nossas investigações nos impõe o dever de recorrer a freqüentes referência a trabalhos mais recentes de sábios contemporâneos, cujos esforços, realizados para dotar seus estudos de um método rigoroso, e o imenso avanço que proporcionaram aos nossos conhecimentos, de bom grado agradecemos. A determinação cada vez mais exata do funcionamento vital dos seres animados nos proporciona dados preciosos para nosso estudo, e se não adotamos as conclusões materialistas que resultam das experiências desses sábios, é porque temos dados irrefutáveis que mostram que suas deduções são errôneas.

O espiritismo dá-nos a conhecer a alma; a ciência nos ensina as leis da matéria viva. Devemos, portanto, reunir ambos os ensinamentos e deixar claro que se prestam mútuo apoio, que se completam, que são inseparáveis para a compreensão da vida física e intelectual, e que o resultado dessa concordância é a mais magnífica certeza que o homem pode ter na Terra. Compreendemos nossa falta de capacidade para uma tarefa como essa, porém, por mais imperfeito que seja o esboço que apresentemos ao público, temos a esperança de que possa estimular algum homem de ciência a seguir nosso raciocínio, dando-lhe a importância que tem em si.

O essencial, que se precisa deixar claro, é que não existe incompatibilidade entre as modernas descobertas e a existência dos Espíritos. Em outras palavras: que o sobrenatural não existe, e que a existência de Espíritos revestidos de corpo material pode ser encarada naturalmente, assim como a influência que exercem sobre o corpo nada mais é senão a resultante lógica da sua constituição.

Não ignoramos que as teorias que defendemos deveriam apoiar-se em demonstrações experimentais para serem absolutamente irrefutáveis, e temos certeza de que isso acontecerá em breve. Por enquanto, basta-nos apresentar hipóteses lógicas que não discordem de nenhuma teoria científica, e que expliquem todos os fenômenos, demonstrando a grandeza da síntese que se obtém quando se combinam os conhecimentos humanos com as revelações espirituais.

A física, a química, a mecânica e a biologia, embora sendo ciências tão vastas, não bastam para explicar os fatos espíritas, porque suas manifestações, aparentemente tão simples, para serem compreendidas exigem a cooperação de todos os conhecimentos humanos. O espiritismo, ao estudar o funcionamento cerebral do médium durante a comunicação com os Espíritos, aborda os mais difíceis problemas da fisiologia e da psicologia. E a natureza peculiar das forças envolvidas nas materializações é objeto de profundo estudo para o sábio, porque o modo dos seres invisíveis atuarem sobre a matéria difere radicalmente do que até agora conhecemos.

No dia em que a ciência se convencer da verdade da nossa doutrina, ocorrerá uma verdadeira revolução nos métodos por ela preconizados. As investigações, cujo único objetivo, hoje, é conhecer a matéria, se estenderão ao Espírito. Uma nova era se abrirá então para o mundo, e a humanidade, regenerada por uma fé racional, avançará na conquista de progressos que hoje nem sequer imagina. Antes que isto ocorra, sem dúvida muito tempo passará, porém temos o dever de preparar o terreno para as futuras gerações. Procuremos, pois, servir-nos das modernas descobertas, adaptando-as à nossa doutrina; penetremos nas profundezas do ser humano, conduzidos pela fisiologia e iluminados pela luz do espiritismo; tornemos palpável a influência que a alma exerce sobre todos os fenômenos vitais, seja no estado consciente, seja no inconsciente; escrutemos minuciosamente as importantes e delicadas relações entre o físico e o moral; tentemos determinar as conexões da vida psíquica com os fenômenos do organismo; busquemos em que parte do homem subsiste a identidade do ser e a sede das faculdades da alma; finalmente, reunindo todas estas observações, procuremos unir numa visão de conjunto, que abranja o corpo e a alma, todos os resultados a que tenhamos chegado.

Foram estas as considerações que nos guiaram ao escrever este livro. Não temos a pretensão de achar que esclarecemos todas as questões de que tratamos, mas achamos, sim, que apresentamos documentos novos sobre fatos até agora obscuros, ou inexplicados, dos quais esperamos surgirá a convicção de que o espiritismo é uma verdade, uma vez que nos dá a chave do que a ciência humana foi impotente para descobrir.

G. Delanne

Gray, 10 de agosto de 1895

1.
A vida

> Estudo a respeito da vida – Destruição orgânica – Criação orgânica – Propriedades gerais dos seres vivos – Condições gerais para manutenção da vida – A umidade – O ar – O calor – Condições químicas do meio – Semelhança do funcionamento vital em todos os seres vivos – A força vital – Por que se morre? – Utilidade fisiológica do perispírito – A idéia diretriz – O funcionamento orgânico – Papel psicológico do perispírito. A identidade – O sistema nervoso e a força nervosa ou psíquica – Resumo.

Ao iniciar este estudo, é conveniente estabelecer o sentido em que tomamos a palavra vida, uma vez que já lhe foram dadas tantas e tão diferentes acepções. Às vezes, atribuindo-lhe um significado geral, abstrato, com ela se designa o conjunto de coisas existentes, como quando se fala da vida do Universo; outras vezes, é utilizada para caracterizar os seres animados. Em psicologia, por exemplo, a palavra vida corresponde a algo preciso: à faculdade que o ser animado possui de responder, por movimentos, a uma excitação exterior. Os filósofos, porém, que falam a respeito da vida da alma, atribuem a esse termo outra significação bem diferente; querem, com ele, indicar-lhe a espontaneidade, o que é totalmente oposto à definição anterior.

Quanto a nós, e com o intuito de evitar qualquer possível confusão, faremos uma distinção essencial entre as manifestações da alma durante sua encarnação terrestre e as que apresenta em sua existência extracorpórea. As faculdades do espírito são sempre as mesmas; na Terra, porém, estão subordinadas, em seu exercício, a condições orgânicas que, por sua vez, dependem estritamente do meio, como logo comprovaremos; em compensação, nenhum obstáculo, no espaço, limita o exercício normal das faculdades anímicas. Por conseguinte, para nós, a vida será a característica dos seres organizados, que nascem, vivem e morrem.

Atribuímos o fenômeno da vida a uma modificação especial da energia, à força vital, cuja natureza procuraremos definir com o maior cuidado e cuja presença reconheceremos, como os fisiologistas, sempre que comprovarmos que um ser responde com um movimento a uma excitação externa, isto é, quando o ser for irritável.

Segundo nossa avaliação, a vida é um atributo exclusivo da matéria organizada; é impossível descobri-la em outro lugar, e se pode afirmar, sem paradoxo, que a alma não é vivente: a alma goza de algo maior e melhor, goza da existência integral, porque, não sendo uma coisa organizada, não está sujeita à morte.

A vida, em seus inúmeros aspectos, sempre foi um problema instigante para os pesquisadores. Uma após a outra, todas as escolas filosóficas que se sucederam no mundo procuraram compreender essa questão tão difícil, e, segundo as idéias da época, apresentaram suas soluções, que não poderiam deixar de ser muito diferentes entre si. Pode-se dizer que, até quase o início deste século, os conhecimentos adquiridos em todos os ramos do saber não permitiram que se abordasse o tema de maneira séria; a partir de então, até agora, porém, já foi possível estudar a vida e determinar-lhe os limites.

Para que nosso intuito tenha o melhor resultado possível, é imperioso começarmos o estudo com um rápido exame das condições necessárias à conservação e ao desenvolvimento da vida, para que possamos saber exatamente se ela se deve a um princípio especial, ou se não passa do produto das forças naturais que atuam incessantemente no mundo.

Estudo a respeito da vida

Vamos resumir os trabalhos mais recentes sobre esta matéria.[1]

---
[1] Consulte-se o excelente livro de M. Ferrière, *A Vida e a Alma*. Embora este autor não partilhe nossas idéias, consideramos um dever recomendar sua obra, tanto por ser um sensato estudo, quanto por conter um bom número de fatos bem

A vida, para todos os seres vivos, provém das relações existentes entre sua constituição física e o mundo exterior. O organismo é preestabelecido, uma vez que procede dos ancestrais, por descendência; a ação das leis físico-químicas, ao contrário, varia conforme as circunstâncias. Claude Bernard chama esta oposição de conflito vital.[2] "Não é mediante uma luta contra as condições cósmicas – diz este autor – que se desenvolve e se mantém o organismo; pelo contrário, é mediante uma adaptação, mediante um acordo entre eles. O ser vivo não constitui uma exceção na grande harmonia da natureza, que faz com que todos os seres e coisas se adaptem entre si; ele não rompe acordo algum, não está em contradição, nem em luta com as forças cósmicas gerais; longe disso, faz parte do concerto universal das coisas, e a vida do animal, por exemplo, nada mais é senão um fragmento da vida total do Universo."

Esse conflito vital determina duas ordens de fenômenos:

1º – Os de destruição orgânica, isto é, de desorganização ou desassimilação.

2º – Os de criação orgânica, indiscriminadamente chamados organização, síntese orgânica, ou assimilação.

Destruição orgânica

Os fenômenos de destruição são uma coisa curiosa, já que, por sua aparência, são os fenômenos a que, geralmente, se reporta a idéia de vida. A destruição orgânica, na verdade, é determinada pelo funcionamento do ser vivo. "No homem, como no animal, todo movimento pressupõe a destruição, ou oxidação, de uma parte da substância ativa do músculo que o executa; quando a sensibilidade e a vontade se manifestam, os nervos se desgastam; quando o pensamento entra em ação, o cérebro se debilita. Pode-se afirmar, portanto, que a mesma matéria jamais serve duas vezes à vida. Uma vez executado um ato, a parcela de matéria viva que contribuiu para ele não torna a ser útil; se o fenômeno reaparece, é porque uma matéria nova concorre para isso.

"O desgaste molecular é sempre proporcional à intensidade das manifestações vitais; a alteração material é mais profunda,

coordenados. No decorrer deste trabalho, teremos oportunidade de citá-lo com bastante freqüência.
2 Bernard, Claude, *Les Phénomènes de la Vie*, t. I, p. 167.

ou considerável, quanto mais ativa se mostre a vida.

"A desassimilação expele do organismo substâncias bem mais oxidadas pela combustão vital, quanto mais enérgico tenha sido o funcionamento dos órgãos. Essas oxidações, ou combustões, geram o calor animal, e produzem o ácido carbônico que se exala pelos pulmões, e outros produtos que são eliminados por diferentes canais do organismo. O corpo se desgasta: sofre uma consumação e uma perda de peso que revelam e avaliam a intensidade das suas funções. Em resumo: a destruição físico-química acompanha de perto a atividade funcional, e podemos considerar como um axioma fisiológico a seguinte proposição: No ser vivo, toda manifestação de um fenômeno está necessariamente ligada a uma destruição orgânica."[3]

Essa destruição deve-se sempre a uma combustão, ou fermentação.

Criação orgânica

Os fenômenos de criação orgânica são atos plásticos que se efetuam nos órgãos em repouso, regenerando-os. A síntese assimiladora reúne os materiais e reservas que o funcionamento deve consumir. Este é um trabalho interior, silencioso, oculto, sem que exteriormente algo o revele.

Os sinais visíveis com que os atos de destruição orgânica se mostram exteriormente, tornam-nos vítimas de uma ilusão: dizemos que são fenômenos da vida, quando, na realidade, são fenômenos da morte, uma vez que, ao produzir-se, destroem os tecidos.

"Os fenômenos da vida nos passam despercebidos. A regeneração dos tecidos e dos órgãos opera-se em silêncio e internamente, fora do alcance das nossas vistas. Só o embriólogo, acompanhando o desenvolvimento do ser vivo, capta as mudanças, as fases que lhe revelam esse trabalho silencioso, vendo aqui um depósito de matéria, ali a formação de um envoltório, ou núcleo, mais além, uma divisão, ou multiplicação, ou uma renovação.

"Os fenômenos de destruição ou morte vital, ao contrário, saltam aos olhos, e é por eles que nos guiamos ao caracterizar a vida. Quando um músculo se contrai pelo movimento, quando a vontade e a sensibilidade se manifestam, quando o pensamento

---
3 Bernard, Claude, *La Science Expérimental*, p. 188.

está ativo, e quando a glândula segrega, a substância dos músculos, dos nervos, ou do cérebro se consome, e mesmo quando tais fenômenos apresentam a característica da vida, nem por isso deixam de ser fenômenos de destruição, fenômenos de morte."[4]

Durante a vida, essas destruições e criações são simultâneas, conexas e inseparáveis. Continuemos ouvindo o eminente fisiologista:

"As duas ordens de fenômenos, destruição e criação, são divisíveis e separáveis apenas para o intelecto: na natureza, estão intimamente unidos, e em todo ser vivo se produzem com tal entrosamento, que ninguém conseguiria desfazer. As duas operações, destruição e renovação, são absolutamente conexas e inseparáveis no sentido da renovação. Os atos de destruição são os precursores e instigadores dos outros, mediante os quais as partes se restabelecem e renascem, ou seja, dos atos de renovação orgânica. Por assim dizer, o mais vital entre ambos os fenômenos, o da criação orgânica, está de certa forma subordinado ao outro, ao fenômeno físico-químico da destruição."

Propriedades gerais dos seres vivos

As propriedades gerais dos seres vivos, propriedades essas que os distinguem da matéria bruta dos corpos inorgânicos, são a geração, a organização, a nutrição e a evolução.

Destas quatro propriedades fundamentais, só uma, a nutrição, é claramente explicada pela ciência, embora não esteja devidamente estudado o fenômeno pelo qual as células selecionam, no sangue, os materiais que lhe são úteis. Quanto ao que nos diz respeito, logo veremos que não se consegue compreender a organização e a evolução mediante a simples conjugação das leis físico-químicas. No que se refere à reprodução, se é certo que se conhece seu mecanismo, sua causa continua sendo um mistério.

Condições gerais para manutenção da vida

Para manifestar sua existência, todos os seres vivos necessitam das mesmas condições exteriores, e nada evidencia melhor a unidade vital, a identidade da vida nos seres organizados, vege-

---
4 Bernard, Claude, *Les Phénomènes de la Vie*, p. 148 e segs.

tais, ou animais, do que a necessidade que todos têm de umidade, de calor, de ar e de determinada composição química do meio.

A umidade

A água é indispensável à constituição do meio em que o ser vivo evolui: entra como princípio constituinte dos tecidos, e, além disso, serve para dissolver grande quantidade de substâncias, sem as quais não conseguiriam efetuar-se as incessantes reações químicas de que o corpo é laboratório.

A utilidade e o importante papel que a água desempenha foram demonstrados pelos célebres jejuadores Merlatti e Succi, e pelo Dr. Tanner: todos conseguiram ficar de 30 a 40 dias sem comer, mas bebendo água destilada. Experiências feitas com cães mostram que esses animais podem viver até 30 dias sem nada comer, desde que se lhes dê de beber. A subtração da água, em certos infusórios e rizópodes, provoca curiosos fenômenos de vida latente. Esses animais, perfeitamente secos, perdem, pelo menos aparentemente, qualquer propriedade vital, podendo permanecer assim anos a fio; porém, no momento em que se joga um pouco de água sobre eles, recomeçam a viver como antes, a menos que o período a seco tenha ultrapassado certos limites. O corpo humano compõe-se de 90% de água, aproximadamente, o que indica o importante papel nele reservado para esse líquido.

O ar

O ar, ou melhor, o oxigênio de que a sua parte respirável se compõe, é necessário à maioria dos seres vivos, mesmo aos inferiores, como os fermentos, ou micodermas. Pasteur demonstrou que os microrganismos, ao absorver oxigênio, dão origem a fermentos. Experiências realizadas com coelhos mostraram que esses roedores morriam quando a proporção de oxigênio no ar, em vez de 21%, era de 3 a 5%.

O calor

O calor é a terceira condição necessária à manutenção da vida. Sabe-se que a vida dos vegetais está continuamente ligada à temperatura externa. Um frio muito intenso gela os líquidos do organismo e desorganiza os tecidos; além do mais, cada animal tem um grau de temperatura que corresponde ao ponto ideal. Nos animais superiores os elementos corporais são muito delicados, e os limites externos entre os quais a vida pode manter-se ficam muito próximos. A temperatura interna do organismo não pode baixar a mais de 20 graus negativos, nem elevar-se a mais de 45 graus para os homens e 50 graus para as aves. Portanto, existe entre os animais uma temperatura média, que se mantém constante graças a um conjunto de mecanismos regidos pelo sistema nervoso: sem essa constância, a função vital jamais conseguiria cumprir-se.

Condições químicas do meio

Para compreender toda a importância desta condição, não se pode esquecer que denominamos organismos vivos tanto a célula que compõe o tecido das plantas e dos animais, como os próprios animais e plantas em si. De fato, a célula é um ser vivo que se organiza, se reproduz, se nutre e evolui como um ser superior.

A partir dos memoráveis trabalhos de Schleinden, em 1838, de Schwann, em 1839, de Prévost e Dumas, em 1842, de Kolliker, em 1844, e mais tarde de Max Schultze, sabe-se que, da célula livre e única, a que Hoekel deu o nome de plastídio, até o homem, todos os corpos vivos nada mais são do que associações de células de natureza idêntica quanto à composição, porém gozando de propriedades diferentes, conforme o lugar que ocupem no organismo. De modo que todos os diversos tecidos do corpo: ossos, nervos, músculos, pele, unhas, cabelo etc. são formados por agrupamentos de células. Veremos, adiante, que a natureza apresenta todos os graus de complexidade nesses conglomerados de elementos que estão na base do organismo de todos os seres animados. Dito isto, voltemos à quarta condição.

Além do calor, do ar e da água, é indispensável que o meio líquido que banha as células contenha certas substâncias, sem as quais não poderiam nutrir-se. Durante muito tempo pensou-se que esse meio variava segundo a natureza do ser vivo. Investigações contemporâneas, porém, nos permitem afirmar que é uniforme para todos os organismos vivos, devendo conter: 1 – substâncias azotadas,[5] formadas de azoto, carbono, exigênio e hidrogênio: 2 – substâncias ternárias, isto é, compostas de três elementos apenas: carbono, hidrogênio e oxigênio: 3 – substâncias minerais, como os fosfatos, a cal, o sal etc.

Portanto, o certo é que estas três classes de substâncias, seja qual for a forma que apresentem, são indispensáveis à manutenção da vida, e com tais matérias-primas os organismos fabricam tudo o que é útil à vida corporal.

O meio que envolve, e fica em contato direto com a partícula viva, deve preencher as condições que acabamos de estudar, e com ele a referida partícula entra em conflito. Além do mais, existe um outro meio, o que nos leva a distinguir:

1º) O meio cósmico ambiente, ou exterior, com o qual os seres elementares estão em conexão.

2º) O meio interior, que serve de intermediário entre o mundo exterior e a substância viva.

Quando se observa detidamente as partes verdadeiramente vivas dos tecidos, isto é, as células, notaremos que elas se acham resguardadas das influências ambientes por um líquido interior em que se banham, que as isola, protege e serve de intermediário entre elas e o meio cósmico. Esse meio interior é o sangue; não o sangue em sua totalidade, mas o plasma sanguíneo, sua parte fluida, que compreende todos os líquidos intersticiais, fonte e confluência de todas as permutas endosmóticas.

Pode-se dizer, sem erro, que a ave não vive no ar atmosférico, nem o peixe na água, nem as minhocas na terra; a atmosfera, a água e a terra são um segundo envoltório ao redor dos corpos; porque o primeiro, o que envolve diretamente as células, que são os verdadeiros elementos da vida, é o sangue. Por conseguinte, o meio exterior não influi diretamente sobre os seres complexos, ou animais superiores, como influi sobre os corpos brutos, ou seres vivos mais simples. Sempre há, forçosamente, um intermediário que se interpõe entre o agente físico e o elemento anatômico, e por esta razão é só no meio interior que residem as condições físicas da vida.[6]

---

5 Hoje, substâncias nitrogenadas. Azoto (sem vida) foi o nome dado por Lavoisier ao elemento químico atualmente chamado nitrogênio.
6 Ferrière, *La Vie et l'Âme*, primeira parte. Consulte-se também *Les Tissus Vivants*, de Claude Bernard, que foi o primeiro a assinalar a importância do meio interior.

Isto basta para demonstrar que a vida física depende do meio exterior, e que o velho provérbio *mens sana in corpore sano* (mente sã em corpo sadio), é absolutamente verdadeiro. Para que a alma possa manifestar livremente suas faculdades, é preciso que haja integridade da substância corporal.

Semelhança do funcionamento vital em todos os seres vivos

Como o mais provável é que o princípio inteligente tenha percorrido todos os organismos vivos antes de chegar ao do ser humano, conforme veremos adiante, é urgente comprovarmos a grande lei de unidade que preside a todas as manifestações vitais da natureza.

Não é possível estudar aqui os fenômenos de destruição e reconstituição dos tecidos orgânicos; devemos, porém, assinalar que as ações físicas ou químicas que neles entram em jogo são as mesmas que atuam na natureza inorgânica.

Por muito tempo acreditou-se que os corpos vivos, quanto a isto, gozavam de um privilégio especial; hoje sabemos que tal privilégio não existe, e que os fenômenos físicos, ou químicos, são idênticos, quer se trate da matéria bruta ou dos corpos organizados. O que muda nestes últimos são os procedimentos postos em ação, não os resultados; de modo que se pode afirmar que, em todos os graus da escala dos seres vivos, as operações da digestão e da respiração são as mesmas, variando apenas os aparelhos envolvidos na produção desses resultados. Para todos os seres vivos, o modo de reprodução também é idêntico, e esta semelhança notável do funcionamento orgânico prende-se ao fato de que todos eles devem suas propriedades a um elemento comum: o protoplasma.

Dá-se o nome de protoplasma ao conteúdo vivo da célula, ao que nela é a parte essencial verdadeiramente viva. Portanto é no protoplasma, e somente nele, que se deve buscar a razão das propriedades de todos os tecidos, já que nele residem todas as modalidades possíveis em estado latente, quando isolado sob a forma de *monera* (tipo mais primitivo do ser vivo, segundo Haeckel), e nele tornamos a encontrá-las, já diferenciadas em propriedades, nos seres superiores. O protoplasma é o agente de todas as reconstituições orgânicas, ou seja, de todos os fenômenos íntimos da nutrição e, portanto, contrai-se sob a forma de excitantes e, desse modo, preside aos fenômenos da vida de relação.

Pode-se, também, apontar o sonho como uma necessidade que se impõe a todos os seres vivos. A planta dorme, como dorme o animal, e em ambos, durante o sono, verificam-se as funções da respiração, da circulação e da assimilação.

O sexo e a fecundação são as condições que presidem à reprodução no mundo vegetal. Os estames são o órgão masculino; o pistilo, o feminino; o ovário é o órgão onde se formam as sementes.

Finalmente, há os anestésicos, que agem intensamente sobre os animais e que produzem os mesmos efeitos sobre as plantas; isto prova que nos vegetais existe um princípio rudimentar de sensibilidade.

Todos estes fatos mostram claramente o grande plano unitário seguido pela natureza. Seu lema é: unidade na diversidade, e do emprego dos mesmos procedimentos fundamentais resulta uma variação infinita, que estabelece a fecundidade inesgotável das suas concepções, e, ao mesmo tempo, a unidade da vida.

A força vital

Até aqui, estudamos apenas o funcionamento da vida, o modo como o organismo vivo entra em conflito com seu meio; porém, nada sabemos ainda a respeito da natureza da vida em si. Se, por exemplo, compreendemos perfeitamente como se efetuam as funções da digestão, é preciso observar que essas funções se realizam num aparelho vivo, isto é, num organismo que, por processos exclusivamente seus, produziu as matérias necessárias a essa combinação química; e, se as leis de afinidade são as mesmas, tanto no laboratório vivo como no mundo exterior, a vida, no entanto, opera por processos próprios, completamente diferentes dos que agem sobre a matéria bruta.

A propósito, vejamos o que diz Claude Bernard, experiente árbitro nestas matérias:

"Embora os fenômenos orgânicos manifestados pelos elementos dos tecidos estejam submetidos às leis da físico-química geral, tais fenômenos sempre se realizam com o auxílio de processos vitais peculiares à matéria organizada e, sob este ponto de vista, diferem constantemente dos processos minerais que produzem os mesmos efeitos nos corpos brutos. Considero fundamental esta última proposição fisiológica. O erro dos físico-químicos consistiu em não fazerem esta distinção, e em pensarem que era preciso submeter os fenômenos dos seres vivos não apenas às mesmas leis, mas até aos mesmos processos e formas próprios dos corpos brutos."[7]

Portanto, para manter seu funcionamento, a vida tem um modo especial, vivente, de proceder; há no ser organizado algo que não existe nos corpos inorgânicos, algo que, operando com métodos peculiares, não só fabrica os órgãos, como também os repara. Damos a esse algo o nome *força vital*.

Muitos naturalistas fizeram essa observação. Para explicar a vida, Stahl imaginou uma força vital exterior à matéria viva, ou seja, uma espécie de substância imaterial, a alma,[8] que é a causa fundamental da vida e dos movimentos que a ela se referem; e, partindo da falsa idéia de que as forças naturais estão em antagonismo com os corpos vivos, pensou que o poder de resistência a tais influências destrutivas residia na força anímica. Embora Descartes e Van Helmont tenham sustentado doutrinas análogas, Stahl desenvolveu e levou tão longe a sua teoria, que deve ser considerado o fundador do animismo em fisiologia. Além disso, estabeleceu uma diferença radical entre os fenômenos da natureza bruta e os da natureza viva, diferença que se mantém até hoje, pois teve a sorte de sobreviver à sua teoria da alma, abandonada por deficiência. Presentemente, admite-se outra força fundamental, da qual dependem todas as funções da vida, tanto nos animais como nos vegetais. Chamada força ou princípio vital, esta força realiza todos os fenômenos vitais, dá irritabilidade às partes contráteis das plantas e dos animais, ou, como dissemos há pouco, a propriedade de serem afetadas por irritantes exteriores. Nos animais, também, admite-se a alma de Stahl, alma que, de acordo com o princípio vital, preside aos fenômenos inteligentes. Esta teoria tem como principais defensores Barthez, na França, Hufeland e Blumenbach, na Alemanha.

A força vital de que trataremos diz respeito a esta última

---
[7] Bernard, Claude, *Rapport sur les Progrès de la Physiologie*.
[8] É preciso não dar à palavra alma o sentido que lhe dão os teólogos e filósofos; a alma de que se trata aqui é uma alma fisiológica.

concepção, porque acreditamos que, realmente, existe uma força de natureza especial que dá à matéria organizada o que não existe na matéria bruta, ou seja, a irritabilidade. Nossa concepção, porém, logo difere da precedente, uma vez que apenas vemos nessa força uma modificação, embora desconhecida, da energia, uma modalidade da força universal, tal como o calor, a eletricidade e a luz são modalidades dessa mesma força. Resumindo: não admitimos que o princípio vital seja uma criação sobrenatural, nem o consideramos uma entidade imaterial que, sem antecedentes, tenha surgido ao acaso na Terra. Também discordamos dos vitalistas, porque não vemos, entre os animais e o homem, diferença de natureza, mas apenas uma diferença de grau. Tudo que existe sobre a Terra provém das inúmeras modificações da força e da matéria, e a força vital, por conseguinte, deve entrar no quadro das leis gerais. Quanto a nós, cabe-nos apurar a habilidade para evidenciar sua presença nos seres vivos.

Flourens parece ter a mesma opinião, pois escreve: "Acima de todas as propriedades particulares e determinadas há uma força, um princípio geral e comum, que todas as propriedades particulares pressupõem e envolvem, e que, sucessivamente, pode ser isolado, separado de cada uma, sem por isso deixar de existir. Que princípio é esse? Seja ele qual for, é essencialmente uno. Existe uma força geral e una, da qual todas as forças particulares são apenas expressões, ou modalidades."[9]

Por que se morre?

Com Claude Bernard, comprovamos a originalidade dos processos da matéria organizada para fabricar as substâncias necessárias ao seu funcionamento vital, e atribuímos essas propriedades aos órgãos dotados de uma virtude especial, que não se observa nos corpos brutos. A existência de uma força que anima os organismos, porém, torna-se mais evidente quando se examina a evolução dos seres vivos.

Tudo que tem vida nasce, cresce, se reproduz e morre; é um fato geral quase isento de exceções.[10] Mas, por que se morre?

---
9 Flourens, Pierre J. M., *Considérations Générales sur l'Analyse Organique*.
10 Dizemos que quase todos os seres morrem, porque os organismos inferiores, como as moneras, que são células simples, nunca se destroem, a menos que ocorra um acidente. De fato: quando a célula, por efeito da nutrição, atinge determinado

Excetuando-se os casos de acidentes, ou de enfermidades que destroem os tecidos irremediavelmente, como se explica que, embora conservando constantemente as mesmas condições gerais indispensáveis à manutenção da vida, isto é, a água, o calor e os alimentos, o ser decline e, pouco a pouco, chegue à dissolução total?

Dizer que os órgãos se deterioram, é simplesmente indicar uma fase da evolução, constatar um fato. Mas, por que se deterioram, depois de ter-se mantido perfeitos na maturidade e de terem aumentado durante a juventude? A ciência materialista se cala diante desses pontos de interrogação. No entanto, o fato merece uma explicação, e trataremos de expô-la.

Se admitirmos que na célula fecundada existe determinada quantidade de força vital, tudo se tornará compreensível. A vida total de um indivíduo é a resultante de determinado trabalho a realizar; as reconstituições incessantes da matéria, desgastada pelo funcionamento vital, dão a medida desse trabalho; e a força que é necessária pode ser considerada como uma função contínua que cresce, passa por um momento ideal, e cai a zero.

Se atirarmos uma pedra no espaço, comunicamos à pedra a força dos nossos músculos, e, apesar da gravidade que a atrai para a terra, ela sobe rapidamente, até chegar ao ponto onde as forças de impulsão e de atração se equilibram; logo esta última predomina, e devido a isso a pedra cai, voltando ao ponto de partida, após ter consumido na sua trajetória toda a força que lhe foi comunicada.

Pode-se imaginar que aconteça algo semelhante com o ser vivo. O depósito de energia potencial, proveniente dos pais, que se acha na célula original, transforma-se em energia atuante à medida que organiza a matéria; esta ação no princípio é muito enérgica; a assimilação, o agrupamento das moléculas, é mais rápido do que a desassimilação: o ser cresce; estabelece-se o equilíbrio entre perdas e ganhos: é a maturidade, o corpo permanece estável; finalmente chega a velhice, a força vital começa a esgotar-se, os tecidos não se recuperam suficientemente; sobrevém a morte, o ser se desagrega e toda a matéria retorna ao

volume, divide-se em duas partes, sendo que ambos os segmentos se transformam em dois seres distintos, que, por sua vez, crescem e dão origem a outros, pelo mesmo processo. Neste caso, não há morte, tampouco se pode distinguir mãe e filha, nem onde reside a individualidade. São, pois, realmente imortais.

mundo inorgânico.

Assim, pois, acreditamos que em toda criatura que surge na Terra exista uma certa quantidade de força vital; e como hoje não existe geração espontânea,[11] só por filiação tal força pode ser transmitida, e por isso ela não existe nos seres inanimados.

As propriedades da matéria viva não residem somente nela, nem em seu modo de agrupar-se. É preciso pressupor a ação de uma força vital para a renovação dessa matéria, ou seja, para repor-lhe as partes destruídas. Por isso, os sábios que pretendem encontrar o segredo da vida procedendo à síntese da matéria orgânica incorrem em erro absoluto.

Na verdade, suponhamos que, em conseqüência das mais complicadas e sábias manipulações químicas possíveis, e mediante a intervenção de agentes físicos, como o calor, a eletricidade, a pressão etc., se chegue a fabricar artificialmente o protoplasma. Tal produto terá vida? Não, porque o que caracteriza a vida é a nutrição constante, com a qual repara seu desgaste.

Essa massa protoplasmática será inerte, não responderá às excitações externas como uma massa viva o faria, e, mesmo supondo-se que o fizesse, seria à custa da sua estrutura íntima, seria destruindo-se. Poderia fazer isso algumas vezes, até se esgotarem suas reservas; chegado esse momento, porém, como não conseguiria repô-las, deixaria de ser matéria viva. Citamos o protoplasma porque é a matéria essencialmente simples, pois se nos fixássemos na célula, o problema seria bem mais complexo, já que esta tem uma forma determinada, que a ciência não é capaz de explicar, como logo veremos.

Começamos por expor nitidamente nosso pensamento, para que nossa concepção fique bem clara.

O corpo humano é ao mesmo tempo uma máquina tão complicada quanto delicada; os tecidos de que se compõe devem-se a combinações químicas muito instáveis, devido ao número de seus componentes, e não ignoramos que as mesmas leis que regem o mundo inorgânico, regem o mundo organizado. Por isso mesmo, sabemos que, num organismo vivo, o trabalho me-

---

11 As experiências de Pasteur estabeleceram, comprovadamente, que em nossos dias todo indivíduo provém de outro semelhante a ele. Isto, porém, não prova que sempre tenha sido assim, pois as condições vitais podem ser tão diferentes do que foram em épocas remotas, que pode ter acontecido que a monera de então se tenha transformado, por evoluções sucessivas e ascendentes, no homem atual.

cânico de um músculo pode traduzir-se num calor equivalente; que a força investida nesse trabalho não é criada pelo ser, mas tem sua fonte fora dele, sendo proveniente dos alimentos, entre os quais está o oxigênio; e que a missão do corpo físico consiste em transformar a energia recebida, aplicando-a às combinações instáveis, que a restituirão à menor excitação adequada, ou seja, sob a ação da vontade, ou pela conjugação dos irritantes peculiares dos sentidos, ou das ações reflexas.

Até aqui tudo se explica perfeitamente através das leis físico-químicas. Porém, quando uma dessas ações acaba de acontecer, quando a substância do músculo que funcionou fica destruída, a força vital intervém para reconstituir o tecido, para refazer as células que serviram à manifestação vital, e é exatamente isto que diferencia completamente o ser animado da matéria bruta. Logo, na mais ínfima das plantas existe algo mais do que no mineral, e este algo nem sempre repara o corpo nas mesmas condições. Conforme a idade, a reparação é mais, ou menos variável: completa na juventude, incompleta na velhice. É uma força que vai diminuindo até sua total extinção.

Para nós, portanto, existe uma força vital totalmente diferente das forças que conhecemos, embora não passe de uma modificação da energia universal, como a eletricidade é uma força diferente do calor, ou do magnetismo, embora ambos não sejam senão modalidades da mesma energia.

Por si só, essa força vital nada geraria, se a inteligência a ela não estivesse associada, das manifestações mais rudimentares ao mais alto grau de complexidade, até chegar ao homem. Todo ser vivo possui determinado grau de inteligência, extremamente rudimentar nas primeiras formas vitais, mas que vai aumentando a especificando-se à medida que se eleva na escala dos seres, para desembocar na humanidade. Oportunamente, voltaremos a este ponto, quando tivermos indicado o papel do perispírito nos seres animados.

A força vital, por si só, não pode explicar a forma, que é a característica de todos os indivíduos vivos, e tampouco permite que se compreenda a hierarquia sistematizada de todos os órgãos, nem a sua sinergia para o esforço comum, já que são, ao mesmo tempo, autônomos e solidários. Para tanto, é absolutamente necessária a intervenção do perispírito, ou seja, de um órgão que contenha as leis orgânicas, que mantenha a estabilidade do organismo em meio às incessantes mutações das moléculas materiais.

Utilidade fisiológica do perispírito

Através de experiências espíritas pudemos comprovar que os espíritos têm forma humana, e que esta forma não é apenas aparente, porque o perispírito é todo um organismo fluídico sobre o qual se modela a matéria que se organiza para confeccionar o corpo físico.

Vamos assentar esta grande verdade estudando o desenvolvimento imutável de cada ser, conforme seu tipo particular, e demonstrando, a seguir, a necessidade do duplo fluídico para hierarquizar a matéria e diferenciá-la em propriedades, segundo as necessidades dos diversos órgãos.

Inicialmente, vejamos a força que modela a matéria.

A idéia diretriz

Em cada ser, desde a sua origem, pode-se perceber a existência de uma força que atua numa direção fixa e invariável, segundo a qual será edificado o plano escultural do recém-nascido e, ao mesmo tempo, seu tipo funcional.

Na formação da criatura viva, a vida fornece apenas, como contingente, a matéria irritável do protoplasma, matéria amorfa na qual é impossível distinguir o mínimo rudimento de organização, o menor indício do que virá a ser o indivíduo. A célula primitiva é absolutamente a mesma em todos os vertebrados;[12] nela, nada indica que irá dar origem a um indivíduo melhor do que outro, já que sua composição é idêntica para todos. É preciso, portanto, admitir a intervenção de um novo fator que determine em que condições há de ser construído o edifício vital, e este fator só pode ser o perispírito, já que é ele que contém em si o propósito determinado, a poderosa lei que servirá de regra inflexível ao novo organismo e lhe apontará, segundo seu grau

---

[12] Lembramos ao leitor, que na época em que foi escrito essa obra, ainda não haviam sido descobertos os cromossomos e a estrutura do DNA. Apesar disso o fundamento da idéia motriz não se modifica, pois conhecemos o papel do perispírito, como modelo organizador biológico. NE

de evolução, o lugar que deve ocupar na escala das formas. Esta ação diretiva ocorre no embrião. Vejamos como Claude Bernard descreve o desenrolar do fenômeno:

"Quando se estuda a evolução completa de um ser vivo, vê-se claramente que sua existência se deve a uma lei organogênica que preexiste numa idéia preconcebida e se transmite por tradição orgânica de um ser a outro. Poder-se-ia, mediante um estudo experimental dos fenômenos de histogênese e de organização, encontrar uma explicação para as palavras de Goethe, que comparou a natureza a um grande artista. Na verdade, a natureza e o artista agem do mesmo modo na manifestação da idéia inspiradora da sua obra.

"No desenvolvimento do embrião vemos surgir um simples esboço do ser, que precede toda e qualquer organização. Os contornos do corpo e dos órgãos, inicialmente, acham-se precariamente determinados, começando pelas armações provisórias, que servirão temporariamente de aparelhos funcionais para o feto. Nenhum tecido está ainda diferenciado: toda a massa é apenas um conglomerado de células plasmáticas e embrionárias. Nessa rústica tela vital, e ainda invisível para nós, está traçado o esboço ideal de um organismo, onde estão designados a cada parte e a cada elemento seu lugar, sua estrutura e suas propriedades. Lá, onde devem ficar os vasos sanguíneos, os nervos, os músculos, os ossos etc., as células embrionárias se transformam em glóbulos de sangue, em tecidos arteriais, venosos, musculares, nervosos e ósseos."

Em outro ponto, o ilustre fisiologista expõe assim seu pensamento:

"O que pertence essencialmente ao domínio da vida, e que não pertence à física, nem à química, nem a outra coisa qualquer, é a idéia diretriz dessa ação vital. Em todo germe vivo há uma idéia diretriz que se desenvolve e se manifesta através da organização. Enquanto o ser existe, permanece sob a influência dessa mesma força vital criadora, e quando tal força não pode mais efetivar-se, sobrévem a morte... É sempre a mesma idéia que conserva o ser, reconstituindo as partes vivas desorganizadas pelo exercício, ou destruídas por acidentes ou doenças."[13]

Realmente, se tomarmos várias sementes de espécies dife-

---
13 Bernard, Claude, *Introduction à la Médecine*.

rentes e as analisarmos quimicamente, será impossível acharmos a menor diferença em sua composição. Plantemo-las, porém, num mesmo terreno e logo veremos que cada uma delas está submetida a uma idéia diretriz especial, completamente diferente da de suas vizinhas. Durante toda a vida, essa idéia diretriz conservará a forma característica da planta, renovando-lhe os tecidos, segundo seu plano preconcebido e de acordo com o tipo invariável que lhe foi designado desde a origem.

Sem a matéria primitiva idêntica para todas as plantas, e a força vital idêntica para todos os indivíduos, é preciso que exista outra força que dê e mantenha a forma. Quanto a nós, atribuímos esta tarefa ao perispírito, tanto no reino vegetal como no reino animal.

A idéia diretriz, encontramo-la tangivelmente realizada no invólucro fluídico da alma. É ela que agrega a matéria, que vela pela substituição das partes desgastadas ou destruídas, que preside às funções gerais e mantém a ordem e a harmonia em meio à torrente de matéria que se renova incessantemente.

O funcionamento orgânico

Chamamos particularmente a atenção do leitor para este ponto, talvez um pouco abstrato, mas que é de fundamental importância para nossa teoria.

Se antes da vida fetal observamos a necessidade do peripírito para imprimir seu traço à matéria, compreenderemos melhor ainda sua importância ao examinarmos o conjunto das funções do organismo animal, sua autonomia e a solidariedade que as une, numa sinergia de esforços cujo objetivo é a conservação do ser vivo.

A irritabilidade, que é o sinal característico da vida, pertence ao protoplasma da célula. Na série dos seres que se sucederam, da monera até o homem, a célula primitiva diversificou-se, especializou-se, de modo que cada tecido pôs em evidência uma das propriedades latentes desse protoplasma. Os atos e as funções da vida, porém, pertencem unicamente aos órgãos e aparelhos, ou seja, a conjuntos de partes anatômicas. A função constitui-se de uma série de atos ou fenômenos agrupados, harmonizados para chegar a um resultado. A digestão, por exemplo, precisa da intervenção de uma série de órgãos, como a boca, o esôfago, o estômago, o intestino etc., que entram sucessivamente em funcionamento para alcançar um único resultado: a transformação dos alimentos.

Vê-se, portanto, que para executar uma função, intervêm atividades de muitos elementos anatômicos. Mas a função não é a soma bruta das atividades elementares das células justapostas: uma após a outra, essas atividades se sucedem, harmonizadas, entrosadas, de molde a colaborarem para um resultado comum. E o resultado entrevisto pelo espírito é o vínculo, a unidade dos fenômenos compostos; é o que constitui a função.

A função, pois, é algo abstrato e inteligente, que não se acha materialmente representado por nenhuma das propriedades elementares. Há uma função respiratória e uma função circulatória; não existe, porém, nos elementos múltiplos que para elas concorrem, qualquer propriedade respiratória ou circulatória. Da mesma forma, há na laringe uma função vocal, mas seus músculos não têm propriedades vocais.

O corpo de um animal superior é um organismo complexo, formado por um aglomerado de células diversamente reunidas. Nesse organismo, as condições vitais de cada elemento subsistem intatas, são totalmente respeitadas; as funções de cada elemento, no entanto, estão subordinadas ao funcionamento conjunto. Em resumo: há independência individual dentro da submissão, ou obediência à vida total.

Cada órgão tem sua vida própria, sua autonomia; pode desenvolver-se e reproduzir-se independentemente dos outros tecidos. É autônomo no que se refere às funções essenciais da sua vida; não precisa pedir nada emprestado, nem aos tecidos vizinhos, nem aos do restante do conjunto, porque, devido à sua natureza protoplasmática, possui tudo em si; porém, está ligado e subordinado ao conjunto, tanto por sua função, quanto pelo produto dela. Um exemplo nos permitirá compreender melhor este duplo caráter dos órgãos.

Imaginemos o ser vivo complexo, animal ou planta, como uma cidade que tenha uma característica especial que a distingue de qualquer outra. Os habitantes dessa cidade equivaleriam aos elementos anatômicos do organismo, e a autonomia dos órgãos, quanto às condições essenciais da vida, estaria perfeitamente representada pelo modo totalmente semelhante como vivem, se alimentam e respiram, e pelas faculdades de que todos os cidadãos em geral gozam. Cada um deles, porém, tem sua própria profissão, ou sua indústria, ou suas aptidões e talentos, mediante os quais participa e depende da vida social, e esta é a subordinação de cada órgão ao conjunto, pela peculiaridade da sua função. O pedreiro, o padeiro, o carpinteiro, o industrial, o fabricante etc., produzem coisas mais variadas e em maior quantidade quanto mais elevado for o nível da sociedade em questão. Assim é o animal complexo.

O organismo, como a sociedade, é constituído de modo a que as condições da vida elementar, ou individual, sejam respeitadas, e as mesmas para todos. Ao mesmo tempo, porém, cada indivíduo por, e para sua função, depende, em certa medida, do lugar que ocupa no organismo, ou no grupo social. A vida é comum a todos os membros; a única coisa que os distingue é a função.

Essas funções tão diversas, que se harmonizam para contribuir para a vida total, são necessariamente dirigidas por uma força consciente da finalidade que deve cumprir. Não é, não pode ser o acaso que preside a tão sábia multiplicidade, a essa admirável coordenação, pois os mesmos órgãos, as glândulas por exemplo, embora constitutivamente sejam semelhantes entre si, fornecem secreções diferentes, conforme o lugar que ocupam no organismo.

Portanto, existe nos aparelhos orgânicos uma ordem preestabelecida que vigora durante a vida toda; e esse estatuto vital não está impresso na matéria mutável, incessantemente renovada, mas reside em outra parte fixa, invariável, a que se dá o nome de duplo fluídico. Este perispírito, cuja realidade a experiência nos atesta, é indispensável para manter a estabilidade do ser vivo. Em meio à complexidade extrema das ações vitais, nessa efervescência perpétua que é resultado da cadeia ininterrupta de decomposições e recomposições químicas, em que a atividade jamais cessa, na trama onde se entrelaçam nervos, músculos e glândulas, circulam, cruzam-se, misturam-se os líquidos e os gases em aparente desordem, da qual, porém, surge a mais admirável regularidade.

As grandes operações da digestão, da respiração e das secreções não se alteram, como tampouco se alteram as variadas ações dos sistemas neuromotores sensitivos ou ganglionares. Cooperando incansavelmente para a manutenção do meio orgânico, fornecem-lhe sem cessar os materiais da síntese assimiladora, e todas essas ações, tão múltiplas e diversas, e contudo tão estáveis, completam-se, apesar da ininterrupta renovação de todas as moléculas que formam aqueles variados órgãos.

A matéria nova, fornecida pelos alimentos, parece testemunhar uma inteligência perfeita quanto ao fim a ser atingido; quando se pensa, porém, que todas as moléculas são passivas, desprovidas de qualquer espontaneidade, vemo-nos obrigados a perguntar: que força dirige esses inúmeros produtos químicos e utiliza suas propriedades peculiares para produzir a grandiosa harmonia da obra vital? Voltando ao exemplo anterior, é como se cada indivíduo, pedreiro, carpinteiro, padeiro etc., morresse após ter executado uma única vez sua tarefa, e fosse imediatamente substituído por um homem qualquer; seria necessário que alguém indicasse ao recém-chegado o que deveria fazer, que lhe ensinasse o tipo de trabalho a ele destinado; no entanto isso, que na sociedade só se poderia fazer após um treinamento preparatório, a natureza o realiza de imediato. Todas as moléculas orgânicas, embora parecidas entre si, executam tarefas diferentes segundo o lugar que ocupam no organismo. A função pertence ao conjunto e não às unidades que o compõem, e este conjunto é uma lei que está intimamente ligada à sua própria estrutura, que, por sua vez, é mantida pela idéia diretriz, pelo perispírito, que deu forma externa e interna ao indivíduo.

Um fato essencial, que jamais se deve perder de vista, é que, real e decididamente, todas as partes do corpo se renovam incessantemente, não havendo no ser humano a mínima porção de tecido que não seja alvo de uma renovação, de um perpétuo renascimento. Já dissemos: a mesma matéria jamais serve duas vezes para a manifestação vital, e, ao fim de alguns anos, toda a matéria é integralmente renovada. Nenhuma molécula antiga subsiste; todos os membros da antiga república orgânica cederam seu posto a sucessores, e, no entanto, as funções jamais foram interrompidas, a vida continua produzindo, na mesma ordem imperturbável, os fenômenos da sua evolução. Isto acontece porque a lei orgânica reside no corpo incorruptível e imponderável que jamais muda, o perispírito.

É realmente estranho observar-se como prestigiosos intelectos caem em contra-sensos lógicos quando esbarram nesses fenômenos, que não conseguem explicar, e persistem em suas idéias preconcebidas.. Um deles, e não dos menores, é Mandsley, que ao ver-se frente a frente com a identidade pessoal persistente em meio ao turbilhão vital, saiu assim do embaraço:

"Se me afirmassem que não há uma só partícula do meu corpo que seja a mesma que era há trinta anos, que sua forma mudou completamente desde então, que, conseqüentemente, é absurdo falar da sua identidade, e é absolutamente necessário supô-lo habitado por uma entidade imaterial que mantém a identidade pessoal em meio às perpétuas mudanças e aos acasos estruturais, eu responderia que pessoas que me conhecem, da minha juventude até a idade atual, têm a mesma certeza consciente que eu tenho da minha identidade, e estão tão convencidas disso quanto eu, ao passo que me tomariam pelo maior mentiroso e não acreditariam numa só palavra do meu testemunho subjetivo; que essas mesmas pessoas estão igualmente convencidas da identidade pessoal dos seus cães ou de seus cavalos, cujo testemunho subjetivo é nulo na espécie; finalmente, que, admitindo em mim uma substância imaterial, é preciso admitir que sofreu tantas mudanças, que não estou certo de que dela reste a menor parcela do que foi há trinta anos. De modo que, com a melhor intenção do mundo, não vejo que necessidade existe, nem que benefício traz essa suposta entidade, que, a meu ver, parece supérflua."

Que benefício traz? Justamente explicar o que sem ela é incompreensível. Pode-se objetar: Se todo o organismo é radicalmente destruído para dar lugar a outro organismo, o segundo será parecido com o primeiro, mas não idêntico; logo, a persistência das recordações, por exemplo, é inexplicável. Nosso filósofo responde que, uma vez que o reconhecem, isso prova que não mudou. Esta é a história da famosa faca de Janot, cuja lâmina e cujo cabo ele mudou sucessivamente; para todos que a viam, a faca era a mesma, embora tivesse mudado radicalmente. Maudsley diz, simplesmente, que já que todos reconhecem a faca de Janot, é prova incontestável de que a faca é a mesma. Confessamos que este é um raciocínio muito pobre para um filósofo. Sua suposição de que, se existe alma, não deve ser a mesma, ele a lança sem apresentar qualquer razão que a abone. Usa apenas afirmações que não se relacionam com o problema, e que, se provam algo, é apenas a impotência total dos materialistas para abordar questões que dizem respeito à alma e ao seu papel no corpo humano.

Como não compreender que é necessário um organismo fluídico, não submetido às mutações materiais, para conservar e aplicar as leis orgânicas, cuja continuidade está em oposição com a mobilidade e a instabilidade que caracterizam as ações vitais? Por que prodígio se manteria o tipo do indivíduo? Que parte do corpo seria a guardiã das tradições hereditárias da raça? Em que oculto e misterioso recanto dessa construção que se move se refugiariam os caracteres constantes e inalteráveis que diferenciam os seres entre si, tanto do ponto de vista do indivíduo, como sob o ponto de vista zoológico?

O perispírito não é uma concepção filosófica imaginada para explicar os fatos. É um órgão indispensável à vida física, que foi revelado pela experiência. Foi no estudo da materialização dos espíritos que sua existência foi revelada e percebeu-se a importância das suas propriedades funcionais. Essa descoberta explicou muitos fenômenos que a ciência admitia, mas cuja causa desconhecia.

Este esboço do ser preexistente a qualquer organização; esta reparação perpétua dos tecidos segundo regras fixas; esta ordem que jamais se altera, apesar da constante renovação dos elementos; esta evolução, em que a lei domina, durante toda a vida, sobre a troca molecular, modificando profundamente as condições da existência, conforme a idade; tudo isto, dizemos, torna-se compreensível com a doutrina espírita, tudo isto que, sem ela, permanece velado pela mais completa escuridão. Admitindo-se a existência do perispírito, a lógica dos fatos se torna evidente, e uma explicação racional substitui o mistério: damos um passo na direção do conhecimento de nós mesmos.

Até agora, só examinamos a questão sob o ponto de vista material; sob o ponto de vista anímico, a necessidade do perispírito surge de maneira tão evidente, que ninguém ousaria rejeitá-la, como é fácil convencer-se ao estudar a vida intelectual do homem.

Papel psicológico do perispírito. A identidade

A vida psíquica de todo ser pensante apresenta uma continuidade que nos atesta sua identidade. Não percebendo qualquer lacuna em nosso ser mental, adquirimos a certeza de que a individualidade que reside em nós é sempre a mesma. A memória liga, de modo continuado, todos os estados de consciência, da nossa infância à nossa velhice, e, sob a forma de lembranças, podemos evocar acontecimentos da nossa vida passada, dotá-los de uma vida fictícia e, analisando-lhe as fases, percebermos que, apesar das vicissitudes, lutas e abalos morais, apesar dos desfalecimentos, ou dos triunfos, apesar da vontade, sempre foi o mesmo eu que amou ou odiou, que gozou ou sofreu; em resumo, vemos que sempre fomos idênticos ao que somos.

Em que parte do ser reside essa identidade?

Sem dúvida, no espírito, pois é ele quem sente e quer. Na Terra, as manifestações intelectuais acham-se ligadas a determinado estado do corpo, e o cérebro é o órgão através do qual o pensamento se traduz e se exterioriza. Porém, o cérebro muda continuamente; as células do seu tecido são incessantemente excitadas, modificadas, destruídas pelas impressões que recebem, tanto do interior como do exterior; mais do que as de qualquer outro tecido, as células do cérebro estão sujeitas a rápida desagregação, e, num período muito breve, renovam-se por completo. Como se pode explicar, então, que a memória se mantenha, e com ela se mantenha a identidade?

Quanto a nós, não hesitamos em crer que o perispírito desempenha, nisso também, um grande papel, e que sua necessidade é evidente, porque os argumentos que apresentamos quanto ao mecanismo fisiológico aplicam-se ainda melhor ao funcionamento intelectual, bem mais ativo e variado do que as ações da vida vegetativa ou animal.

Dessas duas ordens de fatos, bem comprovados, fica bem claro que:

1º) a renovação incessante das moléculas; 2º) a conservação das lembranças: e 3º) as sensações e os pensamentos não ficam registrados somente no corpo físico, mas também num invólucro imutável, no corpo fluídico da alma. Tratemos de dar uma idéia desse fenômeno.

Todos sabemos que, para perceber uma sensação, é preciso que um dos órgãos dos nossos sentidos tenha sido excitado por um movimento vibratório capaz de irritar o nervo correspondente. A sacudida recebida pelo nervo propaga-se até ao cérebro, onde a alma a reconhece, mediante o fenômeno perceptivo; não ignoramos, porém, que entre o cérebro e a alma existe o perispírito, e, conseqüentemente, é lógico admitir-se que a sacudida que propagou a sensação até ao cérebro não fique ali amortecida, mas que atravesse também o perispírito, deixando nele um vestígio da sua passagem.

Efetivamente, no exato instante em que a sensação é percebida – o que acontece no momento em que a célula cerebral começa a vibrar – o perispírito, que transmitiu o movimento ao espírito, registrou-a. A célula irritada pode desaparecer, já que cumpriu sua tarefa; a que irá substituí-la será formada pelo perispírito, e este lhe imprimirá a mesma disposição vibratória que recebeu. Desse modo, a sensação poderá ser conservada, estando pronta para ressurgir quando o espírito queira.

Necessariamente, deve ser assim, porque a certeza do trabalho molecular do cérebro é absoluta. Pode-se até medir a intensidade da atividade intelectual pela elevação da temperatura das camadas corticais e pelas perdas residuais. O substrato material é destruído e reconstituído incessantemente. Se o perispírito não fosse uma espécie de fonógrafo natural, e não registrasse as sensações, para mais tarde reproduzi-las, não nos seria possível adquirir qualquer conhecimento, porque o novo ser, que sem cessar substitui o antigo, já desgastado, nada sabe do que se passou. Portanto, é lógico admitir-se que, do ponto de vista psíquico, o perispírito tem grande importância; o que não deve surpreender-nos, porque, além de tudo, ele está ligado à alma, e lhe serve de intérprete junto à matéria.

O sistema nervoso e a força nervosa ou psíquica

Comprovamos que, no homem, há uma enorme quantidade de ações vitais desenrolando-se simultaneamente: cada órgão trabalha de modo autônomo, se bem que amoldando-se às conveniências da comunidade, e mostrando-se solidário com a ação conjunta para a qual contribuiu. Esta coordenação de elementos tão diversos é obtida por meio dos diferentes sistemas nervosos, cujas ramificações abarcam o corpo todo. Seria ocioso recordar, detalhadamente, que todos os órgãos da vida vegetativa, o coração, os vasos, os pulmões, o tubo digestivo, o fígado, os rins etc., por mais estranhos que sejam entre si, e por mais absorto que cada um deles pareça estar nas suas funções, acham-se unidos, contudo, por uma íntima solidariedade, devida ao sistema nervoso ganglionar e do grande–simpático, cuja ação regular independe da vontade. Esse sistema, no entanto, não se acha isolado no ser, e revela-se no espírito mediante sensações gerais de bem-estar, ou de enfermidade, como a fome, a sede, e, às vezes, por impressões mais nítidas, quando algum dos órgãos está doente.

Os fenômenos gerais da vida orgânica têm como regulador o sistema nervoso cérebrospinal, isto é, os nervos sensitivos, os nervos motores, a coluna vertebral e o cérebro. A fisiologia estudou todas as partes do sistema e demonstrou suas diversas funções. Por processos diferentes, conseguiu-se isolar cada um deles e reconhecer que a vida psíquica tem um território nitidamente determinado. Em que parte do organismo reside a atividade psíquica? Quanto a isto, a experiência nos dá indicações precisas.

Tomemos um vertebrado inferior qualquer, uma rã, por exemplo. Vemo-la saltar, coaxar, fugir; sua atividade intelectual, por mais limitada que a suponhamos, se exerce por movimentos de luta e defesa, por uma agitação constante. Pois bem, podemos suprimir instantaneamente todas essas manifestações, destruindo com um bisturi seu sistema nervoso central.[14] No mesmo instante, a cena muda radicalmente. O animal que coaxava, saltava, lutava e se defendia se transformará numa massa inerte, que ficará imperturbável ante qualquer excitação; acabaram-se nesse animal os movimentos espontâneos e reflexos, e, no entanto, seu coração continuará batendo, e seus nervos e músculos motores poderão ser excitados pela eletricidade; todos os tecidos e todos os aparelhos continuarão vivos, menos o sistema nervoso central, que lhe teremos destruído, destruindo com ele também suas manifestações intelectuais, uma vez que o

---
14 Richet, *Essai de Psychologie Génerale*, pág. 27 e segs.

princípio inteligente, privado do seu órgão de manifestação, fica irremediavelmente reduzido a zero.

O nervo motor, que põe o cérebro e os músculos em conexão, deve transportar alguma coisa da célula central aos músculos, que se contraem sob a sua influência, e, da mesma forma, a sensação que se propaga pela fibra nervosa sensível deve transmitir algo que modifique o estado da célula central. Podemos determinar a natureza desse algo, ou pelo menos dizer o que é? Muitas vezes proposto, este é um problema que nunca se conseguiu solucionar. Para sair do impasse, diz-se comumente que se trata da ação nervosa, o que nada nos explica a respeito da sua natureza. Os físicos pretenderam reduzir essa influência a outro agente físico, à eletricidade, que surge de modo natural, porque, quando se afasta um músculo da influência da vontade que se transmite pelo nervo motor, pode-se substituir esta ação pela eletricidade. No estado atual da ciência, porém, esta teoria não é demonstrável.[15] Se, com um corte, se interrompe o filete nervoso, a corrente elétrica ainda se transmitirá pelas partes condutoras vizinhas, ao passo que a menor lesão fisiológica ou anatômica, no mesmo nervo, impede que a influência nervosa se transmita ao músculo.

A influência nervosa é, portanto, uma ação especial, um agente fisiológico diferente de qualquer outro. Difere até mesmo da força vital, como vimos na experiência da rã, uma vez que na rã a vida vegetativa e os movimentos automáticos persistem, apesar da supressão da influência neuropsíquica. É algo semelhante ao que acontece com um membro paralisado, que continua a viver, embora abstraído, por completo, da ação da vontade.

Os recentes trabalhos de Crookes e Rochas demonstraram experimentalmente a existência dessa força nervosa. O célebre físico inglês publicou as investigações que fez juntamente com Home.[16] Empregando instrumentos tão precisos quanto delicados, mediu essa força, exercida sobre objetos inanimados sem contato visível. Com o sr. Rochas, vimos o modo como essa força pode exteriorizar-se, o que é uma confirmação das experiências de Crookes, obtida independentemente.

Existe, pois, uma notória progressão entre a evolução do

---

15 Bernard, Claude, *Leçons sur les Tissus Vivants*, pág. 262.
16 Delanne, *Le Phénomène Spirite*, pág. 65 e segs.

princípio inteligente e as forças que estão ao seu dispor para que possa manifestar-se no organismo vivo. Nos seres inferiores, onde existem apenas funções diferenciadas, só se observa a força vital; porém, com o desenvolvimento do organismo e a especialização das propriedades do protoplasma, surge o regulador, o coordenador das ações vitais: o sistema nervoso ganglionar, sempre estimulado pela força vital. Finalmente, prosseguindo a evolução, os fenômenos da vida psíquica passam a ter cada vez mais importância, o sistema cérebrospinal se organiza, e surge uma diferenciação especial da energia: a força nervosa, particularmente ligada à vida intelectual.

Veremos, mais tarde, o papel que ela desempenha na vida psíquica, e o modo pelo qual suas modificações determinam os estados sonambúlicos e as alterações da personalidade.

Resumo

Dos estudos parciais feitos neste capítulo, conclui-se que, segundo a enfática expressão dos teólogos, a alma dá forma ao corpo, isto é, modela-o segundo um plano preconcebido, e dirige todas as suas engrenagens através do perispírito. A forma humana, a despeito das mudanças devidas à idade, permanece constante quanto ao seu tipo, apesar do fluxo ininterrupto de matéria que passa pelo corpo, pois é como uma rede por entre cujas malhas passam as moléculas. Essa trama fluídica contém também as leis do mecanismo vital, e se mantém incólume através do turbilhão de ações físico-químicas que, sem cessar, desmoronam e reconstroem o edifício orgânico.

O ser humano, por conseguinte, compõe-se de três elementos distintos: a alma, com seu perispírito, a força vital e a matéria.

A força vital desempenha aqui um duplo papel: dá ao protoplasma suas propriedades gerais, e ao perispírito, o grau de materialidade necessária para que possa manifestar as leis que contém em si, isto é, para que possa traduzir em ação a virtualidade que possui em potencial.

A reconhecida autoridade de Claude Bernard, a quem muitas vezes recorremos, confirma nossa maneira de ver. Vejamos como se expressa no seu livro *Recherches sur les Problémes de la Physiologie*:

"Há – diz ele – uma espécie de desenho vital, que traça o plano de cada ser e de cada órgão, de tal modo que, se considerado isoladamente, cada fenômeno do organismo é tributário das forças gerais da natureza que, na sua totalidade, parecem revelar um laço especial, parecem como que dirigidas por alguma condição invisível na rota que seguem, na ordem que as encadeia.

"As ações químicas e sintéticas da organização e da nutrição se manifestam como se estivessem animadas por uma força propulsora que governasse a matéria, fazendo uma química destinada a um fim determinado, e pondo em ação os vários reagentes dos laboratórios, como se se tratasse de um químico experiente.

"E essa força evolutiva, que nos limitamos a citar, é imanente no óvulo, e, por si só, constitui algo que é exclusivo da vida, já que é evidente que a propriedade evolutiva do ovo, que produzirá um mamífero, uma ave, ou um peixe, não pertence à física nem à química."

A vida, pois, resulta da união da força vital com o perispírito: aquela, dando-lhe a vida propriamente dita, este, as leis orgânicas, e a alma, a vida psíquica. Destes três fatores, só um, a vida, é sempre idêntico; o espírito, transitando pela matéria viva desde as primeiras eras do mundo, foi pouco a pouco aperfeiçoando os organismos, e nossa convicção de que se pode considerá-lo o agente da evolução das formas deve-se ao fato de sempre ter conservado as leis em seu perispírito. Só lenta e progressivamente essas leis se encrustaram na sua tessitura, tal como acontece com um movimento que, a princípio voluntário, logo se torna habitual, maquinal, e por fim automático e inconsciente, como veremos adiante. E este, que é o lado fisiológico do assunto, é aplicável também às manifestações intelectuais, porque ambas as evoluções são paralelas.

A princípio, é difícil conceber-se uma matéria fluídica, invisível, imponderável, agindo sobre a matéria para ordená-la segundo as leis; porém, temos analogias que nos permitem fazer uma idéia, bastante aproximada e satisfatória, dessa espécie de ação.

Em física, conhece-se um instrumento chamado eletroímã, que nos servirá perfeitamente para a comparação. Em sua essência, esse instrumento compõe-se de um cilindro de ferro doce, em forma de ferradura, com um fio de cobre, isolado, enrolado em cada uma das hastes. As extremidades do ferro chamam-se pólos do eletroímã.

Fazendo-se passar uma corrente elétrica pelo fio de cobre, o ferro se imanta, e conserva essa propriedade enquanto durar a ação da corrente; em tais condições, se colocarmos o aparelho de modo a que os pólos fiquem voltados para o alto, e sobre ele segurarmos um cartão cuja superfície esteja polvilhada com limalha de ferro, esta se agrupa espontaneamente em linhas regulares, traçando desenhos variados segundo a forma dos pólos. A essas figuras deu-se o nome de fantasma ou espectro magnético, e as aglomerações de limalha que as formam são chamadas linhas de força, porque traduzem objetivamente a ação das forças magnéticas.

Eis aqui, pois, um exemplo material do que acontece com todo ser animado. Uma força invisível, imponderável, o magnetismo, age sem contato sobre a matéria, a limalha de ferro. Em nosso exemplo, a eletricidade desempenha as funções da força vital, e o eletroímã, o do perispírito; a limalha representa as moléculas que compõem os tecidos orgânicos. Com o ímã, é possível formar outros pólos secundários, aos quais se dá o nome de pontos conseqüentes, e estes pontos produzem, também, espectros secundários que, misturando-se aos primeiros, determinam a criação de figuras muito complicadas. Não se pode duvidar, contudo, que o magnetismo seja uma força imponderável, pois o ímã, que pode atrair um peso vinte e três vezes maior do que o seu, ao ser imantado não pesa mais do que antes.

Agora, se compararmos a ação do perispírito sobre a matéria com a ação exercida por um eletroímã sobre a limalha de ferro, poderemos ter uma idéia do modo de ação do primeiro, isto é, poderemos conceber que lhe seja possível modelar a substância do ser embrionário, imprimindo-lhe a forma exterior, que será o tipo específico, e formar os ógãos internos, pulmões, coração, fígado, cérebro etc., que servirão às funções vitais.

O espectro magnético forma apenas um desenho sobre o cartão, e este desenho mostra a figura de um corte dado na esfera da influência magnética. Se, porém, se pudesse colocar ao redor dos pólos uma série de cartões, formando um leque, ver-se-ia que o espectro magnético se estende em todos os sentidos e forma um campo magnético em todas as direções. O mesmo acontece com o perispírito, com a diferença de que suas linhas de força são internas. Resumindo: nesta comparação, o corpo físico é o espectro magnético do perispírito.

Os desenhos formados pelos pólos do eletroímã são simples, porque o ferro tem um movimento molecular simples; no envoltório fluídico, porém, esse movimento é muito complicado, e disso provém a grande diversidade que os seres vivos apresentam. E assim como a ação magnética se mantém enquanto durar a circulação da corrente elétrica pelo fio de cobre, assim também o corpo humano se mantém vivo enquanto durar a força vital que anima o perispírito.

Podemos levar a analogia um pouco mais longe.

As propriedades magnéticas do ferro doce acham-se nele em estado latente, até que a eletricidade as desperte, orientando as moléculas do metal; do mesmo modo, as propriedades orgânicas do perispírito ficam em repouso, por assim dizer, enquanto a alma permanece no espaço, ativando-se somente sob o influxo da força vital. Por isso os espíritos não podem constituir um corpo temporal, nem mesmo pondo em ação o mecanismo perispiritual, a não ser quando um médium lhes ceda a força vital e a matéria indispensável para essa espécie de ação.

Em suma: uma força imponderável, a eletricidade, determina, por indução, o nascimento de outra força imponderável, o magnetismo, que tem ação diretriz sobre a matéria bruta; e, no ser vivo, a força vital age sobre o perispírito, podendo este, então, desenvolver suas propriedades que são, conforme vimos, a formação e reparação do corpo físico. Como o perispírito é material, tem forma determinada e é indestrutível, podemos conceber as sucessivas modificações do seu movimento atômico, correspondendo a modificações e complicações cada vez maiores em seu modo de operar; ou, em outras palavras: podemos conceber que, organizando inicialmente formas bem rudimentares, tenha conseguido, mediante sua longa evolução, na qual investiu milhões de anos e inúmeras reencarnações, dirigir, um depois do outro, organismos cada vez mais delicados e aperfeiçoados, para finalmente chegar a dirigir o organismo do homem.

A alma e o perispírito formam um todo indivisível; sua união constitui a parte ativa e passiva, as duas fases, ou caras, do princípio pensante. O invólucro é a parte material, cuja função consiste em reter os estados de consciência, de sensibilidade e de vontade; é o reservatório de todos os conhecimentos, e como na natureza nada se perde, e o perispírito é indestrutível, com ele a alma goza de memória integral, quando se encontra no espaço.

O perispírito é a idéia diretriz, o plano imponderável da estrutura dos seres; é quem armazena, registra e conserva todas as percepções, volições e idéias da alma, incrustando em sua substância não somente os estados anímicos determinados pelo mundo exterior, mas também os pensamentos mais fugazes e os sonhos apenas entrevistos ou formulados. É o guardião fiel, a testemunha imutável, a história indelével do nosso passado.

Na substância incorruptível do perispírito estão gravadas as leis do nosso desenvolvimento; ele é o mantenedor por excelência da nossa personalidade, e nele reside nossa memória. A alma jamais o abandona, pois embora lhe pareça a túnica de Nesso, é também um bálsamo consolador.

Dos períodos mil vezes seculares em que a alma iniciou suas peregrinações terrestres sob as mais ínfimas formas da criação, para gradualmente elevar-se até às mais perfeitas, o perispírito não cessou de assimilar de maneira indelével as leis que atuam na matéria, pois, proporcionalmente aos progressos realizados, as diversas criações do pensamento formam uma bagagem que cresce sem cessar, como um tesouro acumulado ininterruptamente. Nada se destrói, tudo se acumula no imperecível perispírito, tão incorruptível quanto a matéria ou força primeira de que provém. Os maravilhosos espetáculos que nossa alma contemplou, as sublimes harmonias que tenhamos ouvido derramar-se no espaço, os esplendores da arte que nos tenham arrebatado os sentidos, tudo o que tivermos acumulado está em nós, e estará para sempre, bastando um pequeno esforço de nossa parte para recuar ao passado, transformando o passivo em ativo, porque nada se perde. É assim que, lenta, mas seguramente, escalamos os degraus do progresso.

Com a morte do homem terrestre, quando seu envoltório carnal se decompõe e os elementos que o constituem voltam ao laboratório universal, a alma subsiste inalterada, completa, conservando o que lhe constitui a personalidade, ou seja, sua memória, e não apenas a recordação da última existência, mas de todas as existências por que passou. O panorama que vê diante de si é imponente e austero, porque nele pode ler os ensinamentos do passado e inspirar-se, para discernir seus deveres no futuro.

Agora, queremos estabelecer como o perispírito pôde adquirir suas propriedades funcionais, o que, conforme já adiantamos, acreditamos que foi mediante inúmeras reencarnações neste planeta, passando pelos crivos da animalidade; e para abonar nossa opinião, precisamos demonstrar a unidade do princípio pensante no homem e nos animais; demonstrar que a lei de continuidade não está interrompida; que o homem não constitui um reino à parte na natureza, e que só através de uma contínua evolução, por esforços incessantemente reiterados, o homem conseguiu chegar a ocupar o posto culminante que ocupa no universo.

Este é o plano que desenvolveremos nos capítulos que se seguem.

2.
A alma animal

> Os selvagens – Identidade entre o corpo humano e o dos animais – Estudo das faculdades intelectuais e morais dos animais – A curiosidade – O amor-próprio – A imitação inteligente – A abstração – A linguagem – A idiotia – Amor conjugal – Amor materno – Amor ao próximo – O sentimento estético – A gradação dos seres – A luta pela vida – Resumo

O problema da origem humana é, provavelmente, um dos mais difíceis de abordar aqui na Terra. Colocados que estamos em meio a uma civilização adiantada, parece-nos que há um abismo separando nossa raça dos outros seres vivos. O homem conquistou seu reinado no mundo, curvou a natureza inteira à sua vontade, perfurando montanhas, unindo mares, secando pântanos, mudando o curso dos rios, dirigindo a vegetação no interesse das suas necessidades, ou gostos, domando os animais aptos a servi-lo e utilizando todas as forças vivas para aumentar seu bem-estar. As estradas de ferro transportam-no tranqüilamente a grandes distâncias, a eletricidade lhe transmite o pensamento aos mais remotos confins, auxiliando-o também em todos os serviços domésticos, o aeróstato permite-lhe explorar as alturas da atmosfera, a mina leva-o às entranhas do solo. Ante a grandeza dos resultados alcançados por seu gênio, o homem sente-se inclinado a considerar-se de uma essência superior à de todos os outros animais, que parecem incapazes de qualquer progresso.[1]

---
1 Ver Richet, *L'Homme et l'Intelligence*.

As religiões que, em última análise, não passam de delírios antropomórficos, têm estimulado, simploriamente, estas tendências, fazendo do homem a imagem material da divindade, e da alma um princípio, uma causa especial completamente diferente de tudo que existe aqui na Terra. No entanto, examinando-a mais de perto, vê-se que esta magnífica inteligência longe está de ser perfeita, e é preciso uma boa dose de parcialidade e de orgulho para imaginar que seres que se trucidam com ferocidade em combates, e cujo único ideal é semear desolação e morte entre seus vizinhos, sejam os representantes da inteligência infinita que governa o cosmos.

Os esplendores dos nossos progressos materiais não devem fazer-nos esquecer nossa origem modesta. As lições da História aí estão para provar-nos que o desenvolvimento intelectual foi obra de séculos. A tenebrosa noite da Idade Média acabou há muito pouco tempo para que não nos lembremos mais do passado, e, acrescente-se, se é evidente que uma parte do gênero humano avançou com o progresso, ainda existem muitos de nossos semelhantes estagnados na ignorância e na bestialidade e sendo vítimas das piores paixões, para mostrar-nos o caminho que a humanidade percorreu...

Os selvagens

Paralelamente à civilização, vivem seres degradados, a quem se hesita em chamar de "pessoas".[2] Entre as tribos nômades caracterizadas por um grau de inferioridade ignorado, às vezes dá-se a triste primazia aos diggers, índios repulsivos, selvagens ao extremo, que vivem nas cavernas de Sierra Nevada, a cujo respeito os mais fidedignos naturalistas disseram que "estão apenas alguns degraus acima do orangotango". O missionário A. L. Krapf,[3] que viu de perto os dokos do centro de

---

2 Vianna de Lima, *L'Homme selon le Transformisme*: "A imundície dos diggers ultrapassa os limites de tudo que se possa imaginar. O mesmo ocorre com os selvagens da baía de Motka (ilhas Quadro e Vancouvert), que deixam acumular, diante de suas choças miseráveis, toda espécie de lixo. Kolben, referindo-se aos hotentotes, diz que não existe mamífero algum tão sujo quanto eles. Muitas hordas são indomáveis e de extrema ferocidade. A respeito dos abors, Dalloux conta que dois deles não podem viver na mesma cabana sem se destruírem mutuamente; chegam a comparar-se aos tigres.
3 Krapf, A.L., *Reisen in Ostafrica*.

Evolução Anímica

Kafa e Qurage (Abissínia), diz que tais selvagens têm todos os traços físicos de uma grande inferioridade. Não sabem acender fogo nem cultivar a terra. Sua alimentação habitual constitui-se de sementes e raízes, que cavam do solo com as unhas, e de grandes formigas, dando-se por felizes quando conseguem apanhar um rato, um lagarto, ou uma cobra. Vagam pelos bosques, e, como são incapazes de construir uma choça, geralmente buscam abrigo sob as copas das árvores.

Os dokos ignoram, ou quase, o pudor, e apenas suportam os encargos familiares em sua expressão mínima. Finda a lactação, as mães abandonam os filhos.[4]

Os tarungares, papuas da Costa Oriental, visitados pelo Dr. Meyer, são selvagens ao extremo. Andam completamente nus, desconhecem qualquer sentimento moral, e, antropófagos arraigados, chegam a exumar cadáveres para devorá-los. Que diríamos se os macacos agissem como eles?

Os veddas, do Ceilão, são de pequena estatura, tipo abjeto e rosto de expressão repugnante e bestial. A conformação do seu crânio é muito semelhante à do macaco, têm o nariz achatado, os lábios proeminentes, alongados em forma de focinho, dentes compridos e projetados para a frente. Vivem como animais, e, quando faz mau tempo, geralmente se abrigam nas fendas das rochas. São como os Bosquímanos, que constroem uma espécie de ninho. O missionário Moffat diz que esses ninhos se parecem com os dos antropóides. Sabe-se, de fato, que o orangotango de Sumatra e de Bornéu, que se cobre durante as moites frias e úmidas, constrói seu ninho com folhas e galhos de árvores.

O sábio e escrupuloso naturalista Burmeister observa que muitos selvagens do Brasil se comportam como animais privados de qualquer inteligência superior. O dr. Avé-Lallement, que numa viagem ao norte do país, em 1859, teve oportunidade de ver de perto várias tribos de Botocudos, compara tais selvagens a macacos domesticados. "Adquiri – diz ele – a triste convicção de que existem também macacos bímanos." Esta comparação com os macacos, talvez um tanto exagerada, é vista com freqüência, quase constantemente mesmo, nas narrativas de todos os viajantes. O célebre explorador W. Baker diz, sobre os Kytches e os Latoukas (africanos), que eles mal se distinguem

---
4 Este e outros exemplos foram tirados de Buchner.

dos brutos; "são verdadeiros macacos", acrescenta. Percorrendo as montanhas de Luzon (uma das ilhas das Filipinas), La Gironnière supreendeu-se com o caráter simiesco dos Aetas: "sua voz e seu rosto se assemelhavam aos do macaco". Em sua viagem a bordo do Beagle, Darwin quase se espantou ao avistar os Fueguinos. "Ao ver tais seres – escreve o naturalista – é difícil acreditar que sejam nossos semelhantes e que habitem o mesmo planeta... Durante a noite, cinco ou seis de tais criaturas humanas, nuas e mal protegidas contra as intempéries deste clima terrível, deitam-se no chão úmido, enrodilhadas como animais, e apertando-se umas contra as outras."

Por aí se vê quão pouco perceptível é a diferença entre o homem e o macaco.

Nosso reino se distingue por alguma característica que seja verdadeiramente especial? A História Natural e a Filosofia mostram que, essencialmente, tal diferença não existe, nem do ponto de vista físico, nem do ponto de vista intelectual. Certamente, entre o mais inteligente dos animais, o macaco, e o mais embrutecido dos homens, existem diferenças que ninguém pode negar, e sem as quais o macaco seria homem; tais diferenças, porém, não são essenciais, mas níveis diferentes e ascendentes de um mesmo princípio, que vai progredindo à medida que passa por organismos mais perfeitos.

Estabeleçamos claramente, com exemplos, esta verdade importante.[5]

Identidade entre o corpo humano e o dos animais

Já sabemos que os elementos que formam os tecidos de todos os seres vivos são, no fundo, idênticos quanto à sua composição, e que a carne de qualquer animal em nada difere da nossa. Entre os vertebrados, o esqueleto também não é muito diferente, e a noção de um tipo uniforme é hoje comum. Todos sabemos que o esqueleto de um vertebrado, quer pertença ao homem ou ao macaco, à águia ou à rã, compõe-se de um crânio,

---

[5] Richet, *L'Homme et l'Intelligence*. Quanto ao que nos diz respeito, citaremos livremente, resumindo-a, a discussão deste autor sobre a semelhança entre o homem e o animal. Vejam-se, ao mesmo tempo, *La Vie et l'Âme*, de Ferrière, *Exposé Sommaire des Théories Transformistes*, de Artur Vianna de Lima, e *Le Mond avant la Création de l'Homme*, de Camille Flammarion.

Evolução Anímica

maior ou menor, de dois membros ligados ao tórax, e de dois outros ligados à bacia.

Quanto à semelhança entre os órgãos dos animais e dos homens, ela é tamanha que, por estranho que pareça, poder-se-ia conceber um homem vivendo com o coração de um cão, ou de um cavalo, sem que a circulação do sangue nele se realizasse menos perfeitamente do que em qualquer outro; do mesmo modo, poder-se-ia conceber um homem com pulmões de bezerro, respirando com a mesma regularidade com que respira com seus próprios pulmões. O sangue, que parece tão essencial à vida, é idêntico no carneiro, no boi e no homem, e os médicos legistas ainda não encontraram um método seguro que lhes permita dizer com certeza se determinada mancha sanguinolenta foi produzida por sangue humano, ou pelo sangue de um animal qualquer.

Coração, pulmões, fígado, estômago, sangue, olhos, nervos, músculos, esqueleto, tanto no homem, como nos demais vertebrados, são análogos. Há menos diferença entre um homem e um cão do que entre um cão e um crocodilo, e entre um crocodilo e uma mariposa.

Graças às incessantes descobertas dos naturalistas, a cada dia fica estabelecida sobre bases mais sólidas a célebre máxima de Aristóteles. *Natura non fecit saltus* (A natureza não dá saltos) disse este grande mestre das ciências naturais; e, efetivamente, todos os seres vivos estão em permanente transição. Do homem ao macaco, do macaco ao cão, do cão à ave, da ave ao réptil, do réptil ao peixe, ao molusco, ao verme, ao ser mais ínfimo, situado nos últimos limites entre o mundo orgânico e o mundo inanimado, não existe uma transição brusca, e, sim, uma gradação imperceptível. Todos os seres se tocam, se ligam, formam uma cadeia de vida, que só parece interrompida devido ao nosso desconhecimento das formas difusas, ou desaparecidas.

Nessa hierarquia dos seres, o homem atribui-se o primeiro lugar, e, incontestavelmente, tem esse direito; mas nem por isso está fora da cadeia: apenas constitui seu elo primeiro e mais polido, por ser, também, o animal mais aperfeiçoado.

E não só é impossível fazer do homem um ser à parte no reino animal, como também não se pode dizer que não tenha ligação com os seres inferiores, porque não é possível estabelecer um limite entre os animais e os vegetais. É claro, como diz Chartes Bonnet, que o bom senso sempre distinguirá um gato de uma roseira; mas, se quisermos avançar no estudo do processo vital que diferencia o animal da planta, não acharemos caracteres peculiares ao animal que não pertençam também à planta.

Além disso, existem plantas, como as algas, que se reproduzem por meio de corpúsculos muito ágeis, e existem animais que durante quase toda sua vida permanecem imóveis, aparentemente insensíveis, não tendo sequer, como a sensitiva, a faculdade de escapar das agressões exteriores.

E também é impossível que o homem viva de maneira diferente da dos outros animais. O sangue circula em todos do mesmo modo; o ar é respirado por todos nas mesmas proporções e através de mecanismos iguais; para todos, a natureza dos alimentos é a mesma, e sua transformação ocorre nas mesmas vísceras, mediante as mesmas operações químicas, uma vez que, como vimos, as condições de manutenção da vida são idênticas para todos os seres vivos.

O nascimento, também, não é um fenômeno privativo. Nos primeiros meses da vida fetal, é impossível distinguir o embrião humano do embrião de um cão ou de qualquer outro vertebrado. A monera, de que provém o rei da criação, compõe-se, em sua origem, de um simples protoplasma, como a de qualquer vegetal.

Para toda a série orgânica, a morte é semelhante: obedece às mesmas causas e produz os mesmos efeitos; desorganiza a matéria viva e torna a fundi-la no cadinho da natureza.

Em resumo: como os sábios, reconheçamos que, por suas características físicas, o homem em nada se distingue do animal, e que em vão se tenta estabelecer uma linha divisória que lhe permita ocupar um lugar especial na criação.

Resta-nos examinar se as faculdades intelectuais e morais do homem são de natureza particular, e se tais faculdades bastam para criar um abismo intransponível entre a animalidade e a humanidade. Vamos a isso.

Estudo das faculdades intelectuais e morais dos animais

Desde já, podemos estabelecer como princípio que não é possível entender os fenômenos psíquicos que ocorrem num indivíduo, a não ser através das manifestações exteriores de sua atividade. Se vemos um ser executar atos inteligentes, deduzimos que possui inteligência; e, se tais atos são de natureza igual aos que se observam no homem, concluímos que sua inteligência é semelhante à da alma humana, já que, na criação, só a alma é dotada de inteligência. Logo, como os animais não só possuem inteligência, como também instinto e sentimento, temos o direito de concluir que a alma animal, exceto quanto ao grau de evolução, é da mesma natureza que a alma humana, pelo fato de que todo efeito inteligente pressupõe uma causa inteligente, sendo a magnitude do efeito diretamente proporcional à potência da causa.

Ao falar da inteligência dos animais, corre-se o risco de não ser compreendido. Algumas pessoas acham que, para demonstrar a existência de faculdades intelectuais ou morais na espécie animal, é preciso estabelecer que os animais possuem sensibilidade, memória, discernimento etc., no mesmo grau que possuímos; o que é impossível, uma vez que o organismo deles é inferior ao nosso. Outros acham que admitir que possa existir um princípio inteligente na animalidade, é aviltar a dignidade humana.

Quanto a nós, não vemos o que se pode perder com essa comparação, quando, ao contrário, nos favorece em tudo, pois mostra claramente que nunca um animal pôde, nem poderá, descobrir a lei das proporções definidas, nem escrever o *Sonho de uma Noite de Verão*. Trata-se, simplesmente, de deixar claro que, se realmente o homem é mais perfeito do que o animal, não é menos verdade que a natureza pensante de um e outro são da mesma ordem, e, essencialmente, só diferem quanto ao seu nível de manifestação, e é exatamente isto o que é evidenciado por algumas faculdades dos animais, como a atenção, o discernimento, o raciocínio, a associação de idéias, a memória e a imaginação.

Veja-se a prova disso nos relatos que se seguem.[6]

Inteligência e reflexo

Por volta das três horas de uma madrugada de verão, um agricultor olhava o campo pela janela de casa quando viu uma

---
6 Consultar: Lubbock, *Origines de la Civilisation*; Romanes, *Evolution Mentale des Animaux*, e Darwin, Descendência do Homem.

raposa carregando um enorme ganso que tinha apanhado. Ao chegar junto ao muro de pedra que cercava a propriedade, o animal predador fez um esforço e saltou, tentando transpô-lo com sua presa; porém, como o muro tinha aproximadamente 1,20m de altura, não conseguiu o que pretendia, voltando a cair no campo. Por mais três vezes tentou saltar, com o mesmo resultado, embora tendo redobrado seus esforços. Vendo que aquilo seria inútil, sentou-se, e durante alguns minutos ficou olhando para o muro. Tendo, aparentemente, refletido bastante e traçado um plano, tomou o ganso pela cabeça, esticou-se o mais alto que pôde contra o muro, e enfiou o bico da ave numa fresta, deixando-a pendurada lá. Saltou, então, sobre o muro, debruçou-se até alcançá-la e jogou-a para o outro lado. Depois desceu e, carregando a presa, seguiu seu caminho.[7]

Não se pode duvidar que os animais refletem antes de tomar uma decisão; acabamos de ver isso no caso da raposa, e podemos vê-lo em muitos outros casos análogos. É certo, porém, que, neles, a ação é bem mais lenta do que no homem. Vejamos os seguintes fatos:

Um urso do Jardim Zoológico de Viena, querendo aproximar da sua jaula um pedaço de pão que estava flutuando lá fora, teve a engenhosa idéia de revolver a água com a pata, provocando uma corrente artificial.

Flourens conta que, como havia muitos ursos no Jardim das Plantas, resolveu-se eliminar dois deles. Para isso, pensou-se em dar-lhes bolos embebidos em ácido prússico, mas os ursos, mal farejaram o perigoso alimento, saíram correndo assustados. Poder-se-ia pensar que, tendo percebido o perigo, não voltariam a aproximar-se dos bolinhos; mas tal não aconteceu. Atraídos pela guloseima, aproximaram-se cautelosamente, pouco a pouco os empurraram com as patas, até fazê-los cair no fosso que ficava no centro da jaula, e ali os remexeram muitas vezes, cheirando-os de quando em quando, até que o veneno que continham evaporou-se. Em seguida, comeram-nos. Tal perspicácia salvou-lhes a vida, pois ninguém voltou a pensar em eliminá-los.

Um elefante esforçava-se em vão para apanhar uma moeda encostada num muro quando, de repente, pôs-se a soprar rente

---

[7] Romanes, *L'Intelligence des Animaux* (*Revue Scientifique*, de 4 de janeiro de 1879).

ao muro, para fazer com que a moeda, saindo da sua posição, fosse rolando até onde ele estava, o que realmente conseguiu com perfeição.[8]

Os dois fatos que se seguem foram narrados por Darwin:

Uma vespa insistia em carregar, voando, o corpo de uma mosca. Como, porém, as asas da mosca não lhe permitiam movimentar livremente as próprias asas, pousou no chão, cortou da presa o que estava atrapalhando e, carregando-a de novo, retomou seu vôo.

Um canguru, vendo-se perseguido por um cão, jogou-se no mar, entrando nele até ficar só com a cabeça de fora; vendo, porém, que nem assim se via livre da perseguição do cão, que nadava, seguindo-o de perto, esperou que se aproximasse, e, agarrando-o, mergulhou-o na água, onde sem dúvida teria morrido afogado se o dono não tivesse corrido em seu socorro.

Citemos mais uma curiosa ação inteligente, mostrada por um macaco:[9]

Estava sentado com minha família junto à lareira em que os criados assavam castanhas, colocando-as sob as cinzas do braseiro – diz Torrebianca –, e um macaco de que todos gostávamos, por seus trejeitos, observava tudo, dando inequívocas demonstrações de que estava doido por apanhá-las. Como não via por perto nada com que pudesse remexer no fogo, arremessou-se contra um gato que estava dormindo, apertou-o junto ao peito, e, pegando uma das patas do felino, utilizou-a como se fosse uma pá.

Ao ouvir os miados angustiosos do gato, todos nos levantamos. O culpado e a vítima fugiram, um com o produto da sua pilhagem, outro, com a patinha queimada.

O curioso do caso – diz Gratiolet, que foi quem reproduziu esta história –, é que Torrebianca concluiu que os animais não raciocinam.

"Confesso – diz o espiritualista e religioso Agassiz – que não saberia dizer em que as faculdades mentais de uma criança e as de um chimpanzé diferem."[10]

---
8 Vianna de Lima, *L'Homme selon le Transformisme*, pág. 133.
9 Gratiolet, *Anatomie du Système Nerveux*, t. II.
10 Agassiz, *L'Espèce*, pág. 90.

A curiosidade

Tem-se observado que todas as espécies, mesmo as que são pouco inteligentes, como os peixes, os lagartos e as calhandras, possuem uma curiosidade muito desenvolvida; os patos selvagens, os cabritos monteses e as vacas, porém, distinguem-se por tê-la maior; mas é nos macacos que ela se mostra extraordinária, categórica, quase humana: eles possuem a "faculdade de exame", o que é constatado por seu desejo de compreender e penetrar o sentido das coisas.

O macaco, como bem observou H. Fol, "sabe abstrair-se por completo de tudo que o rodeia para entregar-se única e exclusivamente ao exame de um objeto, dedicando-se horas a fio a essa operação, esquecendo até mesmo de comer. Logo, se um macaco age assim, diz Romanes, não deve admirar-nos o fato de que o homem seja um animal científico. Evidentemente, o exame tem por base a curiosidade, porém logo se estende ilimitadamente acima dela: é uma das formas mais elevadas da inteligência, já que tem por objetivo seu próprio aperfeiçoamento.

O amor-próprio

Os cães não cobiçam o alimento reservado aos seus companheiros (Agassiz), e mostram-se muito satisfeitos e orgulhosos quando se elogia sua decisão. Sanson[11] diz que está provado, por numerosos fatos, que o cavalo de corrida é capaz de competir e se orgulha com a vitória. É o caso de Forster, que na sua extensa série de corridas nunca fora vencido, e, vendo-se ultrapassado por Elephant, quando se aproximavam da linha de chegada, precipitou-se sobre ele num salto desesperado e cravou-lhe os dentes na queixada, por não tolerar a afronta de uma derrota jamais conhecida.

Outro cavalo, num caso parecido, cravou os dentes no jarrete do seu rival, e foi difícil afastá-lo. O elefante, o cachorro e o cavalo são muito sensíveis ao elogio; o antropóide, o elefante e o cachorro temem o ridículo, e se aborrecem quando zombam deles. A propósito, Romanes narra uma interessante observação que fez. Seu cão divertia-se caçando moscas numa vidraça, e,

---
[11] Sanson, *Sélection*, pág. 521.

como muitas das suas tentativas falhavam, Romanes começou a sublinhar com um sorriso sarcástico cada esforço fracassado. Aquilo deixou o animal muito envergonhado, e ele imediatamente fingiu ter apanhado uma mosca, jogando-a no chão. Como, porém, seu dono sugerira que tudo não passava de uma trapaça, e que não o enganava com tal impostura, fugiu, duplamente envergonhado, indo esconder-se em baixo dos móveis.

Imitação inteligente

Não faltam exemplos de imitação inteligente, e são bem mais interessantes e dignos de menção à medida que todos eles atestam uma certa noção das relações de causa e efeito, uma certa consciência da causalidade.

O orangotango e o chimpanzé, por exemplo, rapidamente descobrem o modo de abrir fechaduras: um macaco de Buffon aprendera a utilizar-se perfeitamente das chaves. A macaca Mafuca, do Jardim Zoológico de Dresden, querendo ter liberdade para sair da jaula quando lhe conviesse, planejou roubar a chave do zelador, e assim o fez, escondendo-a a seguir cuidadosamente. Há muitos cães, cabras e gatos que aprenderam sozinhos, sem qualquer treinamento, a puxar a corda de uma campainha para que lhes abram a porta, ou a abri-la por conta própria, e citam-se vacas, mulas e asnos que levantam as trancas das porteiras dos estábulos e currais quando querem sair ou entrar.

O Prof. Hermann Fol conta que, na vacaria-modelo de Lancy (perto de Genebra), pouco depois de terem colocado um bebedouro no estábulo, tiveram que substituir a torneira comum por outra, que só se abria com uma chave removível, e que o vaqueiro tratava de tirar, porque as vacas logo aprenderiam a abri-la, como antes tinham aprendido a abrir a primeira. O mesmo aconteceu em Turim, na vacaria-modelo instalada por Enrique Bourrit.

Entre os macacos, a imitação inteligente é muitas vezes perfeita. Já se viram muitos que tiveram a idéia de cavalgar cachorros; Boitard conta que um macaco da família roloway pôs em prática a idéia de fazer-se levar por um cão fraldiqueiro; La Vaillant narra um fato semelhante com um babuíno, e A. Humbold diz o mesmo de um onavapari.

A abstração

A faculdade de abstrair é a de perceber os objetos e determinar-lhes as qualidades sensíveis, tal como a cor, a solidez, a maciez, a rugosidade, o polimento etc.; de distinguir a pedra da árvore, do peixe, da ave...; de diferenciar o cachorro do gato, do cavalo, do homem, e mais, o homem bem vestido do maltrapilho. Essas idéias abstratas, e outras mais, são, sem a menor dúvida, patrimônio de animais também, pois, como observa Vulpian,[12] é sobre elas que, evidentemente, exercitam sua memória, sua reflexão e seu raciocínio. Podem até elevar-se à compreensão de certas realidades metafísicas, como o tempo, o espaço etc.

"Os animais têm alguma idéia da extensão – diz Gratiolet –, uma vez que andam e saltam com precisão; do tempo decorrido, pois vê-se que percebem que passou; do tempo presente, porque o desfrutam, e do tempo futuro, posto que, em determinados casos, são previdentes, revelam temores e manifestam esperanças. Mas todas essas idéias são muito concretas, e jamais se elevam ao nível da verdadeira abstração."

O naturalista Fisher, mediante engenhosas experiências (*Revue Scientifique*, 1884), chegou a convencer-se de que os macacos mais inteligentes possuem a noção do número e sabem calcular perfeitamente o peso. Todos sabemos que a pega, uma ave corvídea, pode contar até cinco, já que nunca levanta vôo se não for acompanhada por outras quatro, a não ser que caçadores a estejam perseguindo de perto. Quanto a isto, a referida ave está mais adiantada do que uma infinidade de selvagens.

A linguagem

A linguagem articulada é a herança do homem, e graças a esse poderoso instrumento de progresso ele pôde desenvolver suas faculdades, enquanto os outros seres permaneceram quase estacionários. Mas nem por isso os animais carecem de uma linguagem para comunicar-se com os indivíduos da mesma espécie. O cão doméstico possui uma linguagem que seus antepassados selvagens, certamente, não possuíam. Darwin observa

---

12 Vulpian, *Leçons sur le Sistème Nerveux*.

que "nos cães domésticos distinguem-se: o latido de impaciência, que emitem ao sair para caçar; o de cólera, que é um rugido surdo; o de desespero, que é o alarido que fazem quando estão presos; o de satisfação, que é o latido alegre com que comemoram a saída para passear, e o queixoso e suplicante, com que pedem que lhes abram a porta.

A linguagem expressa por sinais ou gestos é muito difundida entre os animais que vivem em sociedade, como os cães e os cavalos selvagens, os elefantes, as formigas, os castores, as abelhas etc. Não há a menor dúvida de que esses animais se compreendem. Vê-se, com freqüência, que as andorinhas, antes de seguir uma rota, decidem qual deve ser. Suas idéias, porém, são simples, primitivas, já que, por carecerem de linguagem articulada para poder ampliá-las e coordená-las, tampouco podem colher delas o fruto desejado, e seu aperfeiçoamento é tão lento, que nos parecem imutáveis. Contudo, uma observação atenta evidencia que os instintos variam segundo as novas condições em que os animais se achem colocados, e que suas faculdades intelectuais, pelo exercício continuado, vão aumentando, principalmente nas espécies que estão em contato com o homem.

A idiotia

Uma comparação entre a paralisação do desenvolvimento intelectual no homem e as faculdades animais, nos mostrará que a diferença entre a humanidade e a animalidade não é substancial.

Quando o livre exercício da vontade encontra obstáculos na conformação defeituosa do corpo, a alma só consegue manifestar-se no exterior por formas rudimentares de inteligência. Temos um bom exemplo disso na idiotia.[13] Os idiotas, como se sabe, subdividem-se em três classes, a saber: idiotas completos, idiotas em segundo grau, e imbecis.

1°) Os idiotas completos acham-se reduzidos ao automatismo; são seres inertes, desprovidos de sensibilidade e de idéias morais; falta-lhes até o instinto animal. Têm o olhar inexpressivo, parado; não têm gosto nem olfato, nem sabem comer sem ajuda; é preciso pôr-lhes a comida na boca, e até mesmo

---
13 Darwin, *Descendência do Homem*.

empurrá-la garganta abaixo para provocar a deglutição. Outros comem com menos dificuldade, porém engolem indiscriminadamente qualquer coisa que tenham ao alcance da mão: terra, trapos, fezes etc. Os idiotas completos são inferiores aos cães, aos elefantes e aos macacos, e, no entanto, são homens. Sua alma acha-se aprisionada num invólucro inerte, e deve sofrer um longo e cruel martírio, vendo-se impossibilitada de pôr em atividade seus órgãos rebeldes.

2º) Os idiotas em segundo grau têm instintos, mas sua faculdade de comparar, julgar e raciocinar é quase nula. Aproximam-se dos animais, porém, ainda são inferiores a alguns deles.

3º) Os imbecis, finalmente, são os que possuem instintos e determinações racionais, mas tão frágeis, ou triviais, que, se são capazes de abstrações físicas de ordem inferior, não conseguem elevar-se a qualquer noção de ordem geral, ou superior. Como os cretinos, estão pouco acima do nível dos animais.

Tais estados precários da inteligência podem ser comparados aos da infância, porque, até os três anos, a criança é inferior aos grandes símios; de modo que, do ponto de vista intelectual, infância, idiotia e cretinismo nos dão um exemplo tangível e surpreendente da evolução da alma humana.

A evolução

Quem se reportar aos fatos que citamos ao falar dos selvagens, compreenderá melhor a marcha progressiva do princípio pensante, que, tendo partido das formas mais rudimentares da animalidade, chega à sua plena florescência no homem.

Os povos primitivos se apresentam diante de nós como vestígios que registram as fases intermediárias desse processo de transformação.

Não esqueçamos que esses seres, que nos parecem tão aviltados, são, ainda assim, muito superiores a nossos ancestrais da era quaternária. Desse modo, poderemos compreender que não existe uma diferença essencial entre a alma dos animais e a nossa.

Os diversos níveis que se observam nas manifestações inteligentes, à medida que alguém se eleva na série dos seres vivos, estão relacionados com os desenvolvimentos orgânicos das formas. Quanto mais flexível e maleável é o corpo, mas diferenciadas são suas partes, e mais facilidades a alma encontra para exercitar sua inteligência; de modo que se passa, imperceptivelmente, da monera ao homem, sem saltos, sem choques, sem interrupções significativas.

Vejamos agora se, do ponto de vista dos sentimentos, existe também, entre os animais e o homem, a mesma analogia que acabamos de ver com relação ao desenvolvimento intelectual.

Amor conjugal. Amor materno

Os pássaros, diz Buffon, retratam tudo o que acontece numa família honrada: guardam a castidade, e cuidam zelosamente dos filhos. O macho é o marido, o pai de família; a fêmea é a esposa, a mãe terna e carinhosa, e ambos, por mais frágeis que sejam, transformam-se num casal forte e corajoso, e expõem a vida heroicamente quando se trata de defender a família.

O amor que a galinha demonstra na defesa dos seus pintinhos, é amplamente conhecido. Os animais mais ferozes, o tigre, o lobo, o gato selvagem etc., têm por seus filhotes a mais terna afeição.[14] Darwin, Brahm, Lauret, e outros, citam curiosos exemplos desse sentimento. Eis, a seguir, dois deles, que não deixam dúvidas a esse respeito:

Lauret conta que um macaco, cuja fêmea morrera, empenhava-se em cuidar do filho, pobre ser, fraco e doente. Todas as noites embalava-o em seus braços para fazê-lo dormir, e, de dia, não o perdia de vista um instante sequer. Aliás, entre os macacos, vizinhos próximos do homem, está provado que os órfãos são sempre cuidadosamente assistidos e adotados, tanto pelos machos como pelas fêmeas.

Uma fêmea de babuíno (cinocéfalo), notável por sua bondade, recolhia símios de outras espécies, e roubava filhotes de cães e gatos, que levava consigo e deles cuidava com desvelo. Certa vez, um dos gatinhos por ela adotados deu-lhe um arranhão, e ela, perplexa, deu mostras de inteligência, ao examinar as patas do felino e cortar-lhe as unhas com os dentes.

---

14 Ménault, *Amour maternel.*

Amor ao próximo

Na *Revue Scientifique*, o sr. Ball narrou o seguinte fato, que disse ter testemunhado:

Um cão de fila arriscou-se a correr sobre um lago gelado; logo, o gelo partiu-se e o animal mergulhou na água, tentando em vão sair. Ao seu alcance, flutuava um galho de árvore, a cuja extremidade o animal se agarrou, pensando que, com a ajuda dele, alcançaria a margem. Mas não conseguia livrar-se do aperto. Nisso, um terra-nova, que presenciara o acidente, de imediato decidiu-se a socorrer o outro cão. Deslizando lenta e cuidadosamente sobre o gelo, aproximou-se da fenda apenas o suficiente para poder apanhar com os dentes a outra ponta do galho e puxar seu companheiro para fora, salvando-lhe, assim, a vida.

"A cautela, a prudência e o cálculo ficam demonstrados, nesse ato, de modo evidente, diz o sr. Ball, e nos parece ainda mais notável por ter sido absolutamente espontâneo. Freqüentemente, os animais são suscetíveis de educação, e sua inteligência pode desenvolver-se se estiverem em contato com o homem; é muito mais interessante, porém, acompanhar-lhes a evolução pessoal, e comprovar o que são capazes de extrair, por assim dizer, das suas próprias reservas. Nosso terra-nova, deste ponto de vista, elevou-se, por instantes, ao nível intelectual do homem, e, no que diz respeito à observação e ao raciocínio, tampouco mostrou-se inferior ao que qualquer ser humano teria feito."

Num lago pantanoso de Utah – conta Darwin, o cap. Stransbury encontrou um pelicano velho, cego e muito gordo, que há muito devia ser alimentado e assistido em tudo por seus companheiros.

O sr. Blyth me informa – diz também Darwin – que, na Índia, viu alguns corvos dando de comer a dois ou três dos seus companheiros cegos, e eu mesmo conheço um caso semelhante, ocorrido com um galo doméstico.

O sr. Barton cita o caso curioso de um papagaio que tomara sob seus cuidados um pássaro de uma espécie diferente. Como estava esquálido e estropiado, o papagaio limpava-lhe a plumagem e o protegia contra os ataques dos outros companheiros, que não gostavam dele e tentavam roubar-lhe a comida.

O fato que melhor demonstra que o amor ao próximo também é patrimônio dos animais, porém, é narrado por Gratiolet, como segue:

"O sr. de la Boussanelle, capitão de cavalaria do antigo regimento de Beauvilliers, conta o seguinte: Em 1757, havia no meu esquadrão um cavalo que estava passando da idade, mas que era excelente e garboso. Logo seus dentes se gastaram, a ponto de não poder cortar o feno, nem triturar a aveia, e teria morrido, sem dúvida, se os companheiros de estábulo não acudissem em seu socorro. Estes, o cavalo que ficava à sua direita, e o que ficava à esquerda, alimentaram-no durante dois meses, e certamente teriam cuidado dele por mais tempo se o tivéssemos mantido no esquadrão e não os tivéssemos separado. Para levar a cabo sua nobre tarefa, ambos os cavalos puxavam o feno através do gradil, mastigavam-no e, em seguida, punham-no junto ao focinho do velho companheiro; faziam exatamente o mesmo com a aveia. Isto, acrescenta o autor, foi observado e testemunhado por todos os componentes do esquadrão, tanto oficiais como soldados."[15]

O sentimento estético

Pensava-se que o sentimento do belo fosse privativo do homem, mas a observação tem demonstrado que as aves fêmeas sentem-se muito atraídas pela beleza da plumagem dos machos, ou por seus cantos melodiosos, e que certas sonoridades são compreendidas por muitos animais. O sr. Romanes ouviu um galgo acompanhar uma canção, latindo delicadamente; o cão do prof. Delboeuf acompanhava muito bem, com voz de contralto, uma ária de La Favorita.

Esta propriedade é uma variedade do sentimento estético, e pode-se assinalar-lhe a presença nas aves, que limpam seus ninhos, nos gatos, que fazem sua toalete com esmero, e principalmente nos macacos.

É um espetáculo curioso, diz Cuvier, ver os macacos levarem seus filhotes aos arroios, lavá-los, apesar dos seus protestos e rebeldias, secá-los, alisar-lhes o pêlo, dedicando à sua aparência pessoal tanto tempo e tantos cuidados que, em muitos casos, fariam inveja aos nossos filhos.

---
[15] Gratiolet, *Anatomie du Système Nerveux*, pág. 642.

Mas, onde se vê o sentimento de beleza e bem-estar levado ao ponto máximo, é, sem dúvida, entre os "pássaros jardineiros" da Nova Guiné.[16] Estes pássaros, da família dos parasídeos, não se contentam com um simples ninho: fora da sua morada habitual, constroem verdadeiras áreas de lazer, que às vezes ocupam grandes extensões, ostentam a forma de quiosques, têm corredores e passeios cobertos, são enfeitados de modo variado, e destinam-se exclusivamente aos adultos, que lá vão para divertir-se e entregar-se aos arroubos amorosos, para realmente desfrutar o luxo de que se rodeiam.

Há, nessa espécie, outros pássaros que constroem casinhas em áreas de mais de um metro quadrado, tendo corredores, calçadas e bosques lindamente decorados com frutos e conchas. Os mais requintados embelezam suas habitações com mais esmero, pondo nelas conchas, pedras brilhantes, penas de papagaio, retalhos de seda, enfim, tudo que acham que pode impressionar; constroem o teto com gravetos cuidadosamente entrelaçados.

Contudo, mesmo diante do admirável senso estético das espécies que acabamos de citar, impõe-se, sem a menor hesitação, que se dê a supremacia ao Amblyornis inornata, cujas construções são verdadeiras maravilhas, rodeadas por um lindo jardim artificial feito com musgo colocado em forma de gramado, e decorado com incomparável arte, com flores e frutos de cores vivas, que são substituídos à medida que murcham, e com cristais, conchas reluzentes, pedras coloridas etc.

A gradação dos seres

Poderíamos demonstrar também que os sentimentos morais, tal como o remorso, o sentimento moral, a noção do justo e do injusto etc., encontram-se em germe em todos os animais, e podem manifestar-se quando surge uma oportunidade. Não o faremos para não nos tornarmos demasiado prolixos, mas recomendamos ao leitor as obras anteriormente citadas, e temos certeza de que um estudo atento lhe provará que, quer do ponto de vista do instinto, quer do ponto de vista da inteligência, ou do sentimento, a única diferença existente é quanto ao nível. O mesmo princípio imortal anima todas as criaturas

---
16 Vianna de Lima, *L'Homme selon le Transformisme*, pág. 139.

vivas. Inicialmente, manifesta-se apenas de modo elementar, nas mais ínfimas gradações da existência; pouco a pouco vai se aperfeiçoando, à medida que se eleva na escala dos seres, e em sua longa evolução, desenvolve as faculdades que possuía em germe, e as manifesta de maneira mais ou menos semelhante à nossa, à medida que se aproxima da humanidade.

Vejamos como o grande naturalista Agassiz, não obstante seus princípios religiosos, proclama a identidade do princípio pensante no homem e no animal:

"Quando lutam entre si, quando se associam para um fim comum, quando chamam a atenção dos outros sobre algum perigo, quando se socorrem mutuamente e quando revelam sua tristeza, ou alegria, fazem-no com movimentos de natureza idêntica aos que são considerados atributos morais do homem.

"A gradação das faculdades morais nos animais superiores e no homem é de tal modo imperceptível que, para negar aos animais certo grau de responsabilidade e conhecimento, é preciso exagerar enormemente a diferença existente entre eles e o homem."[17]

Não podemos conceber, realmente, por que Deus criaria seres sensíveis ao sofrimento, sem conceder-lhes, ao mesmo tempo, a faculdade de beneficiar-se dos esforços que fazem para melhorar-se. Se o princípio inteligente que os anima estivesse condenado a ocupar eternamente a mesma posição inferior, Deus não seria justo favorecendo o homem em detrimento das outras criaturas. A razão, porém, nos diz que não é possível que seja assim, e a observação demonstra que existe uma identidade substancial entre a alma dos brutos e a nossa, que tudo se harmoniza, se encadeia estreitamente no Universo, do mais ínfimo átomo ao gigantesco sol perdido na noite do espaço, e da monera ao espírito superior que ainda se aperfeiçoa nas serenas regiões da erraticidade.

A evolução da alma

Se supusermos que a alma individualizou-se lentamente, por uma elaboração nas formas inferiores da natureza, até chegar, gradativamente, à humanidade, quem não ficará admirado

---

17 Agassiz, *L'Espèce*, pág. 97.

com a maravilhosa grandeza de semelhante ascenção? Através de milhares de formas inferiores, nos ziguezagues de uma escalada ininterrupta, através de modelos raros e sob a pressão dos instintos e de forças incríveis, a psique cega toma o rumo da luz, da consciência esclarecida, da liberdade. As inúmeras transformações, em milhares de organismos diferentes, devem dotá-la de todas as forças que mais tarde lhe servirão; além disso, têm por finalidade desenvolver-lhe a plasticidade do envoltório fluídico, fixando nele as leis cada vez mais complexas que atuam nas formas vivas, criando-lhe um tesouro com o qual, no decorrer do tempo, chegará a manipular a matéria de modo consciente, para que as elaborações da mente tenham livre curso, sem submeter-se às exigências da carcaça terrena.

Quem não vê, nos milhões de existências que palpitam em nosso planeta, a sublime elaboração da inteligência através do tempo e do espaço ilimitado? São as eternas leis da evolução que impulsionam o princípio inteligente rumo a destinos cada vez mais elevados, a um futuro sempre melhor, realizando-se, em meio a perspectivas incessantemente renovadas, desde as remotas e esvaecidas épocas da era primária aos nossos dias.

Quem se dispuser a perscrutar a natureza e a admirar a vida em seus múltiplos aspectos, verá diante de si um quadro grandioso, sublime: é um desfile mágico de meios imprevisíveis, de inúmeras metamorfoses, de originalidades maravilhosas, que confundem a imaginação. A natureza possui recursos inesgotáveis, e são tantos, que a inteligência humana não conseguiria enumerá-los. Apesar das diligentes investigações dos sábios, e a despeito da legião de observadores que pesquisam o mistério da criação, esta fica encoberta pela infinidade de suas produções e pelo inimaginável esplendor da sua fecundidade. Entretanto, as riquezas prodigalizadas constituem indícios, demonstrações, da tendência de tudo para o belo, para o melhor, para o progresso. É o caminho ascendente através da obscura matéria, matriz rígida que é preciso abrandar, dominar, vencer; é o anseio, a veemência com que tudo aspira a um maior poder, a maior claridade, a maior consciência.

Quem poderá pintar os incontáveis meandros desse quadro eterno, os múltiplos e tortuosos caminhos seguidos por tantas existências à medida que se desenvolvem no seio da terra, na imensidão do oceano e na límpida atmosfera? Porém, nesse calidoscópio cambiante, apesar da diversidade das formas, sempre se observa uma idéia geral, uma vontade definida, um plano concreto. Não é o acaso que rege e ordena o nascimento das espécies vegetais e animais: é uma força inteligente, soberana e justa. No desfile das espécies, vê-se sempre que a que se observa possui algo que faltava na anterior; e quando a ciência põe diante de nossos olhos os sucessivos quadros de tais transformações, que continuam ampliando-se sem cessar, vemos sua incalculável riqueza. Quanta majestade há nas eras da natureza! Quanta grandeza na sua marcha lenta, porém segura, até chegar ao homem, eflorescência da força criadora, jóia magnífica que resume e sintetiza todos os progressos, que é o receptáculo de todas as formas, a colônia viva e hierarquizada de todas as espécies de vida, pois todos os reinos para ele convergem, e lhe dão apoio!

Sua estrutura óssea lembra o mundo mineral, mas muito mais aperfeiçoado, vitalizado! Os sais, que são inertes na natureza, nele existem vivos, transitórios, mutáveis, conservando, porém, seu caráter essencial: a solidez. O reino vegetal proporcionou-lhe suas células, e estas, no homem, apresentam tal variedade e riqueza, que nenhuma planta, absolutamente nenhuma, consegue igualá-las. Finalmente, o reino animal dotou-o dos seus melhores órgãos, órgãos cujo esboço vê-se nos seres mais insignificantes, e que, através das espécies, vão se aperfeiçoando até chegar ao seu tipo definitivo na humanidade. É o sistema nervoso que detém a direção do todo orgânico, disciplina seus diversos elementos e hierarquiza-os segundo a sua utilidade, e é ele que, conforme a conveniência, excita ou reprime a ação de cada um. Continuamente variável em sua atividade, é o sistema nervoso que vela por todos os detalhes e mantém a ordem e a harmonia no concerto das heterogêneas forças vitais que constituem o organismo.

Finalmente, no topo de tudo brilha a inteligência, essa inteligência que tanto precisou trabalhar para desprender-se das suas formas inferiores. Aturdida pelos efeitos da sua viagem ascencional, ainda conserva traços do instinto que, durante tanto tempo, foi sua única manifestação externa. Os tesouros da inteligência só são adquiridos lentamente, e através da obscura carapaça dos apetites. O egoísmo, único pensamento do ego nos seres inferiores, engendrado pela lei de conservação que neles foi, por muito tempo, a única soberana, aos poucos vê seu poder ser cerceado, porque, a partir do reino animal, a maternidade implantou na alma o sentimento do amor, sob suas formas mais singelas e rudimentares. No entanto, os pálidos lampejos desse amor irão crescendo de intensidade, e, adiante, brilharão mais à medida que a transformação se opere, chegando a ser, nas almas superiores, uma luz vivíssima e resplendente, farol tutelar que nos guiará em meio às trevas da ignorância.

Como se completou essa gênese da alma? Por que matemorfoses passou o princípio inteligente até chegar à humanidade? É isto que, com incontestável evidência, o transformismo nos ensina. Graças ao gênio de Lamarck, Darwin, Wallace, Hoekel e de toda uma plêiade de sábios naturalistas, nosso passado foi exumado das entranhas do solo. Os arquivos do nosso planeta conservam esqueletos de raças desaparecidas, e a ciência reconstituiu nossa linha ascendente, partindo de períodos mil vezes seculares, quando a vida surgiu na Terra, até chegar à época atual.

A inteligência humana, transpondo obstáculos que uma religião ignorante lhe impôs, alçou vôo, e livre dos temores supersticiosos que frustravam as investigações de nossos antepassados, ousou abordar o problema das nossas origens, tendo encontrado a solução.

Este é um fato importantíssimo, cujas conseqüências morais e filosóficas são incalculáveis. A Terra já não é o mundo misterioso que uma varinha mágica um dia fez surgir do nada, já povoado por animais e plantas, e preparado para receber o homem, seu único e legítimo rei. A razão esclarecida nos faz compreender quanta ignorância e quanto orgulho encerravam-se nessas fábulas. O homem não é o anjo caído, que deva chorar a perda de um paraíso imaginário; nem é o escravo que deva curvar-se servilmente sob a palmatória do representante de um deus parcial, obstinado e vingativo; nem tem sobre si um pecado original que o mancha desde o nascimento; tampouco sua sorte depende de alguém, e, sim, apenas de si mesmo. O dia da libertação intelectual chegou, soou a hora da alforria para todos que se prostravam sob o jugo do despotismo, do terror e do dogma. O espiritismo iluminou nosso caminho, e mostrou-nos o futuro nos espaços infinitos. Graças a ele sentimos palpitar a alma de nossos irmãos, as humanidades celestes; graças a ele podemos penetrar nas espessas trevas do passado, e estudar nossa juventude espiritual, sem que, em lugar algum, encontremos o fantástico e terrível tirano de que a Bíblia nos faz uma tétrica descrição. Em toda a criação nada existe de arbitrário, de ilógico, que destrua a magnífica harmonia das leis eternas.

Não se precisa apelar para milagres para explicar a criação: basta observarmos as forças que atuam incessantemente no Universo. As diversas formas dos seres vivos devem-se exclusivamente a duas causas que, desde sempre, vêm manifestando seu poder: a influência do meio e a lei de seleção; ou, em outras palavras: a luta pela vida.

A luta pela vida

O solo, o ar e a água são infinitamente povoados por seres vivos. A massa profunda dos oceanos esconde miríades de organismos vegetais e animais; o ar, que nos parece tão límpido, contém nuvens de pó, que são germes microscópicos que irão produzir inúmeras gerações; a gota d'água revela um mundo que se agita e se perpetua nesse minúsculo universo; a terra fervilha de colônias vivas, e mesmo nas regiões ermas, na triste solidão dos pólos, nos desertos abrasadores, no pico das mais altas montanhas, nas vertiginosas e abissais profundezas submarinas, por toda parte, enfim, a vida transborda e se manifesta, os seres nascem, crescem e morrem.

Se em tudo isso há, logicamente, algo que deva surpreender-nos, é o admirável equilíbrio que reina nesse gigantesco formigueiro de seres, tão diversamente dotados pela natureza. Por toda parte amontoam-se os seres vivos, uns ao lado dos outros, alimentam-se do mesmo modo, combinam-se, e parece não haver, em nosso globo, um ponto sequer que não tenham invadido. A vida parece ter-se desenvolvido ao seu ponto máximo, mas tudo nos leva a crer que há milhões de séculos vem acontecendo o mesmo. Há milênios, os seres vivos disputam entre si o solo, o ar e a água do nosso pequeno mundo.[18]

---
18 C. Richet, *L'Homme et l'Intelligence*.

Quando se pensa na prodigiosa fecundidade de algumas espécies animais, ou vegetais, fica-se apavorado ante a perspectiva de invasão que aconteceria caso todos os seus embriões se desenvolvessem. O bacalhau, por exemplo, que é muito prolífico, chega a produzir até 4.872.000 de ovos. Uma truta, com mais ou menos 500g, pode pôr até 6.000 ovos. O Sr. G. de Sedlitz parte destes dados para estabelecer um cálculo interessante.

Supondo-se que uma truta desse 3.000 descendentes fêmeas – o que não se pode dizer que seja uma estimativa muito elevada – e que essa produção continuasse por cinco gerações, sem interrupção; em 20 ou 30 anos haveria trutas suficientes para cobrir a superfície terrestre, na proporção de 10 trutas para cada 30cm quadrados. Na oitava geração, já haveria uma massa igual ao volume da Terra. Faça-se, agora, o mesmo cálculo com relação ao salmonete, que tem 80.000 ovos, à cavala, na qual calculam-se 500.000, ao esturjão, que pode pôr de 1.500.000 a 2.000.000 de ovos, e se compreenderá como é necessário que causas destrutivas muito enérgicas estejam constantemente em jogo para impedir que tais peixes invadam mares e rios.[19]

E esta multiplicação é insignificante, se comparada com a que resultaria do mundo dos infusórios, caso nada se opusesse à sua proliferação. Há vorticelas que, dividindo-se, multiplicam-se a cada hora com vertiginosa rapidez. Em 13 dias, um só desses minúsculos seres daria tamanho número de descendentes, que só poderia ser representado por 19 algarismos. Ehremberg calculou que um microscópico gallionelle ferruginea produz, por divisão (cissiparidade), 8 milhões de indivíduos em quarenta e oito horas, e 140 milhões em quatro dias!

As bactérias causadoras da lepra, do tifo, da pneumonia etc., se reproduzem com uma facilidade assustadora. No espaço de uma hora, cada um desses baciliformes produz dois novos indivíduos; duas horas depois, já são quatro; mais uma hora, e são oito, e assim sucessivamente, de modo que ao fim de três dias chegam a reunir-se 47 trilhões. Segundo Davaine, uma simples picada, que venha a inocular uma só bactéria, pode determinar o nascimento de 71 bilhões de indivíduos no espaço de 72 horas. Cohn calculou que, em cinco dias, o oceano se encheria com

---
19 Vianna de Lima, obra citada, págs. 159 a 226.

a prole de uma única bactéria, se as condições ambientais lhe fossem favoráveis. Felizmente para nós, não se vêem com muita freqüência esses políficos seres no corpo humano.

As plantas mostram-nos os mesmos exemplos de formidável reprodução progressiva. A produção de um campo fartamente semeado com trigo seria incalculável, se as condições do solo fossem ideais para nutrir a semente nele lançada; porém, como não bastam tais condições, é preciso que grande parte das plantinhas recém-nascidas pereça. As que ficam, porém, são suficientes para dar-nos provas da sua fecundidade.

Neste planeta, é lei irrevogável que a evolução da vida gere lutas incessantes. Poderão ser obscuras e surdas, como acontece no reino vegetal, ou terríveis, como sucede entre os grandes carnívoros; mas, afinal, são lutas, e lutas que se estendem a todos os níveis da escala dos seres. Uma inexorável necessidade combate a fecundidade mediante a destruição, e todas essas ações simultâneas têm por resultado a sobrevivência dos mais aptos a suportar os reveses da luta.

Freqüentemente, não são os melhor armados que resistem. As mudanças de temperatura, como os invernos rigorosos e os verões tórridos, só permitem que sobrevivam os que conseguem suportar essas variações extremas. A fome e as doenças são agentes que se conjugam para realizar uma terrível e rigorosa seleção entre as espécies vivas, e os mais robustos são os únicos que subsistem, transmitindo aos seus descendentes as qualidades que fizeram deles vencedores.

Desde que o protoplasma surgiu no seio dos mares, desde que as primeiras moneras manifestaram fenômenos vitais, a luta jamais cessou, e sempre, em todas as partes, continuou imperturbável, e com implacável perseverança, sua obra de aperfeiçoamento dos organismos. O resultado final dessa encarniçada concorrência foi dar a vitória aos melhores, aos mais aptos, aos mais fortes.

Foram os perpétuos esforços dos seres para reagir contra as influências destrutivas, para adaptar-se ao meio e lutar contra as espécies inimigas, que geraram o progresso evolutivo das formas e das inteligências. A seleção natural atua, exclusivamente, conservando e acentuando as inesperadas variantes que possam ser vantajosas para o indivíduo nas condições do meio em que seja obrigado a viver, e seu resultado final, conseqüentemente, é que toda forma viva vá se aperfeiçoando cada vez mais, pelo menos relativamente ao seu modo de existência. Logo, está claro que esse aperfeiçoamento contínuo dos indivíduos organizados há de conduzir, inevitavelmente, ao progresso geral do organismo entre os seres vivos espalhados na superfície da Terra.

A partir do que foi dito, bem podemos concluir com Darwin:

"Assim, concebe-se que, da guerra natural, da fome e da morte, resulte diretamente o efeito mais admirável que possamos imaginar: a lenta formação dos seres superiores. Sob esta forma de ver o panorama da vida e suas diversas forças, há uma grandiosidade inexprimível, grandiosidade que se constata ao ver que todas as espécies procedem de algumas poucas, ou, talvez, de uma única forma, animada pelo sopro do Criador. Enquanto nosso planeta continuou descrevendo seus ciclos perfeitos, segundo as leis imutáveis da gravitação, aquelas poucas formas tornaram-se inumeráveis, e, cada vez mais belas, cada vez mais maravilhosas, continuarão a desenvolver-se, numa evolução sem fim."

Se a doutrina evolucionista encontrou tantos adversários, não é, certamente, por ser irracional e anticientífica, mas porque o preconceito religioso deixou marcas profundas em todas as inteligências, que, por outro lado, já são por natureza rebeldes a qualquer novidade. Acostumaram-nos a ver o dedo de Deus por toda parte, a envolvê-lo em todos os nossos assuntos triviais, e nossa ignorância transformou a vontade divina numa confortável almofada. Em vez de pesquisar na própria natureza a causa das suas transformações, parecia-nos mais cômodo atribuí-las a uma intervenção sobrenatural, que nos livrava de longos e árduos estudos.

Alguns naturalistas, vendo que seres próximos ao homem na escala animal eram incapazes de reproduzir-se num ritmo de crescimento prolífico, chegaram à conclusão de que a espécie era imutável. A teoria transformista, porém, nos ensina que os animais atuais nada mais são do que o produto final de uma demorada elaboração de formas transitórias, cujos caracteres desapareceram no decorrer das eras, tendo permanecido apenas os que hoje existem. A Paleontologia descobre, diariamente, ossadas de animais pré-históricos, que formam os elos dessa cadeia sem fim, cuja origem se confunde com a origem da vida; e, caso não bastassem os fósseis para demonstrar a filiação das espécies, a natureza encarregou-se de dar-nos um exemplo palpável no nascimento de cada ser. Todo animal que nasce reproduz, nos primeiros meses da sua vida fetal, todos os tipos anteriores pelos quais a espécie passou antes de chegar ao nível em que se encontra. Tal resumo histórico da evolução dos antepassados do novo ser estabelece, de modo irrevogável, o parentesco animal do homem, a despeito de todos os protestos, mais, ou menos interessados.

Resumo

Consideramos inútil e anticientífico imaginar teorias mais ou menos fantásticas para explicar os fenômenos naturais, quando, pura e simplesmente, se pode recorrer à ciência para compreendê-los. A descendência animal do homem impõe-se com assombrosa evidência a todo espírito isento de preconceitos. Somos o último ramo brotado da grande árvore da vida; reassumimos, acumulando-os, todos os caracteres físicos, intelectuais e morais que se observam, isoladamente, em cada um dos indivíduos que formam a série dos seres.

Quer consideremos os animais como se existissem de maneira invariável desde a origem dos tempos, quer acreditemos que derivam uns dos outros, não é menos certo que os que vivem em nossa época ligam-se entre si de forma tão íntima, que podemos passar, sem interrupção, do homem à célula mais simples, sem vermos solução de continuidade.

Do ponto de vista anímico, as manifestações do espírito, em todos os seres, são graduadas, de modo que apresentam uma progressão ascendente, que se acentua cada vez mais à medida que se aproximam da humanidade; e, se é certo que entre os antropóides e os selvagens existem grandes diferenças intelectuais, nem por isso existem motivos suficientes para crer que o princípio anímico do animal seja diferente do que se reconhece no homem.

Estudar esse princípio; determinar o mais exatamente

possível como pode desenvolver-se; mostrar em virtude de que modificações torna-se mais apto, em cada nova encarnação, a dirigir organismos cada vez mais aperfeiçoados, será o tema do próximo capítulo.

3.
Como o perispírito pôde adquirir suas propriedades funcionais

> A teoria celular – Desenvolvimento correlato do gânglio cerebral e da inteligência na série animal – O perispírito – Formação dos órgãos dos sentidos: papel do perispírito – O sistema nervoso e a ação reflexa – O instinto – Resumo

A natureza é a grande mestra: só nela reside a verdade, e quem sabe observá-la com olhar filosófico, descobre os segredos que, para as multidões ignorantes, permanecem ocultos. As leis que regem as múltiplas evoluções da matéria física, ou viva, mostram que nada surge de repente, e perfeitamente acabado.

O sistema solar, nosso planeta, os vegetais, os animais, a linguagem, as artes, as ciências, todos, longe de terem brotado espontaneamente, são resultado de longa e gradual ascensão, desde as formas rudimentares até as modalidades hoje conhecidas.

A alma humana não pode constituir uma exceção a essa lei geral e absoluta: na Terra, observamos que ela passa por fases que abarcam as mais diversas manifestações, das humildes e acanhadas concepções do estado selvagem, às magníficas florações do gênio das nações civilizadas.

Nosso exame retrospectivo deve limitar-se a isso? Devemos crer que a alma, que regula no homem primitivo um organismo tão complicado, tenha conseguido, subitamente, adquirir as propriedades que revela, tão variadas e tão bem adaptadas às necessidades do indivíduo? Nossa conclusão deverá resumir-se aos seres que têm características anatômicas iguais às nossas?

Não o cremos, porque as transições perceptíveis que nos levam fisicamente do homem à matéria, nós as encontramos também no domínio da inteligência, como demonstramos anteriormente. Portanto, é necessário remontarmos à origem da vida inteligente para encontrar, se não a origem da alma, pelo menos o provável ponto de partida da sua evolução através da matéria.

Não é sem razão que dissemos *provável ponto de partida*. Considerando nossa limitação, nos é impossível concluir legitimamente que exista inteligência onde ela não se manifeste com certeza; e, como a inteligência só se manifesta a nós onde observamos um sistema nervoso, cujo órgão parece indispensável ao funcionamento daquela, segue-se que temos que tomar como provável ponto de partida da evolução da alma o momento em que observarmos os primeiros vestígios de organização nervosa.

Outro motivo que nos leva a proceder assim é o fato de que a alma, no homem, mostra-se indivisível, e nada nos autoriza a supor que o mesmo não aconteça na série animal, tanto assim que os primeiros lampejos do instinto são indícios reveladores da sua ação. Isto não significa que não se possa ir além, vendo, na irritabilidade e na motilidade, formas inferiores da alma. Quanto a nós, porém, não discutiremos esta hipótese, porque, para nosso objetivo, é suficiente partir dos animais relativamente simples, como os zoófitos, para compreender como o perispírito pôde adquirir, sucessivamente, mediante transformações incessantes, suas propriedades funcionais.

Embora tenhamos, no capítulo anterior, reunido numerosas provas para demonstrar a identidade do princípio que prevalece no homem e no animal, parece-nos que não será demais estabelecer, experimentalmente, a existência do perispírito animal. Os fatos que se seguem, reunidos com essa finalidade, foram extraídos da obra do Sr. Dassier,[1] que não pode ser considerado um admirador do espiritismo. Por isso mesmo, seu testemunho é da maior importância.

"Em fins de 1869 – diz –, achava-me em Bordéus. Certa noite, encontrei-me com um dos meus amigos, que estava se dirigindo a uma sessão de magnetismo, e que sugeriu que o acompanhasse. Aceitei seu convite, curioso por ver de perto o magnetismo, que até então só conhecia de nome. A sessão nada

---
[1] Dassier, *L'Humanité Posthume*, págs. 83 e segs.

mostrou de especial: foi uma repetição do que costuma acontecer em reuniões desse gênero. Uma jovem, aparentemente bastante lúcida, agia como sonâmbula, respondendo às perguntas que lhe dirigiam. No entanto, um fato inesperado atraiu-me a atenção. No meio do serão, um dos presentes, tendo visto uma aranha, aproximou-se dela e esmagou-a com o pé. No mesmo instante a sonâmbula gritou: – Silêncio! Estou vendo o espírito da aranha fugindo. Sabe-se que, na linguagem dos médiuns, a palavra *espírito* designa o que eu chamaria fantasma póstumo. – Qual é a forma desse espírito? – perguntou o magnetizador. – A da aranha –, respondeu a sonâmbula."

Diante dessa resposta, o sr. Dassier não soube o que pensar. Não admitindo a existência de uma alma no homem, tampouco podia admiti-la nos animais. Logo, no entanto, teve que mudar de opinião, já que cita numerosas manifestações póstumas de animais – nas quais todos apareceram com a forma que tinham na Terra –, e até acha possível o desdobramento de alguns deles durante a vida terrestre.

Seja qual for sua opinião a esse respeito, o certo é que o que foi chamado luz ódica por Reichenbach,[2] duplo fluídico, pela vidente de Prévost,[3] e fantasma póstumo, pelo sr. Dassier, nada mais é do que o perispírito, ou seja, o invólucro da alma, e que, tanto nos animais como no homem, o princípio pensante sempre se acha individualizado pelo fluido universal.

Embora este ponto tenha sido pouco estudado até hoje, nem por isso deixou de comprovar-se, com a intervenção de médiuns videntes, que a alma animal não se extingue com a morte.

A *Revista Espírita* de 1894 narra o caso da aparição de um cão, fielmente descrito por um vidente, no momento em que seu dono, o conde Luvoff, recordava quanto o animal lhe era devotado. Este, diante da carinhosa lembrança do seu antigo proprietário, corria e saltava alvoroçado como fazia quando vivia com seu corpo terreno.

Na mesma revista, em 1865, encontramos mais uma descrição da aparição póstuma de um cão:

"Recentemente – diz o narrador – estando deitado, mas não dormindo, percebi, por volta da meia-noite, e como se partis-

---
[2] Reichenbach, *Lettres Odiques Magnétiques.*
[3] *Rapport du docteur Kerner.*

se dos pés da cama, o débil ganido que minha cadelinha costumava soltar quando queria alguma coisa. Aquele queixume surpreendeu-me tanto, que estendi o braço fora da cama com a intenção de trazer o animalzinho para junto de mim. Não toquei nela, mas, na verdade, parece-me que senti suas carícias.

"No dia seguinte, ao levantar-me, contei o caso à minha mulher. – Também ouvi o mesmo lamento – disse-me ela –, não só uma, mas duas vezes, e parecia vir da porta do quarto. Meu primeiro pensamento foi de que nossa pobre cadelinha não tinha morrido, e que o veterinário, encantado com sua meiguice, ficara com ela, que agora tinha fugido dele e viera pedir que lhe abríssemos a porta para poder entrar.

"Minha filha, que por estar doente dormia no mesmo quarto que a mãe, também afirma que ouviu o ganido queixoso da cadelinha."

Este fenômeno não pode ser atribuído à alucinação, já que foi identicamente percebido por três pessoas que se encontravam em lugares diferentes.

Se o princípio inteligente do animal sobrevive à matéria, se goza de individualidade própria, é possível aplicar-lhe as mesmas regras que regem a alma humana, e, nesse caso, tudo se explica.

Por meio do espiritismo, comprovamos experimentalmente a necessidade da reencarnação da alma humana; e a lei de continuidade, que temos apontado nos seres vivos, nos permite crer que a alma animal está submetida à mesma exigência. Desse modo, o princípio inteligente animaria, sucessivamente, organismos cada vez mais aperfeiçoados, à medida que fosse adquirindo capacidade para dirigi-los.

Podemos apresentar duas provas que confirmam a teoria da reencarnação animal.

Os monistas, que negam a existência da alma como realidade distinta do organismo, recorreram – notemos bem – recorreram a hipóteses, a afirmativas sem provas, quando se viram diante de certos fenômenos inexplicáveis mediante as simples propriedades da matéria. Uma de tais afirmativas é aquela em virtude da qual dotam de memória, dessa faculdade essencialmente consciente, não só o sistema nervoso, mas qualquer espécie de matéria. Eles, que tão amargamente censuram os espiritualistas pelo mau uso que, supostamente, fazem da metafísica, imaginando outra metafísica infinitamente menos compreensível que a de Platão, de Bossuet, ou de Descartes! Mas, deixemos que os fatos falem por si.

Vianna de Lima assim se expressa:

"A invencível repugnância, o horror instintivo, inconsciente, que ainda nos inspiram alguns animais inofensivos, ou cujo aspecto, pelo menos, deveria ser-nos indiferente; esse temor, essa repulsa inata, não podem explicar-se, em certos casos, senão pela herança, ou memória orgânica: herdamos isso de nossos antepassados, que, sem dúvida, sofreram com esses animais.

"Seria fácil apresentarmos aqui numerosos fatos em apoio do que dissemos, contentemo-nos, porém, com um único exemplo da mesma natureza, muito instrutivo e bem menos conhecido, que, no entanto, foi várias vezes comprovado por diversos observadores.

"Se, numa estrebaria, fizermos a cama dos animais com palha que tenha sido utilizada em jaulas de leões, ou de tigres, os cavalos, assim que sentem o cheiro, são tomados por um terror enorme e fazem o possível para fugir. – Numerosas gerações de cavalos domésticos – disse Laycock, o primeiro a observar e relatar o fato – devem ter-se sucedido desde que o cavalo selvagem, que supomos ser o antepassado do animal doméstico, esteve exposto aos ataques desses representantes da raça felina. E, no entanto, nossos cavalos, que há várias gerações vêm nascendo em cocheiras, podendo-se afirmar que não têm qualquer experiência individual do perigo, sendo que muitos nem sequer viram tais feras, nossos cavalos, dizíamos, reconhecem até o cheiro dos terríveis inimigos dos seus remotos ancestrais."[4]

Com certeza, não é a matéria viva desses animais que sente a terrível impressão, uma vez que, desde as épocas longínquas em que o cavalo vivia em estado selvagem, a matéria do seu corpo físico foi nele renovada completamente milhões de vezes, sem que, em cada uma delas, tenha restado um único átomo da matéria primitiva. As moléculas derivadas do feno, dos cereais, da palha etc., que constroem a força do cavalo atual, tampouco conhecem o leão e o tigre, já que não possuem consciência. Como, então, explicar o medo desses animais? Se supusermos

---

[4] Vianna de Lima, *Exposé Sommaire des Théories Transformistes*, pág. 72.

que existe neles um princípio inteligente, que este princípio esteja revestido por um perispírito no qual se armazenam os instintos e as sensações, e que a memória provenha de um despertar de tais instintos e sensações, tudo se torna compreensível. As mesmas causas produzem os mesmos efeitos. Os animais domésticos são os mesmos seres que antigamente viveram em estado selvagem; e o odor das feras desperta-lhes no invólucro fluídico a lembrança do sofrimento e da morte entre os dentes e as garras daqueles carniceiros: daí o seu terror. No homem, o movimento *instintivo* de repugnância que ele sente por certos animais, como os répteis, provém das camadas mais profundas do seu eu: são as sensações experimentadas pelo ser humano em sua passagem pela série animal. Logo veremos como todos os atos instintivos têm a mesma origem.

Até agora, só se estudou este ponto importantíssimo do mecanismo orgânico do homem do ponto de vista das ciências naturais, e, mesmo assim, de forma muito deficiente. As teorias monistas, materialistas etc., sem remontar-se à causa dos fenômenos, pretenderam explicá-los, atribuindo à matéria propriedades que ela não possui, ou, pelo menos, nunca manifestou. O espiritismo, ao contrário, nada inventa. Ao proclamar a existência do perispírito, demonstra que tal órgão reproduz fluidicamente a forma corporal dos animais, que é permanente em meio ao fluxo perpétuo das moléculas vivas, e que, conseqüentemente, é nele que se incrustam os instintos e as modificações hereditárias. Por ser imutável, apesar das constantes mudanças de que o homem é alvo, contém, digamos assim, os estatutos e leis que regem a evolução do ser; não se desagrega com a morte, mas constitui, sim, a individualidade póstuma do princípio intelectivo; e, registrando todas as modificações que as numerosas e sucessivas existências lhe determinam, após ter percorrido toda a série, acaba tornando-se apto não só a organizar e dirigir organismos muito complexos, como também a fazê-lo sem que o espírito disso participe. Há, neste automatismo do perispírito, certa analogia com o que se observa freqüentemente com o pianista acostumado a interpretar, à primeira vista, partituras novas. Como, por exercícios contínuos, conseguiu dominar o mecanismo do cérebro, dos braços e dos dedos, curvando-os à sua vontade, não tem por que se preocupar com as dificuldades materiais que esses órgãos apresentam, e que, para um principiante, são insuperáveis; basta-lhe ler a partitura, e seus órgãos automaticamente obedecem ao espírito. Mas, quanto ao estudo, quanto trabalho até chegar a tal resultado!

Este modo de considerar a utilidade e a indispensável necessidade do perispírito se mostrará ainda mais evidente à medida que compreendermos melhor a natureza das ações extremamente complexas de que resultam a vida física e a vida inteligente nos animais e no homem.

O atavismo, isto é, o fenômeno pelo qual, inesperadamente, nasce um indivíduo reproduzindo características que, embora tenham sido específicas em seus antepassados, há muito desapareceram da sua raça; o atavismo, que se observa com tanta freqüência nos animais, e que os naturalistas atribuem à hereditariedade, sem que por isto possam explicar aqui, melhor do que nos casos instintivos, o papel dessa força; o atavismo, dizemos, é uma segunda confirmação de nossa maneira de ver. Mais adiante, veremos como e por que esse fenômeno pode ocorrer; por enquanto, limitamo-nos a citá-lo de passagem.

A teoria celular

É difícil compreender claramente o papel do sistema nervoso no organismo, e o do perispírito também, quando não se tem idéias precisas a respeito da constituição dos seres vivos. É indispensável, pois, expor aqui os resultados a que a ciência chegou com relação à natureza íntima dos vegetais e dos animais.

Os médicos, os naturalistas e os filósofos, em seus escritos, falam constantemente de substâncias vivas, de moléculas orgânicas, de matéria organizada, de tecidos, de órgãos etc., mas poucos dão a esses termos uma definição precisa. Nos animais superiores, observa-se a carne, os ossos, os tendões, os nervos, os vasos, as membranas etc. De que se constituem essas partes? Pode-se encontrar, em cada uma delas, elementos constituintes idênticos, cuja variedade produza uma diversificação aparentemente tão dessemelhante? Eis o problema que agora a ciência resolveu.

O célebre Bichat já havia ordenado um pouco as idéias, ao dividir em tecidos todas as substâncias de que são formados os corpos, tecidos que sempre, em todas as partes, apresentam as mesmas propriedades, seja qual for o ser vivo em que os estudemos. Mais tarde, Oken expressou a idéia de que tais tecidos eram formados por partes simples, constitutivamente semelhantes para cada um deles. Johannes Müller desenvolveu esta teoria, defendida também por Schleiden, e, finalmente, Théodore Schwann demonstrou que todos os tecidos são formados de células, e que estas não diferem das dos vegetais, a não ser quanto à variedade de formas que as células animais apresentam, e pela membrana que as envolve, geralmente muito delgada.

O resultado desses trabalhos e de todos os que seguiram a mesma linha, foi estabelecer a certeza de que o organismo de um vegetal, ou de qualquer animal, provêm da reunião, da associação de um imenso número de células; as diferentes partes do corpo do animal, ou da planta, devem-se às modificações por que passam as células. Em Química, mediante uma série de decomposições sucessivas, os produtos mais complexos podem sempre ser reduzidos aos elementos primordiais, aos corpos simples que os constituem; em História Natural, a célula aparece como o resíduo último do estudo, cada vez mais aprofundado, de toda espécie de tecidos. É, pois, a molécula orgânica, o elemento anatômico por excelência, de que são formados todos os seres vivos.

Mas, de que se compõe essa célula? Embora extraordinariamente variável em suas formas, compõe-se sempre de três partes: a) um núcleo sólido, que fica no interior; b) um líquido que banha o núcleo; e c) uma membrana que envolve o todo. A parte essencial, a parte verdadeiramente viva, é o líquido, a que se deu o nome de *protoplasma*; de modo que este líquido gelatinoso é o que, realmente, constitui o fundamento da vida orgânica. Enquanto ele vive nos milhões de células que formam o corpo, o corpo também vive; quando morre, numa parte qualquer das células que compõem um membro, o membro morre; se, finalmente, o protoplasma se extinguir na totalidade das células, o corpo todo morre.

Se a teoria da evolução for exata, a vida deve principiar na Terra pela formação do protoplasma. Este é um fato hoje verificado. As explorações das grandes profundezas submarinas[5] revelaram a presença de uma substância gelatinosa, que

---

5 O *bathybius*, descoberto durante a expedição do *Porcupine* (1863), é uma

parece ser a primeira manifestação vital. Os notáveis trabalhos de Hoekel a respeito desses seres rudimentares confirmam plenamente as deduções de Darwin, e dão ao transformismo uma base séria.

"As moneras – diz Hoekel, num trabalho publicado no *Cosmos* – são os seres mais simples que se possa conceber; não passam de pequenas massas protoplásmicas sem qualquer estrutura, cujos apêndices proteiformes acumulam, ao mesmo tempo, todas as funções vitais e animais: movimentos de sensibilidade, assimilação, desassimilação, nutrição e crescimento, e reprodução. Observado do ponto de vista morfológico, seu corpo é tão simples quanto o de um cristal qualquer."

As moneras não apresentam, todas, o mesmo grau de simplicidade. Há algumas que têm, no interior da sua massa, um núcleo bem caracterizado: são células nuas, chamadas *amebas*, que geralmente são encontradas na água comum e no sangue dos animais; há outras que, além de possuírem núcleo, como as amebas, acham-se envolvidas por uma membrana: estas são as células propriamente ditas.

O modo de reprodução da célula é bem simples: quando atinge determinado volume, verifica-se uma, ou mais de uma, divisão em sua massa, que se fraciona em duas, ou mais partes, e, tornando-se independentes, cada uma delas se nutre e cresce como a célula-mãe, até que chega um momento em que, por sua vez, dá origem a outras semelhantes. Algumas vezes, as células que se originaram da primeira não se separam, mas formam uma série de células associadas, que, por sua vez, levam ao surgimento de muitas outras, também unidas, segundo o grau de vitalidade que possuam. É o que acontece nos vegetais, nos animais e no homem. Na verdade, *todos os organismos vivos* começam por uma célula única, o *ovo vegetal,* ou o *ovo animal*, e, conforme a maior, ou menor complexidade do ser que deve nascer, as células se diversificam mais, ou menos, guardando sempre sua autonomia peculiar.[6]

Mesmo nas associações mais complexas, as células que

---

matéria gelatinosa viva, agrupada em pequenas massas vivas, a que Hoekel chama moneras. Recentemente, o Sr. de Folin, que acompanhou as sondagens do *Talismán* e do *Travailleur* no golfo de Gasconha, extraiu protoplasma vivo do fundo do mar.
6 Ver Perrier, *Philosophie Zoologique avant Darwin*, cap. XVIII.

constituem um ser vivo não perdem totalmente sua independência: cada uma delas vive por conta própria, e as funções fisiológicas do animal nada mais são do que o resultado dos atos levados a efeito por um dado grupo de células.

O intuito de todo organismo é viver, e, na esfera que lhe é própria, cada parte contribui para a obtenção desse resultado. Pode-se comparar o corpo vivo a uma fábrica, cada órgão, a um grupo de operários, e cada operário, a uma célula. Cada operário tem uma tarefa especial a cumprir, porém, unindo as peças assim fabricadas, obtém-se o artefato pronto.

Na escala dos seres, encontram-se associações de células em todas as fases de desenvolvimento. Étienne Geofroy Saint-Hilaire[7] diz a este respeito:

"A comunidade, como o indivíduo, tem sua unidade abstrata e sua existência coletiva; é uma reunião de indivíduos, freqüentemente em número elevado, que, não obstante, pode ser considerada como um só indivíduo, como um ser único, embora composto. E assim é, não apenas para a abstração, mais, ou menos racional, como também para a realidade, materialmente, o mesmo acontecendo com relação à nossa inteligência e aos nossos sentidos, porque ela é constituída como um ser organizado, de partes contínuas e reciprocamente dependentes, sendo todas fragmentos de um mesmo todo, embora cada uma delas, por sua vez, forme um todo, mais ou menos delimitado; sendo todas elas membros de um mesmo corpo, ainda que cada uma constitua um corpo organizado, uma pequena coletividade...

"Como a família e a sociedade, a comunidade pode ser bem diversamente constituída. A fusão anatômica, e, conseqüentemente, a solidariedade fisiológica dos indivíduos assim reunidos, pode estar limitada a alguns poucos pontos e a algumas funções vitais, ou estender-se à quase totalidade dos órgãos e das funções. Todos os graus intermediários também podem apresentar-se, passando, por gradações imperceptíveis de seres organizados, nos quais as vidas coletivas ainda permanecem quase independentes e os indivíduos claramente diferenciados, a outras gradações, em que os indivíduos são cada vez mais dependentes e mistos, e depois destas a outras, em que todas

---

[7] Saint-Hilaire, Étienne Geofroy, *Histoire Naturelle Générale des Règnes Organiques*, t. II, pág. 295.

as vidas se confundem numa vida comum e as individualidades propriamente ditas desaparecem, mais, ou menos completamente, na individualidade coletiva."

Os animais superiores são essas individualidades coletivas, embora somente do ponto de vista vital. Já vimos que a força vital é um princípio e um efeito: um princípio, porque é necessário um ser vivo para comunicar a vida; um efeito porque, uma vez fecundado o germe, as leis físicas e químicas se encarregam da manutenção da vida. Aqui não há lugar para equívocos: a força vital tem existência própria, posto que cada ser pode reproduzir-se num semelhante seu, e visto que não se pode dar vida artificialmente a um composto inorgânico. Porém, supondo que se chegasse, por exemplo, a fabricar um músculo sensível, de modo que produzisse fenômenos iguais aos de um músculo natural, o músculo fabricado não poderia regenerar-se, como acontece incessantemente no organismo vivo; logo, embora o princípio vital atue e se mantenha mediante leis naturais, sem dúvida não se confunde com elas. Esse princípio é uma força, uma transformação especial da energia; não goza de existência sobrenatural, mas é, sim, o produto imprescindível da evolução ascendente, o primeiro degrau, não da organização, mas da manutenção, da reparação da matéria viva. Indícios desse princípio reparador podem ser encontrados até na matéria bruta: um cristal tem a capacidade de cicatrizar suas fraturas. Pasteur demonstrou este fato.[8]

Se tomarmos um cristal com uma parte quebrada e o colocarmos na solução a que deve sua origem, observaremos que não apenas cresce em todas as suas faces, como tem início um trabalho de reconstituição, muito mais ativo na parte avariada, até que o estrago esteja reparado; uma vez conseguido isso, restabelece-se a simetria. Se tingirmos a solução com uma substância violeta, por exemplo, veremos claramente o trabalho suplementar que se realiza para a reconstituição da parte destruída.

O princípio vital, por conseguinte, é uma força essencialmente organizadora e reparadora, e, nos vegetais e nos animais, é ele que repara as células desgastadas pelo uso, seguindo um plano determinado. De certa forma, podemos considerá-lo o desenvolvimento, o grau superior, a transformação máxima da for-

---
8 *Comptes Rendus*, 16 de maior de 1881.

ça que, nos corpos brutos, conhecemos como *afinidade*. Além disso, o fluido vital age sobre as moléculas orgânicas, como o fluido magnético age sobre a limalha metálica que produz o fantasma magnético. Se negarmos a existência de uma força vital, ainda que invisível e imponderável, não conseguiremos compreender como um corpo vivo conserva uma forma fixa, invariável, conforme a espécie a que pertença, apesar da contínua renovação das suas moléculas.

Enquanto a vida se mostra difusa, como nos animais inferiores; enquanto todas as células podem viver individualmente, sem que uma necessite das outras, o princípio inteligente não se revela nelas de modo claro, visto que, nesses seres rudimentares, só o que se observa é a irritabilidade, isto é, a reação a uma influência externa, sem sensibilidade aparente;[9] mas, a partir do momento em que os sistema nervoso aparece, nele se concentram todas as funções animais; a comunidade vivente transforma-se em indivíduo, e o princípio inteligente assume a direção do corpo, manifestando sua presença através dos primeiros lampejos de instinto.

Desenvolvimento correlato do gânglio cerebral e da inteligência na série animal

Alguns zoófitos (animais, plantas), tais como as medusas e os ouriços, possuem alguns delineamentos de sistema nervoso. Distinguem-se neles, também, alguns rudimentos do instinto.

À beira do mar, desse inesgotável reservatório das formas inferiores da vida, quando se pisa na areia úmida, recém beijada pelas ondas, é raro que não se pise sobre alguma coisa azulada e viscosa como cola, sem forma definida. Essa massa gelatinosa não mostra, à primeira vista, qualquer característica de animalidade; se, porém, a colocarmos numa vasilha grande, ou num tanque, com água do mar e com profundidade suficiente para que possa desenvolver-se à vontade, logo a veremos estender-se, arredondar-se e tomar forma concreta, a que não falta elegân-

---

[9] A irritabilidade e a motilidade caracterizam os animais inferiores chamados protozoários, tais como os infusórios, as esponjas, as gregarinas etc. Alguns vegetais também possuem estas duas propriedades, tais como a sensitiva, a dionéia papa-moscas, os anterozóides dos musgos e dos fetos, os zoósporos das algas etc. (Ferrière, *La Vie et l'Âme*, pág. 318.)

cia. Temos então, diante dos olhos, um ser singular, cujo corpo compõe-se de um disco meio abaulado, como um cogumelo, tendo na parte inferior, côncava, vários apêndices que lhe servem para respirar, ou para a apreensão de alimentos. Em muitas espécies, esses órgãos são pendentes, ou flutuantes, lembrando as serpentes que formavam a cabeleira de Medusa, personagem mitológica de quem esse ser tomou o nome.[10] As medusas são popularmente conhecidas como urtigas do mar.[11]

Diante de tais seres, qualquer um se perguntaria por que, tendo uma estrutura tão diferente e formas tão delicadas e elegantes quando observadas na água, fora do seu elemento transformam-se em massas informes e confusas, nas quais o olhar atônito não consegue encontrar nenhum traço do animal que pouco antes admirava. No entanto, a resposta é muito simples: por serem seus tecidos muito esponjosos para poderem, em contato com o ar, manter seu respectivo lugar. Ao passo que na água, diminuindo seu peso na proporção do volume de líquido que deslocam,[12] basta-lhes oferecer uma pequena resistência para manter sua estrutura, impedindo que as diversas partes do seu corpo se amontoem umas sobre as outras.

Durante muito tempo esses seres incomuns foram desdenhados até pelos próprios naturalistas, que neles – como diz Reámur – viam 'apenas uma gelatina viva. A ciência moderna, porém, conseguiu compreender os mistérios do seu organismo e determinar-lhe a verdadeira forma exterior. Realmente, haverá coisa mais singular do que um animal sem boca, mas provido de filamentos sugadores, semelhantes às raízes das plantas, cuja cavidade digestiva se prolonga por todas as partes do corpo em formas de canais vasculares, capazes de desempenhar simultaneamente as funções de um estômago e de um coração? Pois esta é a organização que Cuvier[13] descobriu nos zoófitos de que estamos tratando.

Deve-se ressaltar que, nos animais mais simples, mesmo naqueles em que não se distinguem claramente nem sistema

---

10 Piazzetta, *Les Secrets de la Plage*, págs. 165, 182 e 196.
11 Águas-vivas ou mães d'àgua, no Brasil. N.R.
12 Princípio de Arquimedes.
13 *Annales du Muséum Naturelle*, t. XIX, pág. 76, de 1812. Ver também suas memórias sobre *L'Anatomie de la Patelle*, 1792; sobre *L'Anatomie de l'Escargot*, 1795; sobre *La Structure des Mollusques*, 1795; sobre *Les Phyllidies*; e sobre *La Vérétile e les Coraux*, 1803.

nervoso, nem membros, nem órgãos sexuais, sempre existe o estômago. Isso revela que o estômago é, por excelência, o órgão da animalidade, o fundamento da vida física, e até se pode dizer, com Rabelais, que ele foi o primeiro mestre em artes do Universo, posto que ensinou aos homens e aos animais tudo que é preciso para existir, suscitando todas as necessidades e, com elas, todos os instintos.

As actínias, semelhantes a flores vivas, cujas pétalas brilhantes são dotadas de grande mobilidade, na verdade não passam de estômagos organizados, autênticos sacos que, por impregnação, transmitem ao resto do corpo os sucos nutritivos; tampouco vêem-se nelas outros instintos, a não ser os necessários para esse ato importante. Esses celenterados não possuem sistema nervoso diferenciado: vê-se sua substância disseminada por todo o corpo, como que incrustada na matéria gelatinosa de que o animal é formado, de modo que as faculdades ativas, tais como a visão, a audição etc., que o homem possui especializadas em órgãos distintos, acham-se uniformemente espalhadas, e em estado latente, nesses organismos primários.

As espécies se transformam, concentrando em órgãos específicos as diferentes faculdades que originariamente possuíam misturadas, graças à influência permanente e incessantemente ativa do meio que rodeia o animal, que lhe cria necessidades sempre novas e cada vez mais imperiosas; os órgãos dos sentidos perdem uma parte de suas propriedades gerais, conservando e desenvolvendo somente as da sua especialidade.

A força nervosa, dispersa por todo o corpo nos zoófitos, nos moluscos centraliza-se parcialmente, mediante filetes nervosos. As diversas ramificações dos nervos, com seus estranhos e minúsculos cérebros, ou gânglios, iniciam a concentração, a coordenação, a unidade do indivíduo; mas isso só acontece progressivamente. Nos tipos melhor definidos, o sistema nervoso é formado, principalmente, pois dois gânglios situados acima e abaixo do esôfago: o situado na parte superior foi denominado gânglio cerebral, e acha-se unido ao outro por cordões nervosos que formam o colar do esôfago. À medida que o organismo se complica, ou seja, à medida que se eleva, o gânglio cerebral se duplica, e as duas partes que o compõem podem ficar unidas, ou separadas.

Temos observado, nos animais-plantas, a ausência de quase todos os sentidos; os moluscos, na escala do progresso, estão um degrau acima dos primeiros, em geral, possuem tato, tendo muitos deles também vista e, talvez, olfato; alguns possuem audição. Este princípio de aperfeiçoamento orgânico dá lugar aos instintos de nutrição e propagação, e mesmo a outros especiais. Prova disso são os equinodermos, que perfuram rochedos para neles abrigar-se.

Estudemos os seres colocados um pouco mais acima na série animal e veremos que, nos articulados, o desenvolvimento do gânglio cerebral é muito acentuado.

Na quase totalidade dos membros desse grupo, os dois gânglios cerebrais acham-se juntos e soldados, mas apresentam indícios mais ou menos claros da sua primitiva separação. Daí provêm as manifestações cada vez mais complexas dos instintos. Vejamos a progressão dessas faculdades, segundo Lauret:[14]

1º) Vêem-se, em primeiro lugar, animais que parecem estabelecer uma transição com a classe inferior: seus instintos limitam-se à busca de alimentos (anelídeos: sanguessugas).

2º) Sensações, mais desenvolvidas e numerosas, extremo empenho quanto à reprodução, voracidade, crueldade cega (crustáceos: caranguejos).

3º) Sensações ainda mais desenvolvidas, construção de abrigos, voracidade, dissimulação, astúcia (aracnídeos: aranhas).

4º) Sensações muitíssimo desenvolvidas, construção de abrigos, vida de relação, aprovisionamentos de guerra e defesa comum, em resumo, sociabilidade (insetos: formigas e abelhas).

Antes de passarmos aos vertebrados, parece-nos útil explicar como os instintos puderam formar-se, e o papel que o perispírito deve ter desempenhado na evolução, cujos pontos principais acabamos de expor resumidamente.

O perispírito

Temos insistido, repetidamente, em destacar os laços íntimos que unem os seres vivos, de tal modo que os animais se sucedem às plantas sem transição perceptível, havendo, nos ani-

---
[14] Lauret, *Anatomie Comparée du Système Nerveux*.

mais, órgãos que parecem participar também da natureza das plantas. Vimos, também, que o princípio vital desempenha seu mais importante papel nos vegetais, e que tal força não é uma entidade vaga, e, sim, uma energia perfeitamente definida, cuja associação com o perispírito é indispensável para explicar-nos a forma típica que os seres vivos conservam, do nascimento à morte. Mas, o princípio vital, que impregna o germe e dirige sua evolução, não é suficiente para explicar-nos os instintos que observamos nos animais, tampouco nos explica as manifestações inteligentes de que falamos; e, por esta circunstância, atribuímos tais fatos, que diferenciam tão profundamente o reino animal do reino vegetal, aos desenvolvimento do princípio anímico.

Nos organismos ambíguos, que se encontram nos confins dos reinos vegetal e animal, observa-se uma concentração mais ou menos perfeita e definida, conforme seja mais ou menos intensa a união da força vital com o princípio espiritual; porém, tão logo o equilíbrio fica estabelecido, ou melhor, tão logo o princípio espiritual prepondera sobre a força vital, a evolução se efetua rapidamente, as formas se acentuam, e tais organismos, antes indefinidos, passam a ter contornos determinados, nítidos, e adquirem instintos que se revelam claramente.

Também estabelecemos que o princípio inteligente acha-se sempre revestido de um envoltório fluídico, e os fatos relatados por Dassier, e confirmados pela lógica, não permitem que se ponha em dúvida a existência do duplo perispiritual. Examinemos, agora, suas funções nos seres vivos.

No princípio da vida, o fluido perispiritual acha-se misturado com os mais grosseiros fluidos do mundo imponderável. Pode-se compará-lo a um vapor fuliginoso que encobre as radiações da alma. Esta, embora possua em germe todas as faculdades que a evolução irá desenvolvendo, não pode manifestá-las, já que, por sua união íntima com o perispírito, está encerrada numa espécie de capa fluídica, cuja materialidade é demasiado espessa.

Nesta primeira fase, portanto, é preciso que os fortes estímulos da fome surjam, para tirar a alma da sua inércia. Sabemos que os fluidos são constituídos por diferentes estados da matéria etérea, e que a rapidez do seu movimento molecular é proporcional ao grau de rarefação das moléculas; de modo que, quanto mais densos, opacos e, de certa forma, viscosos forem os fluidos, maior resistência oporão a qualquer modificação, e mais a alma terá que trabalhar, se quiser manifestar-se exteriormente, para mudar os movimentos do seu invólucro e regularizar-lhe a atividade.

Podemos ter uma idéia dos sucessivos fenômenos que as diferentes encarnações determinam no perispírito, imaginando uma grande fonte de luz, um foco elétrico, por exemplo, produzido num globo de cristal contendo um espesso vapor negro, formado por uma enorme quantidade de pequenas partículas sólidas. O clarão ofuscante do foco ficaria tão atenuado por aquele véu sombrio, que não projetaria luz alguma para fora; quando muito, veríamos uma débil claridade, um ínfimo resquício da sua potência luminosa. Pois bem, a alma é o foco elétrico, e o perispírito, no primeiros tempos da vida terrestre, é o vapor denso e fuliginoso contido no globo.

Suponhamos agora que, através de manipulações diversas, como o resfriamento do globo, a compressão do vapor no seu conteúdo etc., se consiga extrair um pequeno número de moléculas: a luz poderá manifestar-se com certa facilidade, sua expansão será ligeiramente mais ampla, e, mesmo que ainda não se possa dizer que é uma luz, não resta a menor dúvida de que houve um progresso quanto ao seu estado anterior.

Repetindo essa experiência várias vezes, e supondo-se que a cada vez se descarte o vapor de uma quantidade mínima de partículas sólidas, ter-se-á uma idéia aproximada do que acontece com a alma e seu invólucro, enquanto ela passa por evoluções na série animal. As faculdades superiores que se observam nos vertebrados são apenas momentâneas, não têm continuidade: dir-se-ia que são clarões repentinos que atravessam vertiginosamente uma nuvem escura. O princípio espiritual só consegue manifestar suas faculdades sem intermitências quando, após ter manipulado suficientemente seu órgão fluídico, está quase a ponto de passar para o reino hominal. E, no entanto, quanto trabalho ainda tem pela frente antes de chegar à depuração perfeita da sua capa vaporosa! Quantas lutas não terá que sustentar antes de conseguir desprender, do fluido universal que o envolve, as moléculas grosseiras que o toldam e reprimem, e brilhar com todo o esplendor da sua magnífica potência luminosa!

A luz, como se sabe, deve-se a um movimento vibratório do éter; outro movimento, este muito mais rápido, do fluido perispiritual, gera a luz que irradia o espírito superior. E não se pense que isto seja uma metáfora; não, é a exata expressão de um fenômeno real, pois os médiuns videntes descrevem as almas puras como focos refulgentes, como estrelas de cores cambiantes e vivíssimas.

Esta teoria será simplesmente um produto da imaginação? Certamente, não. As descobertas da ciência nos provam que todos os fenômenos podem reduzir-se ao movimento, como já o registramos a partir do que ensinam os físicos modernos.[15]

O gigantesco erro do materialismo, ou do monismo, reside, agora como sempre, em tomar o efeito pela causa. Consciente e insistentemente, tais filósofos atribuem ao sistema nervoso faculdades que nunca lhe pertenceram, nem pertencerão jamais. Têm por princípio básico negar obstinadamente toda realidade que não seja captada imediatamente pelos sentidos, e como há muitas realidades desse tipo, e seu preconceito é ferrenho, daí se origina seu erro. Porém, os fatos por eles observados são exatos, inquestionáveis; por isso mesmo, basta demonstrar que as faculdades que atribuem à matéria competem somente ao espírito e ao seu invólucro fluídico para que tudo se torne claro, compreensível. Da mesma forma que é difícil, quase impossível, explicar com a teoria deles uma *memória orgânica*, por exemplo, é fácil, evidente e incontestável explicá-la com a nossa, isto é, admitindo-se que a referida memória reside no perispírito, como tentaremos demonstrar.

Dito isto, vamos ao nosso estudo.

Formação dos órgãos dos sentidos: papel do perispírito

Por enquanto, nos limitaremos a demonstrar resumidamente como conseguiram formar-se os primeiros órgãos dos sentidos, ou seja, os primeiros delineamentos do sistema neurosensorial, e, paralelamente, do sistema nervoso motor, já que ambos os sistemas são inseparáveis, e também porque toda

---

[15] Para a parte fisiológica, consulte-se: Bernard, Claude: *Les Tissus Vivants*; Rosenthal, *Les Muscles et les Nerfs*; Longet, *Physiologie*; Richet, Charles, *Essai de Psichologie Générale*; Delboeuf, *Psycho-physique;* e Féré, *Sensation et Mouvement*.

sensação sempre se traduz por um movimento, como comprovaremos.[16] De posse desta verdade, poderemos, por analogia, imaginar como as outras partes do sistema nervoso, pouco a pouco, tomaram a direção da vida vegetativa e orgânica. Para tanto, o que em primeiro lugar deve ser objeto de nosso estudo, são as funções da vida de relação dos seres vivos.

A vida de relação compreende duas demarcações: de um lado, a ação do mundo exterior sobre o animal, que neste se traduz por fenômenos *sensoriais*; do outro, a ação do animal sobre o mundo exterior, que se manifesta através do movimento.

A propriedade de responder com um movimento a uma força exterior, é geral e característica nos seres vivos, e chama-se *irritabilidade*.

É importante deixar claro que *a força é indestrutível*: não se cria, nem se perde. Pode acontecer que a força aplicada sobre um objeto inerte se transforme; mas persistirá em estado de força e voltará a ser encontrada, na sua totalidade, na matéria inerte que lhe sofreu o impulso. Um fato curioso deixará claro esse princípio, que é o da conservação de uma força sob a forma de impressão.[17]

"Se se coloca um pequeno disco de massa bem fininha sobre um metal frio e polido – diz Drapper – sobre a lâmina de uma navalha de barbear nova, por exemplo, e se após ter soprado sobre o aço se retira a massa, nenhuma inspeção, por mais rigorosa que seja, descobrirá na lâmina o menor traço de uma figura qualquer; porém, se se sopra de novo sobre ela, a imagem espectral da massa reaparecerá, e isto acontecerá tantas vezes quantas se repita a experiência, mesmo decorridos muitos meses desde a experiência inicial... Não se projeta uma sombra sobre uma parede, sem que deixe nela um vestígio duradouro."

Segundo isto, quando uma força qualquer atua sobre um corpo, sempre o modifica em determinado sentido. Suponhamos que um pedaço de ferro esteja, por exemplo, no estado A de eletricidade, de temperatura, de equilíbrio mecânico, de equilíbrio químico... Se uma força qualquer, F, atua sobre ele, após a ação

---

16 Richet, *Psychologie Générale*, 1887. Neste trabalho, tomamos a liberdade de acompanhar de perto este autor, citando-o livremente, porque sua doutrina psicofisiológica, muito bem exposta, reume as últimas conclusões da ciência sobre o tema que nos ocupa. Ver, também, Vianna de Lima, *Exposé des Théories Transformistes*.
17 Drapper, J.-W., *Conflits de la Science et de la Religion*.

ele estará em um novo estado A de eletricidade, de temperatura, de equilíbrio mecânico e de equilíbrio químico; e, se supusermos que a força F se extinguiu totalmente atuando sobre o corpo A, resultará que este, depois da ação da força F, será igual a A + F.

Isto nos leva a admitir que, mesmo quando uma força não determina movimentos aparentes num corpo, nem por isto deixa de modificar-lhe, sempre, a constituição molecular, nem deixa de transformar-se, imprimindo ao corpo um novo estado, diferente do primeiro. Logo, o animal, que é muito mais sensível do que o metal, porque a matéria de que é formado também é muito mais delicada, bem poderá ser irritado por forças menos enérgicas do que as que atuam sobre os corpos brutos, e as novas formas determinadas por tais forças, à medida que se exercem com mais freqüência, poderiam perfeitamente deixar no ser vivo traços cada vez mais duradouros. O calor, a eletricidade, a combinação química e a gravidade, que nos parecem tão diferentes, são, em realidade, formas do movimento. Movimentos moleculares, atômicos, vibratórios, são imperceptíveis aos nossos sentidos, mas sujeitos a leis mecânicas, conforme a ciência conseguiu demonstrar.[18]

O ponto essencial, ponto que jamais devemos esquecer, é o que se refere à união íntima, molecular, do perispírito com o corpo; união que se inicia antes de nascer e que persiste até um pouco após a morte. Já sabemos que só mediante o fluido vital, de que o germe se acha impregnado, é possível a reencarnação, porque também sabemos que o espírito só pode atuar sobre a matéria por intermédio do fluido vital, sendo este último o motor que determina a evolução contida nestas três palavras: *juventude, maturidade, velhice*. Notamos, também, que cada célula, embora participe da vida geral nos organismos compostos, goza de certa autonomia, de modo que todo movimento que nela se produz altera-lhe o equilíbrio vital, tendo imediata repercussão no duplo fluídico, no qual aquela modificação dinâmica determina um movimento. Logo, no animal, toda ação, interna ou externa, produzirá um movimento em seu invólucro perispiritual.

Isto posto, tentaremos explicar de que modo puderam formar-se os órgãos dos sentidos.[19]

---

[18] Belfour-Steward, *La Conservation de l'Énergie*, último capítulo.
[19] Delboeuf, *Élements de Psycho-physique*, pág. 127 e segs. O que se segue foi tomado, em parte, da teoria deste autor, embora a tenhamos modificado, segundo nosso modo de ver.

Primeiro caso: Imaginemos o ser sensível mais rudimentar que possamos conceber: terá que ser perfeitamente esférico, e sem parte alguma diferenciada. Corretamente falando, esse organismo homogêneo é uma concepção puramente teórica. Se imaginarmos essa massa sensível num meio homogêneo, ou, o que vem a dar no mesmo, num meio que varie uniformemente, concentricamente em relação a ela, essa massa poderá experimentar uma sensação de tensão, mais ou menos pronunciada, conforme o estado do meio ambiente se afaste, em maior ou menor escala, do seu equilíbrio natural; mas, não poderá experimentar qualquer outra sensação, porque não poderá perceber alteração alguma, e porque seu estado será sempre o do *presente*. Enquanto o meio ambiente não variar, tampouco a percepção da massa mudará, por mais que se mova; em torno dela tudo continuará igual.

Poderemos entender como seria tal existência, se supusermos que de repente todas as causas exteriores da nossa sensação se reduzissem a uma única, à pressão atmosférica, por exemplo, e que toda nossa sensibilidade também ficasse reduzida à faculdade de sentir a referida pressão. Em tal hipótese, nossa vida não passaria de um contínuo tédio, ou de uma contínua indiferença.

Segundo caso: Tudo que acabamos de dizer muda de figura a partir do momento em que o meio ambiente for heterogêneo, e seu centro de ação não coincidir com o centro da massa sensível. Nesse caso, a massa imediatamente se modificará no ponto da sua superfície diretamente exposto à ação da força perturbadora.

Para termos uma idéia disso, podemos imaginar que a sensibilidade tenha ficado reduzida à faculdade de sentir o calor, e que todas as forças do meio sejam calóricas. A massa sensível se aquecerá, primeiramente, no lado voltado para o foco de calor, e esse lado será, durante alguns instantes, a sede única da sensibilidade, já que é nela que acontecerá, em primeiro lugar, a ruptura do equilíbrio. Eis aqui, *portanto*, o primeiro órgão sensorial da massa, mas órgão *adventício*, isto é, *acidental, momentâneo*, porque, como todas as partes do organismo, por sua vez, serão chamadas a desempenhar idêntica função, segue-se que se pode dizer, em tese, que o corpo do animal será um campo perpétuo de órgãos sensoriais momentâneos.

Tudo isto, evidentemente, desde que a substância esteja *diferenciada* e possa ter sensação, e, conseqüentemente, órgão sensorial momentâneo, porque então o animal percebe, não apenas o *presente*, mas o presente no órgão, e o *passado* no resto do corpo ainda não submetido à ação do foco de calor. Haverá mais calor ou mais frio no órgão do que no restante do corpo, antes que este último experimente o efeito geral, e o animal perceberá as conseqüências da mudança, ou seja, saberá se o calor é maior, ou menor; e como, por outro lado, experimentará uma inevitável sensação de bem-estar, ou de conforto, saberá também em que sentido a temperatura o afeta, em relação ao seu equilíbrio natural. E é assim, por um meio tão natural e premente, que chegará a formar um juízo mais ou menos rudimentar sobre a temperatura externa absoluta; assim chegará a saber se faz frio, ou calor.

Vamos decompor, agora, a síntese que acabamos de formular.

As vibrações calóricas alteraram, por exemplo, a túnica de uma medusa: as células diretamente expostas aos raios calóricos ficaram irritadas; essa irritação determinou uma alteração de equilíbrio na força vital de tais células e produziu também uma vibração de todo o fluido vital, que repercutiu imediatamente no perispírito. No mesmo instante em que isso aconteceu, a alma da medusa percebeu, pelo movimento perispiritual, que ocorrera uma modificação no seu corpo, e essa modificação causou-lhe prazer, ou dor, porque não existe percepção alguma que não venha acompanhada por uma dessas sensações, não importa qual seja seu grau de intensidade. A alma, cedendo às solicitações de bem-estar, esquiva-se imediatamente das excitações exteriores que lhe causam dor, e busca as que lhe causam prazer, e esta escolha, por mais rudimentar e confusa que a princípio possa parecer, acaba, à força de repetições freqüentes, criando um instinto. Dotar a alma de um instinto é dotá-la de um esboço de inteligência, é torná-la apta a maiores desenvolvimentos, é proclamar a evolução que vimos sustentando.

Há um fato que depõe a favor do instinto desses animais tão ínfimos: o fato de que nunca se dirigem para a terra, a menos que sejam impelidos pelo vento. Dir-se-ia que pressentem os perigos que nela os aguardam. Apesar das precauções que tomam, muitas medusas são forçadas pelo vento a dar à costa, onde não tardam a dessecar-se, ou melhor, a fundir-se sob os raios do sol. Seu medo do calor, portanto, é perfeitamente justificado, e isto basta para criar-lhes um instinto; porque a medusa que tenha perecido assim várias vezes, nas sucessivas encarnações, acabará por afastar-se instintivamente das praias, lugares que sempre lhe foram funestos.

Voltemos ao nosso hipotético organismo, porque não fizemos nele todas as observações que enseja.

O órgão adventício, ou acidental é, pois, o que torna possível a sensação, ou, em outras palavras: *é o que tem a faculdade de receber de um modo diferenciado as mudanças exteriores diferenciadas*. Além disso, dando o estado do órgão a medida do presente, enquanto o resto do corpo continua sepultado no passado, isto faz com que a comparação entre o presente e o passado seja não apenas possível, mas espontânea e constitutiva. A cada nova mudança que ocorra, poderá apreciar a temperatura relativa dos dois extremos, poderá avaliar se faz mais calor, ou mais frio, resultando disso que, graças ao órgão adventício da sensação, a existência do animal compõe-se de uma série de experiências, cada uma das quais ligada à que a precede e à que lhe vem a seguir. O órgão é a cadeia da *associação das impressões,* a condição da *individualidade psíquica permanente* do animal.

E isto não é tudo: deduzimos que pelo órgão acidental, que se forma nos pontos expostos ao calor, o animal pode perceber as mudanças exteriores, adivinhar se determinada mudança lhe será agradável, ou desagradável, e afastar-se e evitar o perigo antes que seja tarde, antes que a desorganização seja geral. Logo, o órgão *é um produto cuja função está intimamente ligada ao que chamamos instinto de conservação,* e que percebe, a tempo, o prazer ou a dor.

Finalmente, o órgão adventício é também *um instrumento temporário da experiência*. Graças à confiança que temos em sua formação instantânea, podemos, ao tomar banho, perceber, a tempo, o excesso de água quente, ou de água fria, e fechar esta ou aquela torneira antes de ficarmos gelados, ou queimados.

Tais são as particularidades abrangidas pela vida do animal rudimentar, que não posui órgãos diferenciados e apenas goza de uma diferenciação adventícia. A maioria dos zoófitos só apresenta fenômenos desta ordem.

Passemos, agora, ao exame do caso mais complicado: o de um animal dotado de um sentido permanente.

Terceiro caso Acabamos de ver que a sensação é devida a duas causas: 1ª) uma diferenciação na ação externa; 2ª) uma parte do corpo do animal exposta diretamente a essa mesma ação, e que, a partir de então, a recebe mais fortemente nesta do que em outras partes. Suponhamos agora que, por uma razão qualquer, esta parte do animal seja a que com maior freqüência é chamada a desempenhar o papel de órgão adventício da sensação, e veremos explicada sua transformação em *órgão sensorial permanente*, isto é, teremos uma razão que justifique o fato de ser dotado, a título perpétuo, de uma sensibilidade mais delicada, que lhe permita diferenciar, no ser, a ação exterior, mesmo que essa ação acuse apenas pequenas variantes, incapazes de atuar sobre as outras partes sensíveis do animal.

O órgão permanente é, pois, uma *causa subjetiva de diferenciação,* já que a condição do *sentido permanente* é a faculdade de perceber, de modo diferenciado, *as mudanças exteriores, mesmo as não diferenciadas.*

Para tornar mais clara esta concepção, imaginemos que a sensibilidade esteja distribuída uniformemente por todo o corpo, exceto num determinado ponto, em que seja mais delicada; ou, melhor dizendo, suponhamos que só possuímos o sentido do tato, e que nossa sensibilidade esteja acumulada na extremidade de um só braço. Sobre o resto do corpo, produzir-se-ão órgãos adventícios que nos avisarão sobre as mudanças que ocorram no mundo exterior; porém, quando se tratar de avaliar mais exatamente a natureza e a importância de uma de tais mudanças, dirigiremos a ela nosso órgão permanente, e através dele, de preferência, exploraremos o meio ambiente, já que é ele o mais apto a transmitir-nos, de modo preciso, informações sobre as menores diferenças. Isto é o que fazemos quando caminhamos no escuro: estendemos as mãos para frente e avançamos o pé cautelosamente, porque, com as mãos e o pé, exploramos o terreno. Os crustáceos e os insetos possuem antenas, que neles desempenham idêntico papel. As antenas são órgãos móveis, nos quais o tato é extremamente refinado, e, graças a eles, seus possuidores percebem com exatidão os objetos externos.

O órgão permanente será, portanto, o *instrumento constan-*

te das experiências do animal, e adquirirá, a este respeito, uma *aptidão* especialíssima. Aperfeiçoando-se com o exercício, dará informações cada vez mais precisas e fiéis, e possuindo todas as propriedades que reconhecemos no órgão adventício, e que com mais razão pertencem ao órgão permanente, abarcará também a propriedade de relacionar a experiência atual às experiências passadas, tornando-se o elo de *associação das experiências*.

Como se efetua essa transformação do acidental em permanente? Sabemos que toda ação exterior pode, em última análise, reduzir-se a um fenômeno de movimento vibratório que contrarie o das moléculas do corpo. Para que haja sensação, é necessário que essas moléculas oponham alguma resistência à causa perturbadora, e essa resistência provém de determinada aptidão por parte das moléculas para vibrar harmonicamente com o meio exterior. Vencida a resistência, a transformação da energia externa deixará um traço mais ou menos profundo sobre as moléculas em que tenha atuado. Não há dúvida que, se a atividade externa não voltasse a atuar sobre as mesmas moléculas, estas tenderiam a recuperar seu movimento natural. As coisas, porém, acontecerão de maneira bem diferente se as moléculas sofrerem, não uma, mas milhões de vezes a mesma ação, e isto não apenas durante uma vida, mas durante cinqüenta, cem, mil passagens pela mesma forma. Neste caso, elas perderão, pouco a pouco, sua capacidade de retornar ao seu movimento natural, e se identificarão, lentamente, com o movimento que nelas for impresso, até chegar ao ponto em que este lhes pareça natural, e, mais tarde, obedecerão à menor causa que as ponha em vibração. O mesmo raciocínio se aplica perfeitamente às moléculas perispirituais, pois, assim como no campo magnético do ímã se comprova a existência de *linhas de força*, no perispírito também se criam linhas dessa espécie, ao longo das quais distingue-se o movimento vibratório que permite à alma conhecer mais exatamente o mundo exterior, o que não aconteceria através do movimento confuso do restante do seu invólucro. E aqui nos ocorre uma observação muito importante, que mais uma vez demonstra a utilidade e a incontestável necessidade do perispírito:

Não esqueçamos que *em todos os seres vivos*, tanto nos zoófitos como no homem, a matéria viva se destrói e se regenera incessantemente pela nutrição; que, num prazo bem curto, as moléculas do corpo são renovadas. É, pois, indispensável que persista no animal um princípio permanente no qual residam as modificações adquiridas, sem o que as novas moléculas não seriam, mais do que as antigas, capazes de vibrar de modo mais rápido, e o animal não poderia adquirir um órgão sensorial qualquer diferenciado. O que nele existiria seriam órgãos adventícios, e estes não conseguiriam fazê-lo progredir.

Portanto, o perispírito é a causa direta do progresso animal; sem ele, nada é explicável, e não se poderia conceber a teoria anterior, que é a teoria da ciência. O movimento é indestrutível: isto é certo; ele afeta as células que encontra pela frente, abalando-as, e elas registram esse abalo: isto também é certo. Porém, quando as células abaladas desaparecem, levam consigo a modificação adquirida, e as que as substituem não possuem o mesmo movimento vibratório. Logo, se não se admitir o perispírito, a modificação, o progresso do animal devem desaparecer com as células modificadas. Este raciocínio é de uma lógica elementar, não admite contestação. Se, ao contrário, admitirmos que o princípio vital está intimamente ligado a todas as partes do perispírito, desvenda-se o enigma, porque se compreende que as novas células sejam organizadas pela *força vital modificada* segundo o movimento das linhas de força perispirituais, e, conseqüentemente, que o organismo físico reproduz tais modificações e delineia no ser celular o lugar do sistema neuro-sensorial, que é também motor, pois o ser reage constantemente contra o seu meio.

É desse modo que as células chegam a diferenciar-se e a manifestar suas propriedades particulares em relação com seu gênero de excitação especial, isto é, com a espécie de movimento que as modifica com mais freqüência. As vibrações calóricas são menos rápidas do que as luminosas, e as ondas sonoras também diferem das primeiras, de modo que as células que receberem mais vezes um do que outro de tais movimentos acabarão por adquirir uma faculdade de irritabilidade adequada à natureza especial de cada um dos irritantes; resumindo: ocorrerá a especificação dos órgãos dos sentidos.

A única objeção que, a nosso ver, se poderia fazer a esta teoria, é a carência do que lhe é essencial: o tempo. Hoje, temos condições de poder determinar, aproximadamente, os séculos que nos separam da aparição dos seres vivos neste planeta. Para resolver este problema, os geólogos lançaram mão do seu método habitual, que consiste em avaliar a idade de um terreno pela espessura das camadas superpostas e pela rapidez provável da sua erosão. E os naturalistas, tendo à frente o insigne Lyell, depois de numerosas observações levadas a efeito nos mais diversos pontos do globo, calcularam que mais de 300 milhões de anos transcorreram desde a solidificação das camadas superficiais da Terra.[20]

Estas conclusões têm sido contestadas por alguns físicos que admitem apenas 100 milhões de anos.[21] Muito bem: tomemos por base esta última estimativa, e, mesmo sendo a mais desfavorável, teremos, para a duração respectiva das três épocas geológicas, as seguintes cifras:

a) Era Primária .... 75.000.000 de anos
b) Era Secundária .... 19.000.000 de anos
c) Era Terciária .... 6.000.000 de anos

Vemos, pois, que os animais primitivos que viveram na Era Primária tiveram 75.000.000 de anos para diversificar-se pouco a pouco, adquirindo lentamente seus órgãos e criando seu sistema nervoso.

As condições climáticas eram, com pequena diferença, as que imaginamos para explicar a ação do meio sobre o animal, e a formação dos órgãos dos sentidos.

"Em todo o decurso dos tempos primários – diz o Sr. de Lapparent –, um clima semelhante ao dos trópicos parece ter reinado do equador aos pólos; só por volta da metade da Era Terciária começou a manifestar-se seu retraimento progressivo na zona tropical. A Groenlândia, em meados da Era Terciária, ainda ostentava uma vegetação semelhante à que hoje caracteriza a Luisiana. A aparição dos gelos polares foi, portanto, bem tardia, e quase se pode considerá-la como o epílogo dos tempos geológicos propriamente ditos, e a alvorada da era atual."[22]

Os exemplos que examinamos referem-se ao órgão do tato, mas poderíamos ter feito o mesmo com qualquer outro aparelho sensorial, como o da visão ou o da audição. Os fenômenos vão-se complicando à medida que o ser se eleva na série animal,

---
[20] Lapparent, A. de, *Traité de Géologie*, pág. 1468.
[21] Ferrière, E., *La matière et l'Énergie*, pág. 474.
[22] Lapparent, A. de, *Traité de Géologie*, pág. 1462.

e, paralelamente, o sistema nervoso se aperfeiçoa, porém o processo é sempre o mesmo. Estudemos, então, as propriedades fisiológicas do aparelho nervoso, por que conhecê-las nos permitirá compreender melhor as propriedades do perispírito.

O sistema nervoso e a ação reflexa

Recordemos mais uma vez que o sistema nervoso é apenas a *condição orgânica* terrestre das ações psíquicas da alma, e que, por si só, não é inteligente, nem instintivo, já que a alma, tanto a humana quanto a do animal, sobrevive à destruição desse sistema; mas recordemos também que, durante a vida, o sistema nervoso é a reprodução material do perispírito, e que toda alteração grave de sua substância provoca desordens consecutivas nas manifestações do princípio pensante.

Alguns sábios dizem:"Se lesionarmos gravemente uma parte do cérebro de um indivíduo, este não poderá produzir, por exemplo, a palavra articulada; logo, a faculdade da fala ficará destruída." Isto é incontestável. Mas, devemos deduzir desse exemplo que uma parte da alma tenha desaparecido? Não. O que aconteceu, simplesmente, é que deixaram a alma impossibilitada de utilizar seu instrumento, e desde então ela não pode manifestar sua presença através da fala. A experiência demonstra, sim, que desorganizaram a alma nas suas funções objetivas; não prova, porém, que a tenham destruído parcialmente.

A máxima *mens sana in corpore sano* (mente sã em corpo sadio) é correta; é imprescindivelmente necessário que os órgãos estejam em perfeito estado de saúde para que o espírito possa servir-se livremente deles; devemos, porém, ter o máximo cuidado para não concluir, dessa verdade, que uma alteração do órgão acarrete uma alteração da alma. O que a primeira faz, é determinar apenas uma *alteração da manifestação da alma*, o que não é a mesma coisa. O que é certo, incontestável, é que os limites dentro dos quais a integridade do sistema nervoso se mantém são muito estreitos: dependem da circulação, da respiração, da nutrição, da temperatura e do seu estado de sanidade.[23]

---

[23] Para maiores detalhes, ver: Müller, *Physiologie*; Longet, *Physiologie*, 2º vol.; Richet, *Psychologie Générale*, cap. II.

Vimos como podemos representar a criação do sistema nervoso sensorial e motor. É preciso não esquecer, porém, a importância das funções vitais, e como, através dos alimentos, que são irritantes internos, sob cuja influência a célula do canal digestivo reage, surge um sistema nervoso vegetativo que atua sobre a nutrição dos elementos orgânicos.

Por enquanto, preocupemo-nos só com o sistema nervoso que serve às manifestações da inteligência. Este sistema compõe-se de nervos, ou cordões nervosos, e de centros, sendo estes, nos vertebrados, a medula espinhal e as diferentes partes que constituem o cérebro.

Examinemos rapidamente um animal inferior, dotado, por exemplo, de visão; ele quer esquivar-se de um objeto, ou persegui-lo; o deslocamento do corpo não lhe acompanha imediatamente a vontade; terá que fazer um esforço e vencer certas resistências provenientes de uma coordenação entre os átomos perispirituais e as moléculas materiais, pouco favoráveis ao movimento. Finalmente o movimento se desenvolve, seguindo a linha das moléculas cuja vibração natural tenha menos divergências com ele, e, ao desenvolver-se, diminui ainda mais as divergências. Disso resulta que, quando o mesmo movimento quiser repetir-se, encontrará menos resistências e exigirá menos esforços, e com o tempo, à força de repetições mil vezes reiteradas, acabará por efetuar-se com esforço mínimo, tão insignificante que passará despercebido. A princípio tão penoso, o movimento em seguida torna-se fácil, depois natural e, finalmente, automático e inconsciente. Quando um organismo responde maquinal, automaticamente, a uma excitação externa, produz o que os fisiologistas chamam *ação reflexa*.

Nada mais fácil de compreender do que um ato reflexo elementar. Tomemos um nervo excitado em sua extremidade periférica. Já vimos que a irritação se estende ao longo do nervo, sobe aos centros nervosos e, uma vez ali, propagando-se gradativamente, e passando pelo perispírito, desce aos nervos motores, para transmitir-se ao músculo, que se contrai.

É da maior importância observar que a consciência pode perfeitamente ignorar esse movimento, sem que por isso ele deixe de reproduzir-se com uma regularidade absoluta, porque, como acabamos de ver, o hábito, adquirido ao longo de um tempo considerável, acabou por dar-lhe esse caráter automático. Assim como lemos sem nos dar conta de todas as fases pelas quais tivemos que passar para chegar a conhecer as letras, formar sílabas, uni-las e formar palavras, assim também uma irritação do sistema nervoso determina um movimento de resposta, que pode perfeitamente ser ignorado pela alma e, até, independente da sua vontade.

As ações reflexas são de diferentes classes. Richet[24] assim as classifica:

I. Reflexos tendo por ponto de partida uma excitação exterior, e produzindo:
– Movimentos reflexos de relação sobre os músculos da vida animal.
– Movimentos reflexos de nutrição, sobre os aparelhos da vida vegetativa.

II. Reflexos tendo como ponto de partida uma excitação interior visceral, e atuando:
– Sobre os músculos da vida animal.

A medula espinhal é considerada pelos fisiologistas sob um duplo aspecto: como cordão condutor, transmite ao encéfalo as sensações e conduz as excitações motoras; como centro nervoso, é a sede das ações reflexas. A ação reflexa simples, que podemos definir como sendo aquela em que uma excitação simples é seguida de uma contração simples, é o primeiro ato de automatismo e inconsciência com que nos deparamos. A ação reflexa consiste, essencialmente, no movimento de uma parte do corpo, provocado por uma excitação externa nessa mesma parte, em cujo movimento intervenha um centro nervoso qualquer, menos o cérebro.

Exemplo: uma rã, cuja cabeça tenha sido previamente cortada, põe-se a andar tão regularmente como se nada lhe faltasse. Se dermos uma picada, ou queimarmos uma parte qualquer do corpo da rã decapitada, esta leva a pata à parte irritada, e o movimento do membro acompanha a irritação a todos os pontos a que esta se estenda. Isto devido ao hábito de reagir imediatamente a uma sensação exterior, por um movimento apropriado, que fez com que tal movimento tenha acabado por tornar-se absolutamente instintivo, isto é, automático.

O estudo detalhado das diversas ações reflexas pertence ao

---
24 Richet, *Psychologie Générale*, pág. 61.

campo da fisiologia, e não há por que interessar-nos. No entanto, tais ações nos levam à importante observação de que em nenhum outro campo se impõe, como neste, a existência do perispírito, para podemos explicar semelhantes fenômenos, visto que a matéria dos nervos não só se renova incessantemente, tendo as novas moléculas necessidade de adaptar-se ao organismo através da força vital modificada pelo hábito, como há também, nos atos reflexos, tamanha sucessão e coordenação de funções, como na digestão, por exemplo, que, indiscutivelmente, a existência de uma idéia diretriz se impõe.

Vamos repetir: as propriedades mais transcendentais do sistema nervoso não podem subsistir na matéria mutável, fluente, incessantemente renovada de que ele se compõe; é necessário que essas propriedades tenham seu fundamento na natureza estável do invólucro fluídico. À medida que o princípio inteligente passa de um organismo a outro mais complexo, o sistema nervoso, mediante as inúmeras reencarnações que completa em cada forma, habitua-se ao manejo cada vez mais aperfeiçoado do corpo material, e como esses hábitos acabam por tornar-se automáticos devido à reiterada freqüência das mesmas necessidades, cria-se uma relação estreita entre o organismo e o perispírito, e, ao mesmo tempo, uma adaptação, sempre mais perfeita, do ser com o seu meio.

Quase se pode dizer que, excetuando-se os fenômenos psíquicos superiores e os automáticos e normais do coração e da respiração, a vida do animal é toda ela uma ação reflexa. Isto explica a imperiosa necessidade de um organismo fluídico invariável, que mantenha a ordem e a regularidade no complicado mecanismo orgânico. Pode-se comparar o corpo a uma nação, e o mecanismo fisiológico às leis que a regem. Os indivíduos mudam constantemente, uns morrem e outros nascem; as leis, porém, subsistem sempre, embora possam aperfeiçoar-se à medida que o povo se torne mais esclarecido e moralizado.

O instinto

O instinto é a forma inferior sob a qual a alma se manifesta. Já vimos que o animal tem tendência a reagir contra o meio exterior, e que é a sensação que determina nele emoções agradáveis, ou desagradáveis. Quando vai em busca de umas e se esquiva de outras, executa atos instintivos que se traduzem por ações reflexas de que pode ter consciência, embora muitas vezes não consiga evitar, mas que sempre se adaptam admiravelmente ao seu modo de ser.[25] Uma lebre foge ante o menor ruído; seu movimento de fuga é involuntário, inconsciente, em parte reflexo, em parte instintivo, porém perfeitamente adequado à vida do animal: tem por objeto sua conservação. Não há escolha nesse ato; há fuga, fuga inadiável, porque seus antepassados, há milhões de gerações, não fizeram outra coisa: instintivamente, sabe que sua salvação depende exclusivamente da rapidez da fuga.

Se examinássemos conjuntamente os movimentos reflexos do animal, seus comportamentos e atitudes, tudo, sempre encontraríamos neles as duas características da ação reflexa simples: a fatalidade e a finalidade.

O meio exterior em que cada animal vive provoca, por sua ação sobre os aparelhos sensoriais, uma dupla série de efeitos: inicialmente, uma série de ações corporais reflexas; depois, uma classe de manifestações mentais correspondentes. Já vimos que as ações mentais são vagas, primitivas, e estritamente limitadas ao organismo e ao meio.

Por outro lado, cada família de animais, tendo uma estrutura especial e quase idêntica para cada um dos indivíduos do mesmo grupo, exige condições de existência física determinadas, e iguais para todos. Deduz-se daqui que as ações e reações são sempre iguais, ou quase, para os animais da mesma espécie, e, conseqüentemente, provocam as mesmas operações intelectuais obscuras. Estas operações, continuamente repetidas, incrustam-se de algum modo no perispírito, que molda, por assim dizer, o aparelho cérebro-espinhal, ou os gânglios, que são seu equivalente nos seres inferiores, chegando, dessa forma, a fazer parte do animal.

A aptidão para traduzir exteriormente essas operações, que acabam por tornar-se inconscientes, transmite-se hereditariamente, diz a ciência; perispiritualmente, diremos nós, uma vez que são seres modificados que vêm habitar os novos corpos.

---

[25] A propósito do instinto, consultar: Darwin, *Origine des Espèces*, cap. VII; Romanes, *L'Evolution Mentale chez les Animaux;* Richet, *Psychologie Générale*, cap. VI.

Esta, segundo nos parece, é a gênese dos *instintos naturais primitivos*, e nesta categoria incluímos os instintos que têm por objeto a nutrição, a conservação e a reprodução.

Com o passar do tempo e com a experiência, o estado rudimentar dos instintos naturais é substituído por uma noção mais clara das relações do organismo com o meio em que vive.

A inteligência acaba tendo certa intuição do alvo que o princípio espiritual, instigado pelas excitações internas e externas, persegue incessantemente; e, como se desprendeu um pouco do rústico meio perispiritual, intervém, então, para que o espírito faça, em benefício dos instintos naturais, melhor apropriação das condições ambientais. Os instintos naturais, portanto, são mais ou menos modificados, ou aperfeiçoados pela inteligência.[26]

Se as causas que motivaram tais modificações são persistentes, já vimos que elas se tornam inconscientes, fixando-se no invólucro fluídico: passam, então, a ser verdadeiramente *instintivas*.

"Pouco a pouco, no entanto – diz Edmond Perrier – a consciência se amplia (segundo o grau de aperfeiçoamento do cérebro), as idéias tornam-se mais claras, as relações conscientes, mais numerosas; distingue-se claramente a inteligência. Inicialmente, surge confundida em todos os graus do instinto; chega finalmente o momento em que apaga, ou quase, os instintos inatos, já que o que estes têm de fixo parece desaparecer sob a onda transformadora das suas inovações. O que se transmite por hereditariedade não é a aptidão para perceber, quase inconscientemente, esta ou aquela relação, mas a aptidão para buscar e descobrir relações novas, até manifestar-se, enfim, o maravilhoso florescimento da razão humana."

Como se percebe claramente este progresso gradual, que exigiu milhões de anos, quando se admite a elevação da alma através da série animal, e como se compreende, então, a existência e a inextinguível persistência dos instintos no homem! Estes são, de certa forma, os fundamentos da vida intelectual, porque são os mais antigos e mais duradouros movimentos perispirituais que as inúmeras encarnações fixaram em nosso invólucro fluídico; e se o verdadeiro progresso consiste na dominação dos instintos animais, compreende-se que, até conquistar esse po-

---
[26] Ferrière, *La Vie et l'Âme*, págs. 344-45.

der, a luta deve ser longa e terrível.

É indispensável que o princípio espiritual passe por esses crivos sucessivos para fixar em seu invólucro as leis que inconscientemente dirigem a vida, e para, depois, entregar-se aos trabalhos de aperfeiçoamento intelectual e moral que devem elevá-lo a uma condição superior. A luta pela vida, por mais áspera e cruel que nos pareça, é o único meio natural e lógico para obrigar a alma, na infância, a manifestar suas faculdades latentes, assim como o sofrimento é indispensável ao progresso espiritual; e, a não ser que vejamos na alma o produto de um milagre, uma criação sobrenatural, devemos reconhecer o esplêndido encadeamento das leis que dirigem a evolução dos seres rumo a um destino sempre melhor.

Já tivemos oportunidade de observar o desenvolvimento dos instintos, nos invertebrados, à medida que seu sistema nervoso se aperfeiçoa; essa ascensão, porém, é mais evidente nos vertebrados: nestes, ela se revela com uma clareza espantosa.

A partir da relação existente entre o peso do encéfalo e o do corpo, Lauret formulou a tabela abaixo, em que, tomando o peso do encéfalo como unidade, a proporção relativa ao peso do corpo é:

a) Nos peixes .... 1 para 5.668
b) Nos répteis .... 1 para 1.321
c) Nas aves .... 1 para 212
d) Nos mamíferos .... 1 para 186

Vemos, pois, uma progressão contínua, à medida que examinamos a escala, indo da ramificação inferior à superior, mas desde que as pesagens abranjam o conjunto de cada ramificação, e que não se considere esta ou aquela espécie em separado; porque hoje já é um fato provado que o progresso, na série, não se realiza em uma única linha reta, mas em linhas desiguais e paralelas.

É impossível acompanharmos, em todos os seus detalhes, os numerosos fatos que conviria apresentarmos ao leitor; para tanto, teríamos que escrever vários volumes, e nosso plano se limita a um apenas. Por isso, tudo o que podemos fazer é resumir, breve e rapidamente, tudo o que se refere à evolução animal, destacando, de passagem, a utilidade do perispírito para a compreensão dos fenômenos.

Nossa maneira de ver pode justificar-se com uma hipótese muito ousada de Herbert Spencer,[27] que resumimos a seguir:

Nossa ciência, nossas artes, nossa civilização, todos os nossos fenômenos sociais, por mais numerosos e complicados que sejam, reduzem-se a um certo número de sentimentos e idéias; estes, por sua vez, se reduzem às sensações primitivas, às apreciações dos cinco sentidos; os cinco sentidos se reduzem ao tato. A fisiologia contemporânea tende a dar razão à frase de Demócrito: "Todos os nossos sentidos não passam de modificações do tato". E o tato, enfim, deve ter suas bases nas propriedades primordiais, que distinguem a matéria orgânica da inorgânica, havendo muitos fatos que tendem a demonstrar que a sensibilidade geral surge dos processos fundamentais de integração e desintegração, que constituem a base de toda a vida. Assim, do ponto de vista fenomenológico, a ordem de evolução do espírito, do mais simples ao mais complexo, seria: integração e desintegração, sensibilidade geral, tato, sentidos especializados, sensações e idéias, e desenvolvimento destas no tempo e no espaço. Com esta hipótese, a mais complexa das sociologias também estaria relacionada às mais humildes fontes da vida.

Resumo

Neste capítulo, e no anterior, cremos ter deixado assentada, com dados tirados da História Natural, a grande possibilidade de a alma humana ter passado por toda a série animal. Das formas mais inferiores aos organismos mais complicados, o princípio espiritual evoluiu lentamente. Durante o imenso período das eras geológicas, as faculdades simples do espírito desenvolveram-se sucessivamente, agindo sobre o perispírito, modificando-o e deixando nele, em cada etapa, as marcas do progresso adquirido.

O invólucro fluídico poderia ser comparado a essas árvores seculares em que o tempo, aumentando-lhes o diâmetro, deixa-lhes na trama do tronco um sinal indelével do seu curso; porque a energia se transforma, mas nunca se perde.

Sob os impulsos da alma, excitada pelo meio cósmico e pela luta pela vida, o organismo fluídico criou, por diferenciação das

---

[27] Spencer, Herbert, *Principes de Psychologie*.

propriedades do protoplasma, todos os órgãos materiais submetidos à direção progressivamente preponderante do sistema nervoso; e, pelo mecanismo cada vez mais desenvolvido e coordenado das ações reflexas, os instintos puderam, finalmente, manifestar-se. À medida que a ascensão se acentua, aparecem os primeiros lampejos da inteligência, e por uma evidente transformação, o hábito, combinado com a lei de hereditariedade – que consideramos como o retorno de uma mesma individualidade, cada vez mais modificada, ao próprio tipo –, faz com que os fenômenos, inicialmente voluntários e adequados à conservação e às necessidades do indivíduo, passem a ser inconscientes. É assim que inúmeras categorias de atos conscientes se tornam automáticas, entrando em cheio na física da alma, por assim dizer, ao incrustar-se no perispírito.

Cremos, pois, que todos passamos pela animalidade. Longe de sermos criaturas angelicais degredadas. Longe de termos habitado um paraíso imaginário, conquistamos com muita dificuldade o exercício de nossas faculdades e a capacidade de vencer a natureza. Nossos tataravós da Era Quaternária – frágeis se comparados com os grandes carnívoros da sua época –, que andavam errantes, em pequenos grupos, buscando alimento e uma árvore ou gruta de rochedo para abrigar-se, queimando-se sob os raios do sol, tremendo aos açoites do vento ou às carícias da neve, longe estavam da tal idade de ouro que as lendas religiosas fizeram reverberar com brilhos enganosos. A luta do homem primitivo contra as grandes espécies zoológicas foi, sem dúvida, terrível; ele foi obrigado a declarar guerra mortal a todas as feras selvagens, a dominá-las e a expulsá-las do lugar onde morava, pois só desse modo, só por um trabalho digno de titãs, conseguiu, pouco a pouco, vencer inimigos tão terríveis e numerosos.

Quem não admirará essa marcha lenta, mas gloriosa, rumo à luz; essa evolução produzida pelo aguilhão de implacáveis necessidades, que, arrancando o homem da sua primitiva baixeza, eleva-o progressivamente às regiões mais altas e mais serenas do mundo do pensamento! As sociedades modernas estão progredindo muito mais do que as que as antecederam, e, se compararmos nosso estado com o de nossos pais, temos o direito de orgulhar-nos do resultado do esforço coletivo da humanidade.

Porém, se voltarmos os olhos para a eterna justiça, veremos, então, todas as nossas imperfeições e o caminho que nos falta percorrer para nos aproximarmos desse ideal.

A luta pela vida, necessária ao desenvolvimento do princípio espiritual, tinha sua razão de ser num mundo brutal e instintivo, onde não se manifestavam nem consciência, nem inteligência claras. Hoje, que a alma se revela em suas modalidades mais elevadas, essa luta deve esmorecer pouco a pouco. Temos o direito de reclamar uma distribuição mais eqüitativa dos encargos e dos bens comuns; temos o direito de rebelar-nos contra os funestos conselhos da ambição, que jogam os povos uns contra os outros, e temos, enfim, o direito de reivindicar as imprescritíveis prerrogativas da solidariedade e do amor.

Nossa doutrina, mostrando a igualdade perfeita, absoluta, do ponto de partida de todos os homens, derruba as divisórias artificiais levantadas pelo orgulho e pela ignorância, e prova, categoricamente, que ninguém tem mais direito ao respeito alheio do que aquele que, pela nobreza da sua conduta, se torna merecedor dele. O nascimento e a posição social não passam de acidentes temporários, são privilégios de que ninguém pode orgulhar-se, visto que, do mesmo modo, tanto se pode adquiri-los, como perdê-los, em qualquer momento da evolução.

É bom que espalhemos à nossa volta, sem cessar, verdades tão consoladoras. Mostremos que só o esforço individual pode proporcionar-nos o progresso coletivo, e que a mesma força que nos conduziu ao estado de homens, nos abrirá as infinitas perspectivas da vida espiritual, desenvolvendo-se na extensão ilimitada do cosmos.

4.
A memória e as personalidades múltiplas

> A antiga e a nova psicologia – Sensação e percepção – Condições da percepção – O inconsciente psíquico – Estudo a respeito da memória – A memória orgânica, ou inconsciente fisiológico – A memória psíquica – A memória propriamente dita – Aspectos múltiplos da individualidade – A personalidade – Alterações da memória por enfermidade – Dupla personalidade – História de Félida – História da srta. R. L. – Sonambulismo provocado – Diferentes graus de sonambulismo – Esquecimento das existências passadas

A antiga e a nova psicologia

Para estudar a alma, a antiga psicologia servia-se exclusivamente do senso íntimo. Para conhecer o *eu* pensante, parecia natural estudá-lo em si mesmo, examinar os diferentes atos da vida do espírito, classificá-los segundo sua natureza, e examinar as relações existentes entre eles. Da mais remota antiguidade aos nossos dias, todos os filósofos procederam do mesmo modo; esse método, porém, é ineficaz para explicar muitos fenômenos intelectuais, e não pode conciliar, por exemplo, a natureza da alma com a vida intelectual consciente, embora esta forme a base dos nossos conhecimentos, porque não é possível presumir estados inconscientes no que é o próprio conhecimento em si.

Os progressos da fisiologia contemporânea demonstram a íntima ligação existente entre a alma e o corpo, não deixando dúvidas quanto ao fato de que as manifestações do espírito durante a vida são absolutamente dependentes do estado do sistema nervoso, visto que qualquer alteração ou destruição de determinadas partes desse sistema acarreta a perturbação, ou a supressão, de uma manifestação intelectual. Mais adiante veremos que a destruição de certas partes do cérebro provoca no indivíduo a perda da fala articulada, ou o conhecimento das palavras escritas, ou a audição etc., conforme a parte do encéfalo lesada. Esta correlação entre o estado mórbido do corpo e o desaparecimento de uma parte da inteligência, e, em caso de cura, do restabelecimento da função coincidindo com a reparação dos tecidos, é a base da doutrina materialista, que faz da alma uma função cerebral.

Não nos deteremos na discussão dessa teoria, uma vez que há um fato peremptório que a destrói por completo, ou seja, o fato de que existe pensamento sem cérebro, a partir do momento em que o espírito se manifesta após a morte. Isto não impede, contudo, que reconheçamos o grande serviço que os fisiologistas nos prestaram ao buscarem as bases físicas do espírito.

O perispírito, como já dissemos, é o molde do corpo; estudar as modificações do corpo é estudar o funcionamento do perispírito, de que o sistema nervoso não é senão a reprodução material. A força vital, que impregna ao mesmo tempo a matéria organizada e o perispírito, é o agente que serve de intermediário entre o corpo e a alma. Qualquer modificação na substância física produzirá uma modificação da força vital que, por sua vez, modificará o perispírito nas mesmas condições de variação por que ela mesma passe; e como esta força vital necessita de um suporte, de um substrato material, ela o encontra no perispírito, de modo que as modificações que lhe ocorram no corpo físico poderão conservar-se e reproduzir-se nele, apesar das perpétuas mutações das moléculas orgânicas.

Em resumo: a antiga psicologia, ao fazer da alma uma substância imaterial, ficava reduzida à impotência absoluta para poder explicar a ação da alma sobre o corpo. Após ter-se esforçado para demonstrar que entre eles nada havia em comum, não conseguia explicar-lhes as mútuas e incessantes relações. Os maiores gênios, os espíritos dotados da maior penetração, como Leibnitz e Malebranche, fracassaram nas suas tentativas porque ignoravam a verdadeira natureza da alma, que nos foi revelada pelo espiritismo.

Os materialistas, por sua vez, negando sistematicamente a existência real da alma, limitando-se a ver nela apenas uma encenação, um resultado do sistema nervoso físico, não podem explicar-nos o *eu*, esse algo que se conhece a si mesmo, porque o fenômeno transcendental lhes escapa, já que nada existe, na natureza física, que se possa comparar a ele. Assim, vêem-se obrigados a imaginar teorias inverossímeis quando querem conciliar a perpetuidade da lembrança com a renovação incessante do corpo, ou a transformação de uma sensação em percepção. Por isso, pode-se compará-los aos espiritualistas, já que nem uns, nem outros, explicam corretamente os fatos psíquicos, uma vez que os consideram sob aspectos diferentes.

O espiritismo vem harmonizar ambas as doutrinas, tão opostas e incompatíveis. A noção do perispírito – não nos cansaremos de repeti-lo – não é uma invenção humana, nem uma concepção filosófica destinada a prestar-se comodamente a acabar com todas as dificuldades; é uma realidade física, um órgão que se desconhecia, e que, por sua composição e pelo lugar que ocupa no homem, explica todas as anomalias que as investigações dos sábios e dos filósofos não conseguiram elucidar.

A indestrutibilidade e a estabilidade constitucional do perispírito fazem dele o conservador das formas orgânicas. Graças à sua mediação, compreendemos que os tecidos possam renovar-se, e que moléculas novas ocupem o lugar das antigas, conservando-se, assim, a forma física, tanto interna como externa; e percebemos também, claramente, que uma modificação interna, como a que resulta, para as células nervosas, da comoção produzida pelas sensações, possa ser conservada e reproduzida, posto que a nova célula se modelará baseando-se na modificação registrada registrada pelo invólucro fluídico. O princípio vital, consumindo suas energias latentes, é o motor do perispírito, e é ele que, durante a vida, lhe proporciona a atividade. Admitindo-se este princípio, compreende-se a evolução dos seres: nascimento, crescimento, maturidade, decrepitude e morte.

A alma e o perispírito formam um todo indissolúvel. Distinguem-se, apenas, por ser o perispírito o invólucro material, a parte passiva, ao passo que a alma é a entidade que sente, pensa e quer.

O perispírito é o lugar onde se enraízam os estados de consciência passados, o repertório das lembranças, o ponto onde a memória se fixa e ao qual o espírito recorrerá quando tiver necessidade de materiais intelectuais para raciocinar, imaginar, comparar, deduzir etc. É, em resumo, o receptáculo das imagens mentais e o órgão da memória física e da memória inconsciente. O espírito é a forma ativa, e ambos, em seus aspectos, constituem o princípio pensante.

Vamos tentar, na medida do possível, pôr em evidência estes caracteres particulares, certos de que, conhecendo melhor a natureza da alma, não nos surpreenderá vermos os fenômenos conscientes desaparecerem pouco a pouco, por gradações imperceptíveis, para fundir-se no inconsciente, uma vez que compreenderemos melhor o mecanismo da memória orgânica, e o fato de vê-la assimilada à memória psíquica não nos causará espanto. Ambas são da mesma natureza, ambas enraízam-se no mesmo território, ambas se formam pelos mesmos processos e se perdem pelas mesmas causas.

Sensação e percepção

Neste estudo e no seguinte, recorreremos às investigações dos sábios contemporâneos, valendo-nos de seus trabalhos e de seus conhecimentos, tão notáveis e brilhantes, tendo, porém, o especial cuidado de, no momento oportuno, introduzir o perispírito. Isto tornará os fenômenos compreensíveis, dando-lhes uma explicação lógica, que não seria possível sem a intervenção do perispírito.[1]

Inicialmente, distingamos a sensação da percepção.

Quando um agente externo impressiona os sentidos, produz no aparelho sensorial uma certa alteração, que se chama sensação. Esta alteração é transmitida ao cérebro pelos nervos sensitivos, e, depois de um trajeto mais ou menos longo, chega às camadas corticais do cérebro. Nesse momento, duas coisas podem acontecer: ou a alma adquire o conhecimento da alteração ocorrida no seu organismo, caso em que se diz que há

---
[1] Ver: Ribot, *Les Maladies de la Mémoire;* Richet, *Origines et Modalités de la Mémoire (Revue Philosophique,* junho de 1886); Delboeuf, *Éléments de Psychophysique;* Ferrière, *La Vie et l'Âme;* Féré, *Sensation et Mouvement;* Binet, *Les Altérations de la Personalité.*

percepção, ou, ao contrário, a alma não percebe a mudança, embora esta fique registrada no aparelho sensitivo, sendo que, neste caso, não passa de *sensação inconsciente*. Como observamos em páginas anteriores, esta transformação da sensação, fenômeno físico, em percepção, fenômeno psíquico, é absolutamente inexplicável se não se admite a existência do eu, isto é, do ser consciente.

Dito isto, examinemos atentamente os fatos sucessivos que se encadeiam, da impressão inicial à percepção.

Sabemos que na natureza tudo é movimento; os corpos que nos parecem em repouso não estão, nem exteriormente, porque participam do movimento da Terra, nem interiormente, porque suas moléculas acham-se continuamente agitadas por forças invisíveis que lhes dão suas propriedades físicas particulares, estados sólidos, líquidos, gasosos, e, para os sólidos, consistência, resistência, cor etc. Os tecidos do corpo também estão em movimento, e, durante a longa travessia levada a efeito nas formas inferiores, vimos como certas partes do corpo pouco a pouco se haviam diferenciado do conjunto, contribuindo para a formação dos órgãos dos sentidos. Estas modificações, fixadas no perispírito, iam-se incrustando cada vez mais na sua substância, à medida que aumentava o número de materializações, ou encarnações terrestres, e comprovamos que foram necessários nada menos do que muitos milhões de anos para que o organismo fluídico chegasse ao nível em que hoje o vemos.

Qual é a natureza das modificações sofridas? Procuraremos demonstrar que ela reside integralmente nos movimentos. Toda sensação visual, auditiva, tátil, ou gustativa é, em sua origem, determinada por um movimento vibratório do aparelho receptor. O raio luminoso que impressiona a retina, o som que faz o tímpano vibrar, a irritação dos nervos periféricos da sensibilidade, tudo isto se traduz por um movimento diferente, segundo a intensidade do excitante. O abalo se propaga ao longo dos nervos, e depois de um certo percurso no cérebro, termina, conforme a natureza da irritação, numa zona especial da camada cortical. Aqui é onde o movimento origina a percepção, e é aqui também onde se acha o ponto obscuro, a incógnita do problema, porque nenhum filósofo, nenhum naturalista conseguiu explicar o que então ocorre.

Uns, como Luys, dizem que a força se exalta, se espiritualiza, o que, em última análise, nada significa; outros contentam-se em dizer que a percepção pertence ao sistema neuropsíquico, quando este de algum modo se modificou, o que significa dotar a matéria com as faculdades da alma, o que nenhuma indução pode justificar. A célula nervosa é o elemento que recebe, armazena e reage. Será que faz isso por vibração, como uma corda esticada, que oscila quando deslocada da sua posição de equilíbrio, ou será que o fenômeno reside numa decomposição química do seu protoplasma? A questão não está resolvida, mas o que há de certo é que nisso intervém uma alteração que modifica a força vital em determinado sentido, imprimindo-lhe um movimento vibratório particular, que é comunicado ao perispírito; então, a atenção se põe em guarda e o fenômeno da percepção se opera.

O espírito não conhece diretamente o mundo exterior. Encerrado, durante a vida, num corpo material, só percebe, dos objetos que o rodeiam, o que os sentidos lhe dão a conhecer. A luz e os sons só lhe chegam sob a forma de vibrações, diferenciadas, segundo a cor, para a vista, segundo a intensidade, para o ouvido; e se é certo que lhes atribui um nome adequado à sua natureza, não é menos certo que desconhece o que a luz e o som são em si. Por exemplo: a luz vermelha só difere da luz violeta quanto ao número de vibrações, e desde a infância todos aprendemos que a tal espécie de vibrações chamava-se vermelho, e a tal outra, violeta. Pela mesma razão, tal número de vibrações deve atribuir-se ao som, tal outro, às cores, aos sabores etc., de maneira que o espírito não vê a cor vermelha, mas sente-lhe as vibrações correspondentes, não percebe tal odor, mas a vibração determinada por ele, e o que lhe dá a impressão da nota musical não é o som, mas o número de vibrações perispirituais por segundo que correspondem àquele som.

O que dissemos de uma cor, aplica-se a todas as cores, e o que dissemos de um som, aplica-se a todos os sons; de modo que o olhar, que recebe milhões de vibrações diferentes ao contemplar uma paisagem, e o ouvido, que se sente afetado pelo mesmo número de vibrações ao escutar uma ópera, transmitem ao cérebro milhões de movimentos vibratórios que se registram na sua substância e na substância do perispírito, ao mesmo tempo, e de maneira indelével.

Já houve quem comparasse a célula psíquica ao fósforo, que, depois de ter ficado exposto à ação da luz, continua luminoso no escuro. Nós preferimos, como analogia, compará-la à placa fotográfica sensível que, impressionada pela luz, guarda eternamente, mediante uma reação química fixa e indelével, a marca da excitação luminosa. Sobre esta placa pode-se superpor uma série de imagens, e, seja qual for o número delas, a última nunca apaga as anteriores. Ocorre uma adição, uma acumulação de imagens; nunca uma destruição das primeiras imagens para dar lugar às últimas.

Todo mundo está de acordo quanto ao fato de as modificações produzidas nas células serem permanentes. Maudsley diz: "Numa célula modificada produz-se uma aptidão e, com ela, uma diferenciação do elemento, ainda que não tenhamos razão alguma para crer que, na sua raiz, esse elemento difira das células nervosas homólogas."

Delboeuf, por sua vez, explica: "toda impressão deixa um vestígio indelével; uma vez alinhadas de outro modo, e obrigadas a vibrar de maneira diferente da que lhes era própria, as moléculas nunca voltam a recuperar exatamente seu estado primitivo."

Richet[2] acrescenta: "Assim como na natureza nunca há perda de força cósmica, mas, apenas, transformação incessante, assim também nada se perde do que impressiona o espírito do homem. Embora sob um ponto de vista diferente, esta é a lei da conservação da energia. Os mares ainda gemem por entre os sulcos neles deixados pelas naves de Pompeu, porque a comoção da água não se perdeu: modificou-se, difundiu-se, transformou-se numa infinidade de pequenas ondas, que, por sua vez, se transformaram em calor, em ações químicas, ou elétricas. Da mesma forma, as sensações que impressionaram meu espírito há vinte, trinta anos, deixaram sua marca em mim, embora essa marca me seja desconhecida; e se é certo que não posso evocar-lhe a lembrança, por ser-me desconhecida e inconsciente, posso afirmar que essa lembrança não se perdeu, e que as velhas sensações que a originaram, infinitas em número e em variedade, exerceram sobre mim uma influência poderosa, decisiva."

2 Richet, *Origines et Modalités de la Mémoire*.

É fato provado que, pela repetição de palavras e frases de uma língua, nosso *eu* acaba por utilizá-las automaticamente. Quando falamos, principalmente no idioma materno, não buscamos as palavras, nem as frases; umas e outras nos vêm à boca espontaneamente, e as utilizamos sem nos darmos conta, sequer, da sua estrutura. A memória consciente que delas tivemos dissipou-se, diluiu-se em nosso inconsciente. O que ocorre com os idiomas, acontece também com qualquer outra aquisição intelectual, seja em matemática, em química, em filosofia etc. A tabuada de multiplicar, por exemplo, tornou-se um conhecimento automático em todos nós, sem exceção, e ninguém negará que, no início, a memorização foi consciente.

Estas afirmativas nos colocam diante do problema que assinalamos: a ressurreição das antigas lembranças, apesar da renovação integral de todas as moléculas.

Maudsley[3] afirma que a extrema rapidez das alterações nutritivas do cérebro, rapidez que, à primeira vista, parece uma causa de instabilidade, explica, ao contrário, a permanência das lembranças.

"A reparação – diz ele –, efetuando-se ao longo do trajeto modificado, serve para registrar a experiência. O que se efetua não é simplesmente uma integração, mas uma reintegração. A substância é restaurada de uma forma especial, que faz com que a modalidade produzida se incorpore, ou encarne, por assim dizer, na estrutura do encéfalo."

Quanto ao resultado, estamos de acordo. Também acreditamos que os movimentos perispirituais *novos*, esses movimentos determinados pela modificação da forma vital das células destruídas, imprimem às células que se formam de novo as mesmas modificações que influenciaram as primeiras; se, porém, não existe perispírito, que é que pode imprimir nas células novas o antigo movimento? É o mesmo problema de sempre: Que é que as restaura? Pode-se supor que a célula não se destrua por completo, e que o que dela resta, acompanhando o novo movimento, transmite – e faz com que as moléculas que substituem as antigas adotem – o mesmo ritmo vibratório.

Mesmo supondo-se que seja assim, não sairemos da dificuldade, por que, quando uma nova modificação vier a ocorrer, o

---
3 Maudsley, *Physiologie de l'Esprit*, tradução Herzen, pág. 140.

movimento primitivo deverá comunicar-se a ela e, necessariamente, sua intensidade ficará diminuída. Primeiro, por causa do tempo decorrido; segundo, por causa da inércia das moléculas novas. Inércia essa que ele terá que vencer. E esta operação, repetida inúmeras vezes, porque a extrema rapidez das trocas assim o exige, acabará enfraquecendo tanto o movimento primordial, que este quase desaparecerá. Isto, que é indiscutível quando se trata de uma célula, também o é para o conjunto delas; de modo que as sensações que dependem desse conjunto, e cuja associação forma as recordações da infância, estarão quase extintas quando o indivíduo chegar à velhice. Será que é isso que acontece? Certamente, não: são justamente as recordações da infância que o ancião conserva vivas na memória.

Em resumo: se aceitássemos a hipótese acima, uma sensação só poderia conservar-se no ser por um tempo muito limitado. Mas a experiência nos prova que tal não acontece; logo, precisamos buscar outra explicação, mais de acordo com os fatos.

Quanto a nós, ao afirmarmos que é no perispírito que se conserva o movimento, apresentamos como prova direta a manifestação da alma depois da morte. Realmente, a alma desencarnada revela-se a nós dotada de todas as suas faculdades, e de posse de lembranças que não datam apenas da sua última existência corpórea, mas abrangem extensos períodos do passado. Diante disso, consideramo-nos mais próximo de uma explicação adequada aos fatos do que aqueles que atribuem o pensamento à massa fosforada do cérebro, que pode estar há muito tempo destruída, enquanto a alma subsiste com todas as suas faculdades e potências.

Condições da percepção

Para que uma sensação seja percebida, ou, em outras palavras, para que passe ao estado de consciência, é preciso que reúna duas condições indispensáveis: a intensidade e a duração.[4]

A *intensidade* é uma condição de caráter muito variável, porém, é necessário um mínimo para que aconteça a percepção. Não ouvimos sons que sejam demasiado fracos, nem apreciamos sabores insossos, e encontramos meios de aumentar o grau

---
4 Ribot, *Les Maladies et la Mémoire*, pág. 22.

da intensidade necessária às nossas percepções, inventando instrumentos que ampliam nossos sentidos, como o microscópio, o telescópio e o telefone. Como as percepções não guardam constantemente a mesma intensidade, que até diminui insensivelmente, chegando ao ponto de não ser suficiente para que o espírito se dê conta das referidas percepções, chega o momento em que estas caem "abaixo do nível da consciência".

A *duração,* ou seja, o tempo necessário para que uma sensação seja percebida, isto é, para que o espírito se dê conta do movimento perispiritual, já foi determinado, há uns trinta anos, para as diversas percepções.

A percepção do som de 16 a 14 segundos.

A do tato, de 21 a 18 segundos.

A da luz, entre 20 e 22 segundos.

Para o mais simples ato de discernimento, o que mais se aproxima do reflexo, temos de 2 a 4 segundos.

Embora os resultados variem conforme os experimentadores, conforme as pessoas que forem submetidas às experiências, e segundo a natureza e as circunstâncias dos atos psíquicos estudados, o certo é que ficou estabelecido que cada ato psíquico requer uma duração apreciável, e que a suposta rapidez infinita do pensamento não passa de uma metáfora.

Tendo-se presente o que foi exposto, é claro que toda ação nervosa cuja duração seja inferior à requerida pela ação psíquica, não pode despertar a consciência. Para que uma sensação se torna consciente, é indispensável que o movimento perispiritual tenha uma determinada duração: sem isto, a sensação será registrada, mas a alma não a percebe.

Por estar também relacionado à intensidade, chamamos a atenção para o fato de que um ato qualquer, ao ser executado pela primeira vez, é difícil e exige algum tempo; se o executarmos de novo, já é mais fácil e não requer tanto tempo; e se o repetirmos um certo número de vezes, o tempo exigido será tão breve que a alma nem o percebe. Este é o caso em que se age inconscientemente.

O inconsciente psíquico

As sensações, como acabamos de dizer, gravam-se no perispírito e têm uma certa durabilidade. Tem-se observado constantemente, porém, que elas não perduram por muito tempo no campo da consciência, mas desaparecem momentaneamente, para dar lugar a outras. O mesmo acontece com o que vimos, lemos ou ouvimos; inicialmente, observamos tudo, com maior ou menor exatidão, e logo o esquecemos. Deduz-se daí que, desde que nascemos até à morte, nossa alma vai criando uma imensa reserva de sensações, de volições e de pensamentos, porque, como logo veremos, o mecanismo através do qual a alma atua sobre a matéria também se conserva no invólucro fluídico. Cada espetáculo a que assistimos, cada livro que lemos, deixa em nós um traço. As idéias se ligam, se encadeiam pela lei de associação, que também prevalece entre as sensações e percepções, bem como entre estas e as idéias. A região onde esses números materiais se concentram é o perispírito: é nele que se acumulam, sem misturar-se, sensações, percepções e idéias, constituindo a biblioteca de cada ser pensante. Este é o tesouro chamado *inconsciente psicológico*.

O espírito tem, portanto, seu estoque de sensações e idéias. Pode-se compará-lo a um sábio que tenha guardado todos os seus conhecimentos registrados em livros separados, mas colocados na sua biblioteca por séries, e numa ordem imutável. Cada um desses livros representa uma pequena fração do seu cérebro e do seu perispírito, já que um e outro são inseparáveis durante a vida. Quer, por exemplo, consultar a Física? Em nossa comparação, basta que abra o livro onde conserva escrito tudo o que conhece sobre essa ciência, e, na realidade, desperta, por um ato volitivo, todos os conhecimentos que possui em si em estado passivo, ou seja, em formas mínimas de movimentos vibratórios. Isto faz com que tais conhecimentos passem do estado passivo ao ativo, ou, melhor dizendo, que saiam da esfera do inconsciente passando para a do consciente, por um aumento do ritmo vibratório do perispírito, e, conseqüentemente, das células em que aqueles conhecimentos estão registrados. Esse despertar é quase geral, mas nem por isso deixa, às vezes, de apresentar algumas lacunas, mais, ou menos extensas, conforme a idade e o estado de saúde de quem faz a evocação mental. O *eu*, o único ser que pode conhecer e compreender, é sempre ativo e está constantemente em ação; mas tudo o que aprende e sente classifica-se em seu envoltório fluídico mecanicamente e sob a forma de movimentos, segundo a intensidade e a duração das percepções recebidas, e tais movimentos estão prontos a reaparecer ao primeiro apelo da vontade.

O inconsciente pode enriquecer-se também com o trabalho do espírito durante o sono. Produzindo-se sem a intervenção do corpo físico, os atos psíquicos não têm intensidade suficiente para se tornarem conscientes no estado normal, e daí resultam as coordenações de idéias, de sensações, de imagens e de lembranças, que algumas vezes são completamente ignoradas pelo espírito quando em estado de vigília. É assim que podemos explicar, também, o surgimento repentino de lembranças que não parecem provocadas por qualquer associação, e que nos ocorrem a todo momento; as lições que o aluno estuda na véspera e sabe no dia seguinte; os problemas por muito tempo pensados, e a repentina aparição da solução na consciência; as criações poéticas, artísticas e mecânicas; as simpatias e antipatias secretas etc. Carpenter cita o curioso caso de um homem que tinha uma vaga noção de algo que se passava em seu cérebro, mas que nunca chegava ao nível de uma consciência clara. "Um homem de negócios de Boston – diz ele – contou-me que, ocupando-se de um assunto muito importante, abandonou-o durante uma semana por considerá-lo acima das suas forças. Entretanto, tinha noção de que algo lhe passava no cérebro, e era tão persistente, tão extraordinário, que tinha receio de estar ameaçado por uma paralisia, ou por outro acidente semelhante. Decorridas algumas horas em estado tão incômodo, suas perplexidades desapareceram, e a solução, que em vão havia buscado, surgiu espontaneamente, de modo muito natural. Esta solução se elaborara naquele período de turbulência encefálica."[5]

Resumindo: o perispírito, diretor do corpo e guardião dos estados de consciência, está em contínuo movimento. Uma de suas faces determina o ritmo incessante das ações vitais da vida vegetativa e orgânica; outra corresponde às modalidades psíquicas da vida consciente; outra, muito mais ampla, representa os estados passados. O perispírito é como uma oficina onde se executam mil trabalhos ao mesmo tempo; compreende-se, então, a necessidade imprescindível da existência de um diretor – a alma – para pôr em ordem as sensações que recebe sem

---
[5] Carpenter, *Mental Physiology*.

cessar. E o cérebro, que é a representação material do perispírito, com 600 milhões de células vivas e seus 4 ou 5 bilhões de fibras, está no mesmo caso. É preciso que a alma seja algo distinto desse conjunto, sem o que esses movimentos não poderiam harmonizar-se por si próprios; e concebe-se a necessidade de uma classificação automática no perispírito, porque, sem ela, o espírito não poderia dar-se conta de si mesmo. Por isso o vemos dotado de uma faculdade especial, a atenção, que lhe permite concentrar-se numa ordem específica de idéias, eliminando tudo quanto seja estranho ao objeto do seu estudo.

Estudo a respeito da memória

Acreditamos ser nosso dever estudar a memória e procurar explicar-lhe o funcionamento, porque ela é a base da vida mental, que contribui para estabelecer a personalidade; e se bem conhecemos todas as modalidades desta faculdade, poderemos compreender por que não conservamos a lembrança de nossas existências passadas. Ao mesmo tempo, como a memória desempenha o mais importante papel nos casos de dupla personalidade e nos diversos casos de sonambulismo provocado, seu conhecimento, o mais aprofundado possível, tem para nós o maior interesse. Vamos, pois, sumariamente, ver os principais fenômenos que a caracterizam.

A memória orgânica ou inconsciente psicológico

Na acepção comum da palavra, a memória, para todo mundo, compreende três coisas: *a conservação de certos estados, sua reprodução e sua localização no passado.* Na antiga Psicologia, só a última delas constituía a memória. Já vimos, porém, que é imprescindível admitir o inconsciente, ou seja, a existência de lembranças que não são conscientes para o eu normal. Podemos incluir nesta categoria todos os atos funcionais do sistema nervoso devidos à secular fixação de movimentos no perispírito. Já se disse que o instinto é um hábito específico hereditário; isto implica a existência de uma memória hereditária, e sabemos que tal memória orgânica reside no perispírito. Vamos demonstrar, mais uma vez, o mecanismo desta ação:

1º Há, na vida orgânica, fenômenos automáticos dependentes da vida em si, que começam e terminam com ela: são os movimentos do coração e da respiração.

2º Segue-se a eles toda uma série de ações reflexas internas que se produzem sucessivamente, formando uma continuidade ininterrupta. O melhor exemplo que se pode dar dessas ações reflexas, é o conjunto dos fenômenos da digestão. Quando o colocamos na boca, o alimento incita sua deglutição; a partir de então inicia-se toda uma série de ações reflexas progressivas no tubo digestivo, com a dissolução do alimento pelos líquidos orgânicos. Toda a série dos atos mecânicos ou químicos da digestão são conseqüência do primeiro movimento, que é a deglutição, e as ações reflexas se encadeiam umas nas outras, provocando novas excitações, que determinam novos atos, até que, finalmente, a digestão se conclui.[6]

3º Uma excitação exterior provoca movimentos reflexos de reação, cuja finalidade é uma melhor adaptação do ser ao seu meio, seja para a defesa, seja para a fuga, ou seja para a provisão de alimentos. Especifiquemos estas ações, inconscientes hoje, mas volitivas e conscientes em outros tempos, cujas inúmeras repetições as tornaram instintivas.

Se decapitarmos um pássaro e o lançarmos no espaço, ele voará enquanto suas forças não se esgotarem: sua medula espinhal conserva a memória dos movimentos instintivos das asas. Porquinhos-da-índia, tendo os lóbulos cerebrais extraídos, saltam, correm e esperneiam quando excitados. A massa cinzenta da medula oblonga preside a certas contrações musculares coordenadas que não dependem da vontade e, freqüentemente, nem chegam à consciência. Um rato, desprovido dos hemisférios cerebrais, salta bruscamente se alguém se aproxima dele imitando o miado de um gato furioso. Nisso não há percepção, há somente um ato instintivo irresistível. Há milhares de anos aquele som teve como resultado determinar a fuga do rato, sem reflexão prévia, e a associação do som com a idéia de perigo é tão íntima no animal, que ele foge inevitavelmente, por um ato reflexo. Da mesma forma, gatos e cães privados de lóbulos cerebrais movem os lábios, como se para livrar-se de uma sensação desagradável, quando se lhes deita na garganta uma infusão

---
6 Richet, *Psychologie Générale*, pág. 63.

de pepino amargo. São sensações hoje inconscientes, mas não restam dúvidas de que foram outrora percebidas.[7]

4º Associações de movimentos musculares também se produzem exclusivamente pela ação da vontade, e exigem uma enorme quantidade de ações reflexas apropriadas, revelando um grande conhecimento do funcionamento dos órgãos, embora esses movimentos sejam ignorados pelo espírito.

"Freqüentemente – diz o Dr. Despines –, pude admirar esse conhecimento automático observando o cão seguindo a carruagem do dono, saltar na frente do cavalo, passar-lhe entre as patas e cruzar por entre as rodas do veículo, fosse qual fosse sua velocidade, sem jamais deixar-se colher pelas rodas, nem pelas patas do cavalo. Que precisão matemática não é necessária na ação dos numerosos músculos que contribuem para a execução desses movimentos! E tudo se executa sem a menor atenção por parte do animal, e sem que sequer saiba como.

"No homem, esse conhecimento automático parece-nos ainda mais maravilhoso.

"Os músicos que tenham o cerebelo imperfeito nunca poderão executar uma partitura musical como sentem que deve ser executada. Há homens muito inteligentes e muito inábeis, enquanto outros, de inteligência medíocre, têm uma destreza impressionante. Para ser bom domador de potros, bom ilusionista, bom equilibrista, bom atirador etc., a mais elementar inteligência é suficiente; basta que se seja dotado de órgãos automáticos perfeitos. Não é a forma da mão que dá a destreza: a mão e os dedos não passam de instrumentos que operam."[8]

Verdadeiro exemplo da memória orgânica é o que se encontra no grupo de fatos que Hartley, com tanta felicidade, denominou ações automáticas secundárias, por oposição aos atos automáticos inatos. Estas ações automáticas secundárias, ou movimentos adquiridos, constituem o fundo de nossa vida diária. Assim, a locomoção, por exemplo, que em muitas espécies inferiores é uma faculdade inata, o homem – principalmente no tocante à coordenação que mantém o equilíbrio a cada passo – precisa adquiri-la através da combinação das impressões táteis e visuais.[9]

---

[7] Ribot, *L'Hérédité*, pág. 310.
[8] Despines, *Psychologie Naturelle*, t. I, pág. 485.
[9] Ribot, *Les Maladies de la Mémoire*, pág. 6 e segs.

De modo geral, pode-se dizer que os membros do adulto e seus órgãos sensoriais só funcionam depois de terem adquirido e coordenado determinada quantidade de movimentos, que constituem, para cada parte do corpo, sua memória específica, o capital acumulado, do qual vive e com o qual age, exatamente como o espírito vive e age graças às suas experiências passadas. A esta mesma ordem pertencem os grupos de movimentos de caráter artificial que constituem o aprendizado de um ofício mecânico, como os jogos de destreza, os diversos exercícios do corpo etc.

Se examinarmos como se adquirem, se fixam e se reproduzem esses movimentos automáticos primitivos, veremos que o primeiro trabalho consiste em formar as associações. A matéria primária é fornecida pelas ações reflexas primitivas, isto é, pelos movimentos nervosos inconscientes, que estudamos no capítulo anterior, que é preciso combinar de determinado modo, incluindo uns e excluindo outros da combinação. Freqüentemente, essa etapa de formação costuma ser um longo período de tentativas. Os atos que hoje nos parecem a coisa mais simples e natural do mundo, foram, originalmente, aprendidos com muita dificuldade.

Vemos que, quanto aos movimentos automáticos secundários, é preciso reproduzir o que aconteceu com os primeiros movimentos automáticos perispirituais: impõe-se um aprendizado, impõe-se uma série de tentativas reiteradas antes que o organismo fluídico adapte seus antigos movimentos aos novos.

Quando uma criança aprende a escrever – diz Lewes –, não consegue mover só a mão; precisa mover também a língua, os músculos da face, e até o pé. Com o tempo, suprime todos esses movimentos inúteis. Todos nós, quando tentamos pela primeira vez um movimento muscular, despendemos uma enorme quantidade de energia, que pouco a pouco aprendemos a economizar, até chegar a investir somente o necessário. O exercício fixa os movimentos apropriados e exclui todos os supérfluos. Os movimentos secundários que se produzem no perispírito, ao associar-se aos movimentos motores primitivos, tornam-se mais ou menos estáveis, segundo a repetição mais ou menos freqüente dos mesmos atos; e se estes se repetem muito amiúde, tão amiúde a ponto de executar-se com rapidez cada vez maior, acabam por exigir um tempo tão curto, que não consomem sequer o mínimo exigível para que o esforço seja percebido. É então que o ato se torna inconsciente.

Em vista disso, não diremos, como Ribot, que a consciência é um fenômeno de superposição, uma vez que é a causa da ordenação dos movimentos que estamos estudando. Se ela se debilita e desaparece na sucessão do tempo, é porque acaba se tornando inútil, é porque o ato corresponde perfeitamente ao seu objetivo.

É fácil comprovar, mediante observação, que a memória orgânica, a memória que nos serve na locomoção, na dança, na natação, na equitação, na patinação etc., em tudo se parece com a memória psicológica, exceto num ponto: a ausência de consciência. Comparando-se as características de uma e outra, a perfeita semelhança entre ambas ficará evidente.

Aquisição, ora imediata, ora lenta; repetição do ato, necessária em alguns casos, supérflua em outros.

Desigualdades das memórias orgânicas, conforme as pessoas: em uns é rápida, em outros, lenta ou totalmente refratária (a inércia é resultado de má memória orgânica); em uns, as associações, uma vez formadas, permanecem, em outros, há facilidade em perdê-las, ou esquecê-las.

Disposição desses atos em séries simultâneas ou sucessivas, como nas lembranças conscientes.

Aqui, deparamo-nos com um fato digno de nota: é o de que cada membro da série sugere o seguinte, como sucede quando caminhamos sem dar-nos conta disso. Já se observou soldados de infantaria e cavalaria que, vencidos pelo cansaço, dormiram; os primeiros sem deixar de andar, e os outros, sem perder o equilíbrio. Essa sugestão orgânica é ainda mais assombrosa no caso citado por Carpenter, e que se refere a um pianista que executou uma peça musical estando completamente adormecido; fato que se deve atribuir menos ao sentido auditivo do que ao sentido muscular, que sugere a sucessão dos movimentos.

Sem buscar casos extraordinários, encontramos nos atos da vida cotidiana séries complexas e bem determinadas dos movimentos de que estamos tratando, séries cujo princípio e cujo fim são fixos, e cujos termos médios, *diferentes entre si*, se sucedem numa ordem constante, como, por exemplo, ao subir ou descer uma escada habitualmente. Nossa memória psicológica ignora o número de degraus; nossa memória fisiológica conhece-o, à sua maneira, assim como sua divisão em lanços, e sua respectiva disposição, e nunca se engana. Não se pode, então, dizer que estas séries bem definidas são, para a memória orgânica, rigorosamente análogas ao que são, para a memória psicológica, uma frase, um verso, ou uma ária musical?

Examinando-se uma peça anatômica, pode-se ter noção do impulso necessário para pôr em ação um considerável número de elementos nervosos, tão diferentes entre si por sua forma e por sua constituição. As células do córtex cerebral, da medula e dos nervos são fusiformes, gigantes, piramidais etc.; os nervos motores, por sua vez, diferem dos músculos; e se nos lembrarmos que cada um dos elementos que contribuem para a realização de um movimento nunca serve duas vezes à vida, e que todos guardam entre si relações íntimas, das quais depende a conservação dos movimentos automáticos secundários, então, mais do que nunca, compreenderemos a utilidade e a necessidade do perispírito.

Se não se tiver noção da alma e do seu invólucro fluídico, estes estudos sobre uma memória inconsciente que reside no sistema nervoso seriam incompreensíveis; e seriam incompreensíveis porque seria necessário atribuir à matéria organizada uma série de consciências, o que é absolutamente impossível, visto que temos a prova de que essa consciência existe independente de toda matéria viva. Este fato, rigorosamente comprovado, estabelece o papel da alma no corpo, e mostra que a fisiologia não faz mais do que evidenciar as propriedades do perispírito, que se manifestam tangivelmente através das propriedades do sistema nervoso.

Resumindo: vimos as transições insensíveis que, nos fenômenos psíquicos, ligam a consciência com a inconsciência; comprovamos que as causas pelas quais uma sensação pode passar despercebida são de duas espécies: ou a intensidade não é suficiente, ou o tempo nela investido não chega ao mínimo exigido. E acabamos de ver, pelos fenômenos psicológicos que denominamos memória orgânica, que o inconsciente é um território comum aos fenômenos da alma e do corpo. Isto nos confirma que a sede do inconsciente é o perispírito.

A memória psíquica

Do que até agora foi exposto, deduz-se que o primeiro fenômeno da memória reside no ato de registrar a sensação. Já vimos como as sensações se fixam no perispírito, falta-nos, porém, demonstrar onde se efetua a localização das sensações. Para fazê-lo, tomaremos por guia, como de costume, o sistema nervoso, já que é ele a forma objetiva dos estados perispirituais.

Já destacamos a estreita relação existente entre a alma e o corpo. Durante a vida, toda manifestação intelectual exige, impreterivelmente, a colaboração do corpo, a absoluta integridade da substância cerebral, de tal forma que as mínimas desordens do cérebro paralisam completamente a manifestação da alma. Pensando bem, essa concomitância nada tem de extraordinário, quando se admite nossa teoria. O espírito não atua sobre a matéria senão mediante a força vital; qualquer destruição de matéria nervosa priva-a, momentaneamente, ou para sempre, da porção vital a ela correspondente; e o perispírito, por mais que conserve o movimento, não pode atuar sobre a matéria, pois falta-lhe seu agente de transmissão. Se a força vital ainda possuir energia suficiente para reconstituir o tecido, mais tarde a função se restabelecerá.

Eis alguns exemplos que demonstram a localização da memória:[10]

Perda da memória auditiva das palavras faladas, ou surdez verbal. – O doente, com mais freqüência se acometido de apoplexia, restabeleceu-se mais ou menos quanto à paralisia; segundo a opinião dos que com ele convivem, porém, parece ter ficado surdo e desnorteado, pois responde incoerentemente às perguntas que lhe fazem e não entende o que lhe dizem.

Entretanto, um exame meticuloso mostra que não é surdo, nem idiota. Não é surdo porque se vira ao ruído de uma janela que se abre ou de uma porta batida pelo vento, e até mesmo ao ruído insignificante de um alfinete que cai no chão; e não é idiota, porque se impacienta ao ver que não compreende o que lhe dizem, e além do mais, se expressa com correção e lê perfeitamente, respondendo sempre, sem se atrapalhar, às perguntas que lhe fazem por escrito. Então, que é que lhe falta? Falta-lhe a compreensão da linguagem falada. Quando ouve sua língua materna, age como se estivesse ouvindo um idioma estranho, e, no entanto, aprendeu-a, como todos nós, por uma educação

---
10 Ferrière, *La Vie et l'Âme*, pág. 228 e segs.

lenta, que, conseqüentemente, habituou-o a relacionar uma idéia a um som. A conexão, o mecanismo entre a idéia e o som é, portanto, o que agora lhe falta, por ter sido destruído pela enfermidade. Ao efetuar-se a autópsia de doentes que se encontravam em caso idêntico a este, sempre se encontra a mesma lesão: todos têm a *primeira circunvolução temporal* lesada. Portanto, pode-se considerar que esta circunvolução é a sede da memória auditiva verbal.

Perda da memória das palavras escritas ou cegueira verbal. – Um indivíduo sofre um ataque de apoplexia no lóbulo cerebral esquerdo, resultando-lhe disso uma paralisia dos membros do lado direito. A paralisia desaparece rapidamente, o doente se levanta e não apresenta qualquer transtorno quanto à emissão da palavra ou à audição. É um comerciante e pensa em seus negócios, mas, não podendo sair de casa ainda, quer dar uma ordem por escrito para retomar as transações interrompidas. Toma a caneta e escreve com letra perfeitamente legível, mas, lembrando-se de que se esqueceu de algo, abre a carta para acrescentá-lo. Então se observa, em sua originalidade quase fantástica, o seguinte fenômeno: o doente conseguiu escrever, mas não consegue ler o que escreveu. Impaciente, desejando repetir a experiência, abre seus livros: não consegue lê-los, não consegue compreender o que está escrito neles, e tampouco o que está impresso num jornal. Tudo se passa como se escrevesse no escuro. Conserva a lembrança dos movimentos da mão, assina e rubrica com facilidade, mas não consegue distinguir, em seguida, sua assinatura de outra assinatura qualquer; para ele, as letras que acaba de traçar significam o mesmo que caracteres chineses, que lhe são totalmente desconhecidos. Que foi que este doente perdeu? Não foi a palavra, nem a audição, nem os movimentos da escrita. Foi o conhecimento visual dos caracteres escritos, ou impressos, da linguagem. Durante a infância, habituara-se a armazenar no cérebro a lembrança, as imagens visuais das letras, e, ao mesmo tempo, os movimentos da escrita. Logo, se conserva a lembrança dos movimentos e perdeu a das imagens das letras, é porque está sofrendo de cegueira verbal. A autópsia pode confirmar a lesão na *segunda circunvolução parietal* do hemisfério esquerdo.

Perda da memória motriz das palavras faladas. – Doentes deste tipo compreendem a linguagem falada, escrevem, lêem, têm uma mímica expressiva, mas não sabem emitir os sons regulares da palavra. Alguns vocábulos, na maioria das vezes monossilábicos, ou alguma exclamação que lhes era familiar, são as únicas coisas que têm ao seu dispor, e as utilizam em todas as circunstâncias, como crianças que só aprenderam a dizer ma-má, pa-pá. O poeta Baudelaire, que ficou afásico (a doença de que estamos tratando chama-se afasia), apenas conseguia dizer "*Cré nom*!" Pois bem, os afásicos de que vimos falando perderam a memória complexa dos movimentos da laringe e da língua na expressão verbal, a memória motriz das palavras faladas. A autópsia revela que, neles, *a terceira circunvolução frontal* do hemisfério esquerdo estava desorganizada.

Perda da memória motriz das palavras escritas. – Devido a uma lesão no hemisfério esquerdo, um indivíduo ficou hemiplégico no lado direito. Em poucos meses se restabelece, fala, ouve e lê... só uma coisa o perturba e preocupa: embora possa movimentar a mão direita com facilidade e a utilize normalmente para vestir-se, lavar-se, comer etc., a mão se recusa decididamente a executar os movimentos da escrita. Quando o enfermo quer escrever, não consegue traçar uma única letra. Sabe perfeitamente que traços deveria fazer para grafar a palavra, diz o nome das letras, aponta-as num jornal, mas não consegue traçá-las. E o mais curioso do caso é que o doente pode desenhar, com lápis ou caneta, e até copiar uma palavra que lhe apresentem escrita, embora o faça lentamente, com muito esforço, como talvez acontecesse conosco diante de um idioma ou de um alfabeto estranhos. Vê-se, pois, que ele só perdeu a memória dos movimentos da escrita, que lhe foram ensinados na infância, e esta perda coincide com a lesão da *segunda circunvolução frontal* do hemisfério esquerdo.

Acabamos de ver que, por uma lesão cerebral, desapareceu no indivíduo toda uma série de movimentos associados e coordenados relativos à memória auditiva das palavras faladas, à memória visual das palavras escritas, ou à memória motriz das palavras escritas ou faladas; e, como se conseguiu precisar no encéfalo as lesões que determinaram tais perdas, também se conseguiu precisar a localização daquelas faculdades. Não se pense, porém, que estas sejam as únicas localizações que foi possível determinar: há muitas outras, algumas das quais vamos sintetizar:

1. *Perda das imagens* – Um respeitável sábio conhecido meu, diz Carpentier, perdeu a memória das imagens quando tinha 70 anos. Encontrei-o, um dia, na casa de um de nossos mais velhos amigos; ele não me reconheceu ao entrar, e tampouco quando saí. Dia após dia, sua memória foi-se debilitando, e ele morreu de um ataque de apoplexia.

2. *Perda da música* – Uma criança, diz o mesmo doutor, depois de uma violenta pancada na cabeça, ficou três dias desacordada. Quando voltou a si, tinha esquecido tudo o que sabia de música, só de música, mas não de qualquer outra coisa.

3. *Perda da memória dos nomes* – A perda da memória dos nomes surge, freqüentemente, como conseqüência de lesões cerebrais. Um frio excessivo pode produzir os mesmos efeitos. Um viajante que fique exposto ao frio por muito tempo, perde a noção do cálculo.

4. *Perda de dois números apenas* – F. Winslow narra o seguinte fato: Submetido a uma trepanação, um soldado perdeu algumas porções da substância cerebral. Alguns dias depois, seus companheiros perceberam que ele havia esquecido os números 5 e 7. Mais tarde, voltou a lembrar-se deles.

Para não nos alongarmos excessivamente em citações, diremos que, em diferentes enfermos, observou-se a perda da memória do idioma estrangeiro que dominavam; em outros, a perda de todos os substantivos, a ponto de terem que indicar o objeto a que se referiam chamando-lhe *coisa*, e em outros, enfim, a perda de muitas letras do alfabeto, ou de uma única letra.

Todas essas observações estabelecem de modo incontestável a localização das percepções e dos movimentos associados, e é provável que todos os sucessivos estados de consciência que caracterizam a vida mental também tenham por base uma região específica do cérebro, que corresponda a uma região definida do perispírito.

A memória propriamente dita

Chegamos à memória propriamente dita, à memória que, em Filosofia, recebe o nome *reconhecimento*, e que é a capacidade de evocar, o ato pelo qual um fenômeno volta da inconsciência para a consciência.

Se a recordação não é provocada por uma percepção da mesma natureza, pode renascer sob a influência da vontade, quando alguém concentra sua atenção sobre o fato que quer reviver no seu intelecto.

Na verdade, que é recordar? É, se nos lembrarmos das fases por que uma sensação passou para sair do campo da consciência, restituir a essa sensação as duas condições indispensáveis à percepção: intensidade e duração. A atenção tem, precisamente, ambas as propriedades, como vamos demonstrar:

A experiência nos ensina[11] que a atenção tem por resultado aumentar a potência do movimento de um músculo e diminuir o tempo de reação. Quando, por um ato volitivo, concentramos o pensamento numa lembrança que queremos reviver, enviamos na sua direção uma série de influxos sucessivos, cuja finalidade é proporcionar ao movimento perispiritual um período vibratório igual, ou talvez menor, do que o que possuía no momento em que registrou, ou percebeu, a referida lembrança; esta repetição de uma mesma ordem de influxos, ao provocar uma espécie de congestão, com superatividade funcional, no órgão físico, produz, ainda que abaixo dos limites da consciência, uma atenção passiva; e, depois de uma série de excitações da mesma intensidade, em que as primeiras passam totalmente despercebidas, a lembrança desperta, quase límpida, embora nenhum vestígio dela se conserve na memória comum. Na verdade, o papel da atenção é exagerar os movimentos, e graças a isso podemos fazer passar para o estado consciente o que jazia no inconsciente.

Se as sensações antigas, que constituem a imagem mental, são reavivadas por novas sensações de uma ordem semelhante, é claro que a lembrança reaparecerá por si só, já que a localização é a mesma. Se assistirmos hoje à representação de uma ópera a que já tivemos oportunidade de assistir, por mais esquecida que a julgássemos, a iremos recordando em suas cenas e frases musicais à medida que se desenvolvam, e isso por que se operará em nossa memória uma ressurreição natural. Mas essa ressurreição não acontece só quando a sensação nova é idêntica à antiga; basta que seja parecida, e tenha com ela alguns pontos de analogia.[12]

---
11 Ferré, *Sensation et Mouvement.*
12 Richet, *Origines et Modalités de la Mémoire*, pág. 584.

Entre os fenômenos da inteligência, não há outro mais extraordinário e raro do que a evocação de uma idéia por outras. Cada idéia parece irradiar-se em diferentes sentidos, para evocar outra idéia que se ligue a ela por um ponto qualquer, que seja comum a ambas. Por exemplo, ao pensar num cão perdigueiro, logo nos ocorre a idéia de caça; esta nos recorda um coelho que, numa caçada, vimos saltar entre as moitas; e tudo isso conjugado nos leva a uma pequena vila junto ao mar, sendo que esta última consideração nos evoca o oceano e seus perigos, e, coordenando-se com eles, nos assalta a idéia de esquadras tragadas pela tempestade etc.

A evocação de passadas recordações segue uma rota extraordinária, e às vezes faz desvios assombrosos; porém, quando o espírito quer especificar uma determinada lembrança, emprega outros meios, que Ribot denomina *bitos* (pontos de referência). Vejamos o que diz:

Para despertar a lembrança, temos, teoricamente, só um modo de proceder. Determinamos as posições no tempo e no espaço, relacionando-as a um ponto fixo, que, quanto ao tempo, é o nosso estado presente. Observamos que este presente é um estado real, que tem seu período de duração, e que, por breve que seja, não é, como insinuam as metáforas, um lampejo, um nada, uma alteração análoga ao ponto matemático; tem um princípio e um fim; é algo. Além do mais, seu princípio não se mostra de modo absoluto; está ligado a algo de que é a continuação. Quando lemos (ou ouvimos) uma frase, na quinta palavra, por exemplo, fica alguma coisa da quarta. Cada estado de consciência só se dissipa progressivamente. Por isso a quarta e a quinta palavras do nosso exemplo estão em relação de continuidade; o final de uma encadeia-se com o começo da outra. Eis o ponto essencial que nos cumpre estabelecer. Existe uma contigüidade não indeterminada, consistente, não no fato de que dois extremos *quaisquer* se toquem, mas no fato de o extremo *inicial* do estado presente tocar no extremo *final* do estado que imediatamente o precede.

Se este simples fato for bem compreendido, com ele também se compreenderá o mecanismo *teórico* da localização no tempo, porque é claro como a luz do dia que o retrocesso pode ocorrer tanto da quinta para a quarta palavra, como desta para a terceira, e assim por diante; e estando provado que cada estado de consciência tem seu tempo de duração, não restam dúvidas de que os estados percorridos regressivamente dão a posição de um estado qualquer em relação ao anterior, bem como seu distanciamento no tempo.

Na prática, sempre lançamos mão do mais simples e descomplicado. Raramente fazemos essas viagens regressivas através de meios intermediários, ou, pelo menos, através da maioria deles. Nossa simplificação consiste no emprego de *hitos*. Tomemos um exemplo bem comum. Esperamos, para o dia 30 de novembro, um livro de que muito necessitamos. Será enviado de muito longe, e a remessa não levará menos de vinte dias. Será que o encomendamos a tempo? Lembramo-nos de que o pedido foi feito na véspera de uma pequena viagem, e temos certeza de que isso foi no dia 9 de novembro, um domingo. A partir desse momento, completa-se a recordação.

Se analisarmos este caso, veremos que o estado de consciência principal, a encomenda do livro, inicialmente aparece lançada no passado, de um modo indeterminado; logo notaremos que esse mesmo estado desperta outros, secundários, e, entre eles, um muito preciso: a lembrança da viagem; e, como a encomenda do livro foi feita na véspera, deduz-se que a lembrança da viagem serviu de ponto de referência (*hito*).

Estes *hitos* não são voluntários, eles se impõem; e a única condição que devem preencher é a de que seu distanciamento do tempo presente nos seja perfeitamente conhecido. Em geral, são coisas pessoais que nos servem de *hitos*; mas podem servir-nos também as comuns a uma família, como um nascimento, um enterro, ou um casamento; as comuns a uma sociedade, como uma festa, ou um banquete periódicos; ou as comuns a um país, como, por exemplo, a exposição de Paris de 1889.

Os pontos de referência permitem simplificar o mecanismo da localização no passado, porque, quando utilizamos um deles com freqüência, a localização se torna automática, como acontece com o hábito; ao tornar-se supérfluos, os intermediários desaparecem, restando apenas dois termos: a lembrança e o ponto de referência. O retorno dos intermediários ao estado de inconsciência é uma necessidade da vida mental, porque se, para despertar uma lembrança remota, precisássemos percorrer, numa viagem regressiva, todos os sucessivos limites que dela nos separam, a recordação se tornaria impossível, devido ao longo e árduo esforço exigido pela operação. Para uma boa memória, portanto, é necessário que um fabuloso número de estados de consciência volte ao estado latente; segue-se, daí, uma conclusão que poderia parecer paradoxal sem as explicações precedentes: a conclusão de que *o esquecimento é uma necessidade da memória*.

Até aqui, estudamos muito por alto, mas no que possuem de essencial, a sensação e a memória, em suas modalidades consciente e inconsciente. No entanto, o pouco que vimos bastará para explicar-nos os fenômenos das personalidades múltiplas, e para comprovar que as deduções feitas a respeito de tais fenômenos anormais não são suficientemente exatas.

Aspectos múltiplos da individualidade

A psicologia fisiológica, que estuda o corpo como condição essencial, e, segundo ela, primordial, até, das manifestações intelectuais, abandonou por completo as antigas concepções filosóficas sobre a personalidade e as faculdades da alma.

Segundo a nova doutrina, o *eu* não é uma unidade simples, e, sim, é formado por uma coordenação de elementos, tendo cada um deles sua vida particular, ou, em outras palavras, o *eu* é a associação do discernimento da existência com a memória, com as percepções, com as sensações, com as idéias etc., que produzem um resultado momentâneo, ao qual atribuímos uma unidade fictícia; unidade essa que não passa de pura ilusão do nosso senso íntimo, posto que na realidade não existe.

Eis o que diz Ribot a este respeito:[13]

"A unidade do *eu*, no sentido psicológico da palavra, é a coesão, por determinado tempo, de certo número de estados de consciência claros, acompanhados de outros menos claros e de um turbilhão de estados fisiológicos que, sem andar acompanhados da consciência como seus congêneres, atuam como eles. Unidade quer dizer coordenação."

Esta afirmativa, que não difere da dos materialistas, é correta? É certo que nosso *eu* tem existência própria? A experi-

---
[13] Ribot, *Les Maladies de la Personalité*.

ência do espiritismo responde negativamente, já que prova que a morte não destrói o espírito, o que não aconteceria se este proviesse do corpo. Então, de onde vem o erro?

As experiências que estabelecem a dualidade, e até mesmo a multiplicidade do *eu*, são exatas; porém, a nosso ver, foram mal interpretadas pelos observadores, que, como freqüentemente acontece, tiraram conclusões falsas de fenômenos reais.

Para termos uma idéia mais clara sobre o assunto, vamos expor resumidamente a questão. Inicialmente, estudaremos o que, impropriamente foi chamado *desdobramento da personalidade*, nos casos em que se apresenta de modo espontâneo; a seguir, o estudaremos nos casos provocados por processos hipnóticos. Um e outro nos permitirão comprovar que a individualidade é *una*, embora apresente aspectos diferentes; que é substancialmente idêntica, embora sendo proteiforme, mesmo nos casos em que as personalidades múltiplas parecem coexistir. É preciso nunca perder de vista um ponto: que a manifestação do espírito encarnado está íntima e rigorosamente subordinada ao estado físico do corpo material; que qualquer alteração, qualquer estado mórbido neste, tem como resultado perverter ou falsear o mecanismo intelectual daquele.

Outra razão incita-nos, de modo particular, a estudar esta questão: é o fato de se ter buscado nestes fenômenos uma arma contra a realidade de algumas manifestações espíritas. Quem estuda o espiritismo, muitas vezes vê-se diante de médiuns que adormecem espontaneamente e começam a falar. Em geral, neste estado, as palavras que pronunciam nada têm em comum com suas idéias pessoais, quando no estado normal, e o novo ser, que assim atesta sua presença, dá detalhes e relata fatos que o médium desconhece; às vezes até se expressa num idioma totalmente ignorado por ele. Nestes casos, os espíritas dizem que alguém que viveu na Terra se apodera do organismo do médium, e usa-o como um instrumento para comunicar-se. Chamam esse fenômeno de *incorporação*, ou *encarnação*. Já o tendo descrito e comentado em outra obra,[14] não achamos que seja o caso de fazê-lo novamente; os diferentes aspectos da personalidade que apresenta, porém, têm para nós grande valor, pois nos permitem estudar a memória de um modo experimental.

---
14 *O Fenômeno Espírita*.

Para bem compreender os fatos que descreveremos a seguir, é preciso não esquecer que, para que um fenômeno seja consciente, ou, melhor dizendo, para que seja percebido pelo espírito, duas condições são indispensáveis: a intensidade e a duração. Para percebermos uma sensação, é preciso que a causa excitante tenha um certo grau de força, uma certa intensidade mínima que, necessariamente, varia conforme a delicadeza sensorial dos órgãos de cada um; disto, porém, não se deve concluir erradamente que uma sensação não percebida se tenha perdido: ela fica registrada no perispírito, em estado de inconsciência. Do mesmo modo que a intensidade, a duração da excitação é outra condição indispensável à percepção. Toda ação sensorial que não atinja o mínimo de duração não desperta a consciência, mas grava-se no perispírito, e, por determinados processos, é possível encontrar-lhe os vestígios. Em resumo: a intensidade e a duração são funções que variam com o estado de sensibilidade do indivíduo: o que tiver organismo muito sensível, muito delicado, perceberá rapidamente as sensações; para ele, o tempo de reação será curtíssimo;[15] o que tiver um organismo mais rude, ao contrário, perceberá mais lentamente a sensação, a ação exigirá um tempo maior, e poderá não ser percebida, como acontece com os histéricos e anestesiados, em que ela não é percebida por completo pelo membro lesado, embora fique registrada no perispírito.

Pode também acontecer que, no estado normal, não tenhamos consciência de todas as sensações experimentadas pelo corpo, e isto de fato acontece quando uma idéia fixa tomou o espírito, absorvendo-lhe toda a atenção. Se a alma estiver imperiosamente preocupada com um trabalho mental muito abstrato, ou se estiver sob o peso de um desgosto profundo, não existe consciência das sensações exteriores; mas nem por isso o cérebro deixa de registrar a impressão, de modificar-se segundo a sensação que chegou até ele. A fase psíquica, ou consciente, pode não reviver com a sensação; mas a fase fisiológica, que é fundamental, esta subsiste sempre. Não é de estranhar, portanto, que se encontrem vestígios desse trabalho cerebral não esteriotipado primeiramente na consciência; mas para isso é necessária uma sacudida no organismo, um estado de exaltação

---

[15] Sabemos que se chama *tempo de reação* o tempo necessário para que uma sensação seja percebida. Vimos, anteriormente, que já se conseguiu medi-lo.

do sistema nervoso que coloque o indivíduo no estado em que se encontrava quando se registrou a sensação inconsciente.

Isto posto, vejamos o que se deve entender por personalidade.

A personalidade

Já vimos que a memória é uma condição quase indispensável da personalidade, porque é ela que liga o estado presente aos estados passados, e que nos assegura que somos o mesmo indivíduo de há vinte anos. A memória constitui a identidade, por que, ao mesmo tempo que persistem as sensações atuais, que ainda não se apagaram, surgem no estado de recordação, e por ela evocadas, as imagens antigas, que, se não são idênticas, são muito semelhantes. Por exemplo: uma árvore, sensação presente, imagem atual, desperta em nosso espírito meia dúzia de lembranças quase iguais, mesmo que a árvore que um dia vimos fosse outra. Do mesmo modo, um barco despertará em nós outra meia dúzia de imagens semelhantes, seja qual for o barco que avistamos; e até não é preciso que vejamos o barco para que as lembranças despertem; basta vermos um regato, um riozinho, um objeto que tenha um remoto ponto de contato com o barco, para que, por associação e baralhamento de idéias, o fenômeno mnemônico se opere.

Nossa consciência, portanto, acha-se sempre diante de um número ilimitado de imagens antigas, quase sempre as mesmas, e que, relacionadas com o mesmo *eu*, formam a personalidade do indivíduo, que é estável exatamente devido à associação dessas imagens.

Se, em conseqüência de um distúrbio psíquico qualquer, de repente se apagam as imagens comumente presentes na consciência, e se, por outro lado, nela aparecem instantaneamente outras imagens anteriormente não registradas, o *eu* não se reconhece mais, julga-se outro eu, quando, na verdade, é apenas um novo estado de consciência que nasce no mesmo indivíduo. Esta é uma característica que os sonâmbulos apresentam quase diariamente. Geralmente, ao despertar, esqueceram-se do que aconteceu durante o sono; está provado, porém, que, tanto num como noutro estado, a individualidade é uma só, com a particularidade que todos apresentam, como logo veremos, de que o personagem sonambúlico conhece a pessoa normal.

Esta falta de ilação, esta descontinuidade entre dois períodos da mesma vida psíquica, explica todos os fenômenos, desde que se tenha em conta um segundo fator da personalidade, que é o sentimento da vida.

Todos temos a noção de que existimos corporalmente, como Louis Pisse[16] mostrou de modo irrefutável ao contestar a doutrina de Jouffroy, que afirma que só conhecemos nosso corpo de uma forma objetiva, tal como conhecemos algo que nos seja estranho, uma mesa, uma cadeira etc. O médico filósofo replica:

"É certo que, absolutamente, não temos consciência alguma do exercício das funções orgânicas? Não se trata de uma consciência clara, perceptível, com localização determinada, como a das impressões externas; é evidente que não a temos; podemos, porém, ter uma consciência indistinta, obscura e, por assim dizer, latente, análoga, por exemplo, à que provoca e acompanha os movimentos respiratórios, sensações que, embora repetidas incessantemente, passam quase despercebidas.

"Na verdade, será que se pode considerar como um eco distante, débil e confuso do trabalho vital universal, esse movimento tão claro, que, sem descontinuidade e impreterivelmente, nos adverte da existência atual do nosso corpo? Quase sempre, lamentavelmente, esse sentimento tem sido confundido com as impressões locais e acidentais que, durante a vigília, estimulam e alimentam o jogo da sensibilidade. Essas sensações, embora incessantes, não passam de aparições efêmeras e transitórias no teatro da consciência, ao passo que o sentimento de que estamos tratando dura e persiste apesar desse cenário mutável. Condillac, com muita propriedade, dizia que era o sentimento da existência; para Maine de Biran, era o sentimento da existência sensitiva. Graças a ele, o espírito vê o corpo como *seu*, e, de algum modo, é afetado e se apercebe da sua existência local na extensão do organismo. Monitor perpétuo e indefectível, apresenta incessantemente o estado do corpo à consciência, e manifesta, da maneira mais íntima, o laço indissolúvel entre a vida psíquica e a vida física.

"No estado normal de equilíbrio, que caracteriza a saúde

---

16 Nota à sua edição, sobre *Rapports du Physique et du Moral*, de Cabanis, págs. 108 e 109. Citado por Ribot em *Les Maladies de la Personalité*, pág. 25.

perfeita, esse sentimento é, como dissemos, contínuo, uniforme, sempre igual, o que impede que chegue ao espírito em estado de sensação nítida, especial e local. Para que se torne perceptivelmente claro, precisa adquir uma certa intensidade; então, revela-se por uma vaga sensação de bem-estar, ou de uma indisposição generalizada, indicando, no primeiro caso, uma simples exaltação vital fisiológica, e, no segundo, um transtorno patológico; neste caso, porém, não tarda a localizar-se sob a forma de sensação específica. Às vezes se revela de uma forma mais indireta e, no entanto, bem mais evidente, como quando um determinado ponto do organismo fica debilitado, o que ocorre, por exemplo, na paralisia de um membro. Esse membro ainda conserva o agregado vivo, mas não está incluído na esfera do eu orgânico, se assim podemos dizer, e deixa de ser percebido pelo eu como sendo *dele*; mas apresenta a particularidade de que o fato da separação, embora sendo negativo, se traduz por uma sensação positiva particular, conhecida de quem quer que a tenha experimentado: o entorpecimento completo de uma de suas extremidades, produzida pelo frio, ou por compressão dos nervos.

"Essa sensação nada mais é do que a expressão da espécie de lacuna, ou falha, sofrida pelo sentimento universal da vida corporal, e prova que o estado vital desse membro, embora confuso, era realmente sentido e constituía um dos elementos parciais do sentimento geral da vida do todo orgânico. Aqui, acontece o mesmo que ocorre com o ruído monótono de uma carruagem, que o viajante só percebe quando cessa bruscamente. Esta comparação pode ajudar-nos a compreender a natureza e a forma de existir do sentimento fundamental da vida orgânica, que não seria, nesta hipótese, mais do que uma resultante, *in confuso*, das impressões produzidas sobre todos os pontos vivos pelo movimento interno das funções, levado diretamente ao cérebro pelos nervos cérebrospinais, ou, mediatamente, pelos nervos do sistema ganglionar."

O que nos convém reter é que a individualidade, desde o nascimento, é constituída por essa sensibilidade geral, sobre a qual se registram as sensações, servindo-lhe de laço. Essa sensibilidade geral é o perispírito animado pela força vital, que dá à alma o sentimento íntimo e profundo do seu ser. Sejam quais forem as variações que o estado consciente, com o tempo, possa experimentar, sempre restará o sentimento para unir entre si os diferentes processos da vida mental, desde que as condições de associação entre a alma e o corpo permaneçam invariáveis. Há certa tonicidade geral no sistema nervoso, e é segundo ela que se registram as sensações. Se essa tonicidade muda, variam os mínimos de intensidade e duração exigíveis para que a percepção ocorra, e mesmo que, nesse caso, a sensação fique registrada, a alma dela não tem consciência ao retornar à tonicidade normal. Alguns exemplos deixarão clara nossa maneira de ver.

Alterações da memória por enfermidade

Um doente, em plena consulta com seu médico, teve um ataque epiléptico; dois minutos depois voltou a si, mas tinha esquecido que um momento antes do ataque havia pago a consulta.

Outro epiléptico foi vítima de um ataque, quando estava fazendo compras numa mercearia. Logo se levantou e saiu correndo, deixando na loja o chapéu e a carteira. "Só me dei conta – diz ele – quando estava a um quilômetro de distância; procurava meu chapéu em todas as lojas, mas não tinha consciência do que fazia, e só voltei a mim dez minutos depois, quando cheguei às estrada de ferro."

Sentado à sua escrivaninha, o empregado de um escritório viu-se assaltado por idéias confusas, mas sem indícios de qualquer enfermidade. Só se lembrava de ter ido a um restaurante e de ter pedido um prato, nada mais. Voltou ao restaurante e lá lhe disseram que tinha comido, pagara e saíra sem mostrar qualquer indisposição. A ausência de memória durara três quartos de hora.

Examinemos este último caso, porque, com ele, os anteriores ficam explicados:

Durante quarenta e cinco minutos, esse homem foi presa de uma vertigem epiléptica, que o privou da consciência dos seus atos, mas deixou-lhe o automatismo cerebral, por isso, aos olhos do público, parecia que nada estava acontecendo com ele. Então, que se passou?

Acabamos de ver que, no estado normal, cada pessoa, segundo sua constituição fisiológica, tem uma tonicidade nervosa que lhe é particular, em virtude da qual registra as sensações na sua consciência com um mínimo de intensidade e duração.

Pois bem: se esse homem sofreu subitamente uma vertigem epiléptica, claro está que as condições habituais de funcionamento do seu sistema nervoso se modificaram de imediato, e com elas modificaram-se também a força vital e as vibrações do perispírito; de modo que, embora este último tenha registrado as sensações, e a alma delas se apercebeu, como não tinham a tonicidade normal, também não foram conscientes. Assim se explica que o homem, ao voltar ao estado normal, não tinha noção do que ocorreu durante a vertigem; o automatismo cerebral, criado pelo hábito, levou-o a agir como se agisse conscientemente.

Deixemos claro que, nesse homem, não existem duas individualidades, mas uma, só uma e sempre a mesma. O que há é que, durante o acesso, o ritmo vibratório do seu perispírito alterou-se, e as sensações registraram-se nele com a tonicidade própria da alteração; como, porém, a tonicidade não era a normal, ao cessar a crise, e recuperando o perispírito seu ritmo vibratório habitual, a alma não teve consciência do que aconteceu, pois as relações normais se restabeleceram, e apagaram-se da memória as sensações registradas no inconsciente.

Pode-se comparar este fenômeno ao dos sonhos. Enquanto dormimos, a alma não fica inativa; as sensações internas que percebemos, porém, embora pareçam fortes, por não existir nenhum outro estado intenso que as relegue ao segundo plano, são extremamente fracas, e ao retornar ao estado de vigília, como as imagens que não atingirem o nível mínimo de intensidade passam ao inconsciente, e as imagens do sonhos não o alcançam, os sonhos são esquecidos.

No exemplo do funcionário do escritório, há dois tipos de vida sucedendo-se no mesmo indivíduo, sendo que um deles ignora a existência do outro, porém, a existência do tipo extranormal durou apenas três quartos de hora, e ignoramos se houve repetição. Vejamos outro exemplo que desenvolve o anterior. Nele se desdobram, alternada e sucessivamente, duas vidas, sem que tenham qualquer relação entre si.

Dupla personalidade

Este caso foi relatado por Machnish, em sua *Philosophy of Sleep*.

Uma jovem senhora americana, depois de um sono prolongado, perdeu a lembrança de tudo o que havia aprendido. Sua memória se transformara num quadro-negro vazio, e teve que voltar a aprender a soletrar, a ler, a escrever, contar e reconhecer os objetos e as pessoas que a rodeavam. Meses depois, caiu novamente em sono profundo, e, quando acordou, viu-se tal e qual era antes do primeiro sono, com todos os seus conhecimentos e recordações da infância, mas nada lembrava do que se passara no intervalo entre os dois sonos.

Durante quatro anos, ou mais, passou periodicamente de um estado ao outro, sempre depois de um sono prolongado e profundo... Não tinha, da sua dupla personalidade, mais consciência do que a que duas diferentes pessoas têm da respectiva natureza. Por exemplo: no primeiro estado, possuía todos os seus conhecimentos primitivos; no novo, só os que conseguiu adquirir depois da enfermidade; no primeiro, tinha uma bela caligrafia, e no segundo, rabiscava as letras, tinha uma péssima ortografia e muita dificuldade para escrever; se lhe apresentavam uma pessoa quando se encontrava num dos estados, ela não a reconhecia quando estava no outro, e era preciso que lha apresentassem nos dois para que a reconhecesse; e o mesmo acontecia com tudo.

Notamos, nesta observação clínica, que a vida dessa senhora está interrompida, a intervalos mais ou menos regulares, por estados durante os quais a memória normal desaparece; que é sempre após um longo e profundo sono que ocorre a mudança; que os estados novos ligam-se entre si pela lembrança; e que, durante os intervalos, a vida normal prossegue. Curada da enfermidade, a paciente retoma a vida habitual, com todas as aptidões e conhecimentos que lhe são inerentes, ao passo que tudo o que se refere ao segundo estado desaparece-lhe por completo da memória.

No conjunto dos estados intermediários, a que se chama segunda personalidade, se pretendeu ver um segundo ser psíquico, formado paralelamente ao primeiro, e tendo existência própria e análoga à da personalidade normal. Esta apreciação apóia-se no fato de existirem duas memórias conscientes, que se ignoram entre si, e em que, no estado anormal, a memória semi-orgânica, semiconsciente, que permite falar, ler, escrever etc., desapareceu.

Quanto a nós, acreditamos que não se formou, absolutamente, uma segunda individualidade, cuja existência temporal, aliás, nada explicaria, posto que, tanto num como noutro estado, a inteligência e as faculdades se mantiveram incólumes. Essa senhora sofreu uma série de suspensões momentâneas da memória psíquica e semi-orgânica; seu *eu*, privado da associação de idéias que lhe serviam de acompanhamento habitual, viu-se forçado a criar outro acompanhamento; para criá-lo, porém, utilizou suas faculdades habituais, que não estavam obliteradas. Nisso tudo não há qualquer indício de uma nova individualidade, de um personagem parasitário desenvolvendo-se à custa – e em detrimento – do verdadeiro *eu*. O que há é um aspecto novo, uma nova forma da alma manifestar suas aptidões. O modo como ocorre esse fenômeno pode ser perfeitamente explicado.

Durante o prolongado sono da enferma, produziu-se uma perturbação em sua força vital, que imediatamente repercutiu no movimento vibratório do seu perispírito. Tendo a força vital variado nos centro dos cérebro e no sistema nervoso, onde residem a memória psíquica e a memória semi-orgânica e semiconsciente, também mudou a relação habitual entre o espírito e o corpo.

As sensações que foram registradas anteriormente em determinadas condições de identidade e duração, não podem agora reaparecer no campo da consciência, porque os níveis mínimos de intensidade e duração necessários para revivificá-las são outros; portanto, o *eu* perdeu a lembrança do passado. Não esqueçamos que, *durante a vida*, o que regula a atividade inteligente é o estado do corpo. As sensações novas, isto é, as sensações dos estados intermediários, acomodam-se aos estados novos e se registram sobre o órgão material modificado e sobre o invólucro fluídico, também modificado, de modo semelhante, pelo novo tônus vital; pode-se dizer que estão num plano vibratório diferente, deduzindo-se que poderão associar-se independentemente. O *eu* toma consciência dessas sensações e as coordena, formando com elas um segundo reservatório que, embora não sendo tão rico quanto o primeiro, é suficiente para satisfazer suas necessidades cotidianas.

Ao reaparecerem as primitivas condições, ou seja, quando a atividade vital recobra seu tônus normal, as antigas sensações podem renascer no campo da consciência, o que não acontece com as novas. O tônus mudou, e, com ele, o nível mínimo de intensidade e duração necessário. Haverá, portanto, duas memórias para o mesmo *eu*, se duas forem as alterações no tônus vital, e haverá três, ou mais, se três, ou mais, forem as alterações do estado geral da força nervosa, ou seja, das condições em que se registram as sensações.

De modo muito especial, chamamos a atenção do leitor para este ponto, porque nele, a nosso ver, é que se deve buscar a explicação desses diferentes estados do *eu*, a que se chamou segunda, terceira e quarta personalidades. Quanto a nós, parece-nos que se o estado vibratório da força vital se modifica, seja devido a uma enfermidade, ou à ação de anestésicos, ou de irritantes físicos do sistema nervoso, ou do magnetismo animal etc., com ele também se modificam as condições normais de percepção; que as novas percepções são registradas em outras condições de intensidade e duração, e persistem no campo da consciência a perturbação vital se mantiver; e que, restabelecendo-se o ritmo vibratório, reaparecem, no campo da consciência, as percepções antigas, e as novas passam para o inconsciente, esperando oportunidade em que, colocando-se o indivíduo no segundo estado, possam voltar a ocupar o campo da consciência.

Esta hipótese explica perfeitamente os casos de duas memórias distintas que se ignoram, e pode até explicar todos os outros fenômenos mnemônicos, mesmo aqueles em que uma das duas memórias abrange, simultaneamente, os dois estados da vida. Para tanto, basta pressupor que o segundo estado seja uma espécie de exaltação do movimento vital.

Estas considerações levam-nos a examinar outros fatos.

História de Félida

Só apresentamos, até aqui, casos patológicos em que os aspectos do *eu* se ignoram, casos em que o *eu* normal não tem conhecimento dos atos que executa durante o acesso, nem, estando no acesso, recorda algo relativo à vida normal. O dr. Azam publicou um extenso e importante relato sobre um caso clínico, que foi o ponto de partida para muitos outros. Consideramos um dever reproduzi-lo com detalhes, por tratar-se de um caso típico.[17]

---
17 *Hipnotisme. Double Conscience et Alteración de la Personalité.*

Félida nasceu em Bordéus, em 1843, de pais bem ajustados. Por volta dos treze anos, em plena adolescência, começou a apresentar sintomas que indicavam um princípio de histeria. Ativa e inteligente, trabalhava num ateliê de modas.

Aos quatorze anos, sem causa aparente, e às vezes sob uma forte emoção, Félida sentia uma dor aguda nas têmporas, e caía em profunda prostração, semelhante ao sono. Esse estado durava uns dez minutos. Depois, abrindo espontaneamente os olhos, parecia despertar e entrava no segundo estado, a que se convencionou chamar condição secundária, na qual permanecia uma ou duas horas, caindo de novo em prostração profunda, para, em seguida, voltar ao estado normal.

Essa espécie de ataque se repetia a cada cinco ou seis dias. Os pais, e as pessoas com quem convivia, diante da sua mudança de atitude, e pelo fato de, ao despertar não se lembrar do que tinha acontecido, achavam que ela tinha ficado louca. Em junho de 1858, o Dr. Azam foi chamado para assisti-la. Eis o que observou em outubro do mesmo ano:

"Félida é morena, estatura mediana, robusta, e de compleição normal. Embora muito inteligente e bastante instruída para o seu nível social, tem uma expressão triste, taciturna, pode-se dizer. Fala pouco, expressa-se com seriedade, tem poucas ambições, e um grande entusiasmo pelo trabalho. Os sentimentos afetivos são pouco desenvolvidos. De modo especial, o que nela chama a atenção é seu aspecto sombrio e a pouca vontade de falar, pois só o faz para responder às perguntas que lhe dirigem. Ao examinar atentamente seu estado intelectual, parece que seus atos, suas idéias e sua conversação são perfeitamente razoáveis.

"Quase diariamente, sem causa aparente, ou dominada por uma emoção, cai no que chama *sua crise*. De fato, entra então em seu segundo estado. Sentada, costurando uma peça, de repente, sem que nada o faça prever, e após uma dor nas têmporas, mais forte do que a habitual, deixa a cabeça pender sobre o peito, as mãos imobilizam-se, os braços caem ao longo do corpo, e adormece, ou parece dormir, mas é um sono especial, porque não acorda mesmo que a chamem, que façam barulho, que a belisquem, que lhe dêem uma alfinetada. Além do mais, é um sono rápido: dura dois ou três minutos, às vezes um pouco mais.

"Passado esse tempo, Félida desperta, mas não no estado

normal em que estava quando adormeceu. Tudo mudou. Levanta a cabeça e, abrindo os olhos, cumprimenta todos sorridente, como se acabasse de chegar. O rosto, antes sombrio e taciturno, agora se ilumina e transpira alegria. Diz coisas engraçadas e, cantando baixinho, continua o trabalho que havia começado quase chorando. Quando se levanta, anda com destreza e sem queixar-se das dores que minutos antes a faziam sofrer. Escolhe suas roupas, cuida da aparência, passeia pela cidade etc. Em resumo, seu temperamento mudou completamente, de triste, tornou-se alegre, sua imaginação está mais excitada: e, pelo menor motivo, se emociona, tanto na alegria como na tristeza. De indiferente e insensível, passou a entusiasmada e sensível ao extremo.

"Nesse estado, lembra-se perfeitamente do que lhe aconteceu nos estados análogos anteriores, bem como nos da sua vida normal. Nesta condição, como na outra, suas faculdades intelectuais e morais, embora diferentes entre si, mantêm-se, incontestavelmente, completas: nelas não há qualquer idéia delirante, qualquer falsa apreciação, qualquer alucinação. Félida é outra, eis tudo. Pode dizer, mesmo, que neste segundo estado, nesta *segunda condição*, como diz Azam, todas as suas faculdades parecem mais desenvolvidas e mais completas.

"Esta segunda vida, em que a dor física não se faz sentir, é muito superior à outra, principalmente pelo importante detalhe de que, enquanto perdura, Félida não só se lembra do ocorrido durante os acessos anteriores, como de tudo que se refere à sua vida normal; ao passo que, durante a vida normal, não se lembra do que lhe acontece durante os acessos.

"A separação das duas vidas é tão absoluta, que tendo-se entregado, no segundo estado, a um jovem que prometeu casar com ela, teve convulsões histéricas violentas, no estado normal, quando o médico, consultado sobre a dilatação do seu ventre, disse-lhe que estava grávida.

"A segunda condição, que em 1858 e 1859 correspondia apenas à décima parte da existência de Félida, foi pouco a pouco aumentando sua duração, nos sucessivos acessos, até igualar-se à normal; logo a ultrapassou e foi crescendo até chegar ao estado atual."

Vimos, aqui, dois aspectos do mesmo *eu*: no segundo estado, Félida sabe perfeitamente que é sempre a mesma, tem consciência de que sua vida se mantém sem interrupções. Seu temperamento muda, porque suas dores diminuem; fica menos sujeita à dor do que no primeiro estado, e entrega-se à alegria. Todos já pudemos comprovar, por nós mesmos, as diferenças que uma doença qualquer provoca no temperamento, e, certamente, nenhum de nós pensou em considerar-se uma segunda personalidade.

Voltando ao estado normal, Félida é assaltada pelos dissabores do esquecimento: não sabe onde guarda as coisas, o estado dos seus negócios, os compromissos que assumiu, as pessoas que deve visitar etc. Para prevenir-se contra isso, quando no segundo estado, ao prever a aproximação de uma nova crise, vê-se obrigada a escrever tudo o que precisa fazer quando no estado normal. Essas preocupações, aliadas à enfermidade, podem modificar-lhe o comportamento; nada, porém, autoriza a crer que haja nela duas individualidades distintas. Infelizmente, é comum encontrarmos pessoas excêntricas, volúveis, em quem não há necessidade de pressupor a intrusão de uma personalidade suplementar para explicar-lhes as profundas variações do humor, ora sereno, ora irascível.

Não nos parece legítimo, portanto, ver duas individualidades distintas no caso de Félida; cremos ser mais verossímil e mais adequado à realidade admitir que se trate de dois aspectos diferentes da mesma individualidade.

Esta observação difere da precedente, pelo fato de que, no segundo estado, Félida conhece toda sua vida; ao passo que, no estado normal, ignora o que lhe acontece durante a crise. Para compreendermos este fato, basta-nos supor que a crise não apenas modifica, mas excita a força vital da paciente. Se o ritmo vibratório dessa força muda com freqüência, tornando-se mais rápido, o sistema nervoso será mais vibrante, mais sensível, mais delicado; não só poderá reproduzir as antigas sensações, como também registrará as novas no perispírito, com um mínimo de intensidade, mais fraca do que no estado normal; de modo que, ao reaparecer, o estado primário impossibilitará o *eu* normal de ter consciência das sensações que registrou durante a crise.

Supomos que houve um aumento na freqüência vibratória do perispírito, porque, segundo uma experiência de Binet, de que logo falaremos, o tempo de reação, para as sensações inconscientes, diminui durante o sono hipnótico, e achamos que a crise tem, como o sono magnético, a propriedade de aumentar e apurar as percepções sensoriais, que, então, não se efetuam pelos órgãos dos sentidos, e, sim, diretamente pelo perispírito, como observaremos em outro caso de dupla personalidade.

História da srta. R.L.

O dr. Dufay[18] começou a tratar da srta. R. L. em 1845, e durante dez anos observou-a quase diariamente. Nessa época, ela tinha uns vinte anos. Era alta, magra, cabelos castanhos; gozava de boa saúde, mas era excessivamente nervosa. Era sonâmbula desde a infância. Passou os primeiros anos no campo, com os pais. Mais tarde, passou a trabalhar como dama de companhia em casa de famílias ricas, com as quais viajou muito. Por fim, trocou essa ocupação por outra mais sedentária, tornando-se modista.

Eis, a seguir, a descrição da primeira forma da crise histérica:

Durante a noite, em sonhos, ela vê sua mãe, e quer partir imediatamente para a sua aldeia. Faz um embrulho apressadamente, "porque a carruagem está esperando", e, chorando copiosamente, corre para despedir-se das pessoas da casa. Todos estão na cama, o que a deixa espantada. Desce rapidamente a escada e chega à porta da rua, que encontra fechada e sem a chave na fechadura. Fica desconcertada. Alguém lhe aconselha a voltar para seu quarto e deitar, mas ela resiste durante muito tempo, queixando-se da "tirania de que é vítima". Finalmente, se resigna – embora nem sempre – a voltar para a cama, onde geralmente se deita sem se despir completamente. Esta é a única coisa que lhe indica, quando desperta, que teve um sono agitado, pois não se lembra de nada do que faz durante o acesso.

A segunda forma da crise histérica é esta:

São oito horas da noite, aproximadamente; muitas costureiras trabalham ao redor de uma mesa iluminada por uma lâmpada; R. L. dirige o trabalho, participando dele ativamente; de quando em quando, ri, conversa, cantarola. De repente se ouve-se um barulho; a cabeça da moça bateu na mesa, seu busto está apoiado na borda: é o começo do acesso. O baque,

---
18 Dufay, *Revue Scientifique*, de 5 de julho de 1876, pág. 69.

que assustou as costureiras, não lhe causou dano algum; segundos depois ela se ergue, tira os óculos, irritada, e continua o trabalho que tinha começado, *sem precisar das lentes côncavas*, de que, devido a uma miopia acentuada, tanto necessita quando no seu estado normal, e *até se acomoda de maneira a que seu trabalho fique exposto à luz o mínimo possível*. Se precisa enfiar a linha na agulha, põe as mãos *sob a mesa*, buscando a sombra, e em menos de um segundo consegue o que, no estado normal, *ajudada pelas lentes e sob a luz da lâmpada*, só consegue depois de muitas tentativas. Se precisa de um laço, de uma fita, de uma flor desta ou daquela cor, levanta-se e vai às escuras até o armário, tira da gaveta, onde sabe que está guardado, o objeto de que necessita, e se não está lá, procura-o em outra parte, escolhe, *sempre sem luz*, o que melhor lhe convém, e volta para continuar seu trabalho, sem jamais equivocar-se.

Ninguém, que não tivesse presenciado o princípio do acesso, perceberia alguma coisa quando ela trabalha e fala, se não fosse por que, nessa situação, a que chamaremos estado secundário, sua linguagem é meio irônica, troca o *eu* por *mim*, como fazem as crianças, e usa o verbo na terceira pessoa e não na primeira. "Quando sou estúpida", na sua linguagem significa: "Quando estou no estado normal".

Sua inteligência, certamente bastante desenvolvida no primeiro estado, amplia-se durante o acesso histérico; um aumento considerável da memória permite-lhe narrar os menores acontecimentos de que tomou conhecimento numa época qualquer, quer se encontrasse no primeiro estado, quer estivesse no segundo.

De todas essas recordações, porém, as relativas aos períodos histéricos apagam-se completamente a partir do momento em que o acesso termina. Muitas vezes – diz o dr. Dufay –, consegui provocar-lhe estranheza, beirando a estupefação, quando lhe recordei fatos totalmente esquecidos pela "jovem estúpida", segundo sua expressão, mas que a "jovem histérica" me havia revelado. Há certos assuntos de que a srta. M. L. trata com a maior naturalidade do mundo durante o estado histérico, mas suplica que não se fale deles "à outra", "porque eu sei que ela não quer que lhes conte, e ficaria envergonhada se soubesse que lhes falei". Naturalmente, as pessoas que com ela convivem têm o cuidado de poupar-lhe o constrangimento por que passaria ao saber que cometera uma indiscrição, ou fizera alguma inconfidência que ela mesma diz que a magoaria profundamente.

A srta. R. L. tem perfeita consciência da superioridade de uma das suas personalidades, e da visível acuidade que seus sentidos adquirem durante o segundo estado. Míope no estado normal, tem olhos de lince ho estado histérico, que lhe permitem enxergar não só de dia, mas também à noite e na escuridão. Sua alma também adquire uma grande sensibilidade; o paladar, o olfato e o tato parecem modificados.

Pensei, diz o dr. Dufay, que essa indisposição diminuiria à medida que a idade avançasse, acabando por desaparecer; fiquei sabendo que desapareceu quinze anos depois.

No estado histérico, a srta. R. L. sabe perfeitamente que é a mesma pessoa do estado normal, mas gostaria de permanecer para sempre no segundo estado, quando se sente melhor e suas faculdades ficam mais ativas. Há superexcitação da personalidade normal, mas não mudança de ser; a alma é sempre a mesma, mas mais afinada, menos encerrada no corpo.

Na verdade, chama a atenção o fato de que, sendo míope no mais alto grau no estado normal, sua vista, no período histérico, não só se torne excelente, mas aguçadíssima, tanto que não precisa de óculos, enfia linha em agulhas na penumbra, anda pelos aposentos sem luz, e procura e escolhe objetos de cores diferentes no escuro. Não se pode atribuir isso ao automatismo, já que procura e acha os objetos que deseja em outras gavetas, quando não os encontra onde deveriam estar, e nunca se engana, nem tropeça em nada. Logo, pode-se concluir que enxerga muito melhor do que no estado normal. Como explicar essa retificação do órgão da visão?

Seus olhos mudaram? Será que o cristalino, muito bombeado, de repente se aplanou? Não, já que ao retornar ao estado normal, ela volta a ser míope. É preciso, pois, que o segundo estado lhe tenha dado uma sensibilidade maior ao aparelho visual, independentemente dos órgãos.

Parece-nos difícil, aqui, rejeitar o fenômeno da dupla vista. O indivíduo não percebe, do modo habitual, que o mundo que o rodeia acha-se, em parte, desprendido do corpo, ou, pelo menos, está menos preso a ele do que no estado normal; seu perispírito irradia-se para o exterior, e se encontra num estado de tensão superior ao normal. A doença determinou a excitação da força vital e, com ela, a excelência da memória dos estados antigos. A partir desse momento, diminuem os mínimos de intensidade e duração necessários ao estado normal para que a sensação seja consciente. Tudo que venha a ocorrer no segundo estado será registrado no cérebro, mas sua relação com as células cerebrais será diferente da que ocorre na vida normal. De modo que, ao sair da crise, a srta. R. L. não terá nenhuma lembrança do que tenha dito, ou feito, no estado histérico, pela simples razão de que, ao dar-lhe este uma sensibilidade e uma percepção maiores, suas impressões ficarão registradas com um tônus diferente do que ocupa o campo da consciência no primeiro estado.

Os fenômenos precedentes são em tudo semelhantes aos que se observam no sonambulismo natural, ou no provocado. É fato mil vezes comprovado que o sonâmbulo pode, estando adormecido, recordar os acontecimentos passados e as palavras que disse em sonos anteriores, fatos e palavras de que se esquece por completo ao despertar. Os magnetizadores, assim como os hipnotizadores, não acham necessário criar uma individualidade suplementar para explicar esse esquecimento parcial, com mais razão ainda, porque viram que era fácil demonstrar que se trata do mesmo indivíduo, que pode apresentar características diferentes quando suas faculdades naturais se acham superexcitadas.[19]

Pode-se guardar alguma dúvida a respeito do que acabamos de dizer, quando parecem viver, coexistir simultaneamente, duas personalidades no mesmo indivíduo. Binet inclina-se a aceitar esta dupla personalidade; nós, porém, acreditamos que há nisso uma interpretação equivocada dos fatos, como veremos mais tarde.[20]

Sonambulismo provocado

São muito numerosos os meios eficazes para provocar o so-

---

[19] O leitor que tenha curiosidade por conhecer os casos em que o *eu* se revela sob aspectos múltiplos, pode ler a obra *Changements de Personalité*, de Bourro e Burot. O Sr. Provot publicou um caso na *Tribune Médicale*, de 27 de março de 1890. O Sr. Memet, *De l'Automatisme de la Mémoire et du Souvenir dans le Somnambulisme Pathologique (Union Médicale*, 21 e 23 de julho de 1874). Guinon, *Progrès Médicale*, 1891.
[20] Binet, *Les Altérations de la Personalité*, pág. 69.

nambulismo; tão numerosos, que seria demorado e difícil apresentar aqui uma lista completa.

Um dos processos mais usados pelos hipnotizadores é o de Braid, que consiste em fixar o olhar sobre um objeto. O indivíduo com o qual se quer fazer a experiência senta-se numa cadeira; faz-se silêncio em torno dele; o experimentador pede-lhe que olhe fixamente para um pequeno objeto, brilhante ou não, que vai aproximando-lhe dos olhos, de modo a estabelecer uma convergência fatigante dos globos oculares; ao fim de algum tempo, a visão do indivíduo fica nublada, as pálpebras se fecham, adormece.

Pode-se hipnotizar, também, com um ruído monótono e prolongado, ou com um ruído violento e brusco, com um jato de luz elétrica, com uma pressão, leve, ou forte, sobre uma parte do corpo, como, por exemplo, o vértice, nos histéricos, com a constrição dos polegares, com passes magnéticos etc. Finalmente, também se emprega a sugestão, que consiste em fechar os olhos do indivíduo, repetindo-lhe continuamente em tom forte e incisivo, que está com sono, que vai dormir, que está dormindo. Quando uma pessoa já dormiu muitas vezes assim, geralmente, para fazê-la dormir de novo, basta a mais leve excitação, um gesto, um sopro.

Podemos resumir todos os meios de provocar o sonambulismo em pessoas a ele predispostas, comparando-os aos excitantes do sistema nervoso, que, como sabemos, são de três tipos: excitantes físicos, excitantes químicos e excitantes vitais.[21]

Os irritantes físicos são: o ruído leve e prolongado, ou forte e brusco, as correntes elétricas fracas e prolongadas, a luz forte bruscamente projetada, o ímã, as placas metálicas de Burch etc.

Os excitantes químicos são: o éter, ou o clorofórmio, que, produzindo a anestesia, freqüentemente provocam o sonambulismo.

E, entre os excitantes vitais, o melhor é a vontade, utilizada na sugestão verbal. Pode-se, algumas vezes, empregar simultaneamente muitos desses processos, como nos passes magnéticos, cujas ações, delicadas e repetidas, sobre a sensibilidade geral, conjugam-se com a vontade de produzir o sono.

Todos esses processos, embora tão variados, têm como resultado modificar a força nervosa, provocar uma espécie de excitação, cuja conseqüência é a mudança das relações normais

---
[21] Janet, Pierre, *L'Automatisme Psychologique*, pág. 110.

da sensação, determinando uma alteração no estado vibratório do perispírito. Quando essa mudança acontece, sobrevém o sonambulismo, que dura enquanto durar a ação modificadora.

"– Quem – pergunta Janet[22] – já não ficou admirado ao ver que um histérico, insensível quando no estado de vigília, não o seja no estado de catalepsia? Apertai o pulso esquerdo de Leona, ou de Lúcia, no estado de vigília, e não se aperceberão; se eu o apertar, porém, no estado cataléptico, mesmo que não possam ver, lhes inspirarei um sentimento de raiva. Ponha-se uma chave na mão esquerda de Leona durante a vigília, e não saberá de que se trata; ponhamo-la durante a catalepsia, e fará gestos como se quisesse abrir uma porta. Há, pois, durante a catalepsia, uma sensação tátil que não existe durante a vigília. Por conseguinte, não devemos surpreender-nos se essas duas mulheres, no estado de vigília, não se lembram do que fizeram no estado cataléptico, ao passo que se lembram de tudo em novo sonambulismo, quando recuperaram a sensação tátil."

Essa maneira de ver confirma as opiniões que emitimos há dez anos a propósito das modificações produzidas no perispírito em conseqüência das variações da força psíquica nos centros nervosos, e, temos a satisfação de registrar que tudo o que fizeram as numerosas experiências realizadas desde então foi dar-nos razão. E não se pense que dizemos isto para satisfazer nosso amor-próprio, não; só o dizemos para demonstrar que o conhecimento do perispírito permite-nos avançar com passo firme pelo labirinto complicadíssimo das experiências, freqüentemente contraditórias, se só nos preocuparmos com o exterior.

O estado determinado pelas manobras anteriormente descritas é, portanto, uma exaltação da sensibilidade; exaltação que resulta numa espécie de desprendimento da alma, numa espécie de afrouxamento momentâneo dos laços que unem o perispírito e o corpo. Esta ação pode chegar até ao desdobramento, quando, então, os sentidos adquirem uma potencialidade máxima, porque a sensação não recorre mais aos órgãos materiais para chegar ao centro nervoso sensitivo comum. Uma pessoa que no estado de vigília seja surda, ouve perfeitamente;[23] outra que, no estado normal, nada vê e nada sente, adquire, no estado anormal, um tato

---

22 *O Espiritismo perante a Ciência,* parte II, cap. V, "Ensaio de Teoria Geral".
23 Aubin Gauthier, *Histoire de Somnambulisme,* t. II, pág. 358.

refinado e uma visão tão aguçada que lhe permite enxergar até no escuro,[24] como vimos no caso da srta. R. L. A famosa Estela do dr. Despine (de Aix) era, durante a vigília, fraca e paralítica, mas durante o sono sonambúlico podia correr e saltar.[25]

Tenha-se presente que, nessa espécie de fenômenos, há muitos e diferentes graus, e, por isso mesmo, nem todos os sonâmbulos chegam a apresentar anomalias como as que acabamos de citar. O mais comum é que toda pessoa bem constituída goze de visão à distância. Nos tratados dos antigos magnetizadores, esta afirmação é corroborada com inúmeros exemplos; os modernos hipnotizadores nem sequer falam deles, o que não deixa de ser lamentável.

É verdade que os atuais investigadores se ocupam mais com o estudo do mecanismo do espírito do que em conhecer-lhe a verdadeira natureza. Em sua maioria, são profundamente materialistas, e descartam sistematicamente tudo que possa perturbar suas idéias preconcebidas. É comum pessoas hipnotizadas descreverem os espíritos, o que dá aos investigadores a oportunidade de estabelecer, através do estudo, o que nisso pode haver de exato; mas não a aproveitam, desprezam-na; primeiro, porque um trabalho como esse sairia do campo da banalidade que vêm cultivando, e depois, porque seria preciso ter muita superioridade para proclamar a realidade dos resultados, se fossem contrários aos esperados. O mérito do Dr. Gibier, que teve a coragem de publicar suas investigações a respeito do espiritismo, não está ao alcance de todos. É verdade que lhe custou caro, já que foi obrigado a refugiar-se nos Estados Unidos. Apesar de tudo, a verdade acabará "saindo do porão"; e assim como o magnetismo, ridicularizado e menosprezado, acabou por forçar as portas das academias, também o espiritismo, sob um pseudônimo qualquer, conseguirá, finalmente, sua consagração oficial. Veremos, então, a turba dos imitadores debruçar-se sobre seus fenômenos, que qualificarão como novos; e veremos também muitos pseudo-sábios *descobrirem* o que nós sabemos há cinqüenta anos.

Voltemos, porém, ao nosso assunto.

A modificação dos centros nervosos tem por resultado de-

---

24 Liébault, *Le Sommeil et les États Analogues*, pág.80 e segs.
25 Despine, *Somnambulisme*.

terminar uma alteração correspondente no estado perispiritual. O espírito, menos tolhido pela matéria, desenvolve suas faculdades; os sofrimentos físicos não têm tanta ascendência sobre ele; seu caráter modifica-se, e ele se apresenta com manifestações intelectuais muito mais elevadas e brilhantes do que no estado normal. É o que temos observado nos casos de sonambulismo espontâneo de Félida e da Srta. R. L., e é o que geralmente se observa nos casos de sonambulismo provocado.

Embora nossa opinião a este respeito seja conseqüência de nossos conhecimentos espíritas, não deixamos de notar, com satisfação, que ela é compartilhada por um certo número de investigadores.

Se, no estado normal, o indivíduo apresenta depressão, o estado hipnótico dá às suas faculdades intelectuais a lucidez que teriam se a enfermidade não lhe interceptasse as funções. Isto é o que Janet observou nas suas pacientes, Lúcia, Rosa e Leona: as três são mais inteligentes durante o sono do que quando acordadas. Baragnon[26] diz que "este último fenômeno – o esquecimento ao despertar – nos faz supor que o estado de sonambulismo magnético é o estado perfeito". Myers, em seus extraordinários estudos sobre a escrita automática, pergunta a si mesmo se o estado sonambúlico, em vez de ser um *estado regressivo,* não pode ser, algumas vezes, um *estado evolutivo.*[27] Para nós, não há a menor dúvida: quanto menos preso ao corpo estiver o espírito, mais independentes das restrições materiais são suas faculdades, e melhor podem demonstrar sua superioridade; é por isso que consideramos o estado sonambúlico superior ao normal.

A duração dos estados de sonambulismo espontâneo não deve causar-nos espanto, uma vez que já se conseguiu, artificialmente, provocar sonos bastante prolongados. O célebre abade Faria, que descobriu o hipnotismo bem antes de Braid,[28] diz que alguns pacientes seus dormiram durante anos, tendo esquecido, ao despertar, tudo o que se passara naquele período. Um magnetizador chamado Chardiel adormeceu duas jovens durante o inverno e só as despertou em plena primavera. Ao

---
26 Baragnon, *Magnétisme Animal*, pág. 192.
27 Myers, *Proceedings*, "Sociedade de Investigações Psíquicas", 1887, pág. 514.
28 Gilles de la Tourette, *Le Somnambulisme et les États Analogues,* pág. 23.

despertar, ambas ficaram surpresas vendo flores e folhas nas árvores, já que se lembravam perfeitamente de que, ao adormecer, as árvores estavam nuas e os campos cobertos de neve.[29]
"Freqüentemente, – diz outro autor –, deixo meus sonâmbulos dormindo o dia todo de olhos abertos, para poder passear com eles e observá-los sem atrair a curiosidade pública. Cheguei a prolongar por quatorze a quinze dias o sonambulismo de uma jovem que trabalhava na minha casa. Nesse estado, continuou seus afazeres como se estivesse no estado normal... Ao despertar, sentiu-se estranha na casa, como se tivesse acabado de chegar, e não estava a par do que ocorrera naquele lapso de tempo."[30]

Isto nos remete ao esquecimento, que caracteriza as alternâncias entre o sono e o estado normal. Estudemos o que acontece no sonambulismo provocado. Duas proposições resumem as principais modificações da memória que acompanham o sonambulismo provocado, a saber:

a) O paciente, durante o estado de vigília, não se lembra absolutamente dos acontecimentos passados durante o sonambulismo;

b) ao contrário, voltando ao estado de sonambulismo, ele se recorda não só dos seus sonambulismos anteriores, como de todos os acontecimentos concernentes ao estado de vigília.

A exatidão da primeira proposição pôde ser comprovada facilmente por todos que fizeram experiências e pelos que a elas assistiram. O mais comum é que, quando um investigador submete um paciente ao sonambulismo, o mantenha nesse estado por uma hora, no mínimo. Durante esse tempo efetuam-se várias experiências, algumas triviais, mas que nem por isso deixam de ser experiências. O paciente desperta sem se lembrar de nada, tanto que precisa consultar o relógio para saber por quanto tempo ficou em sonambulismo. Se, durante o segundo estado, lhe apresentam uma pessoa, ele não a reconhece ao despertar, porque não a viu antes no estado normal em que agora se encontra; se lhe mostram uma carta que acabou de escrever, embora reconheça sua letra, nega que a tenha escrito, ou, pelo menos, não consegue recordar uma única palavra do seu conteúdo.[31]

---
29 Aubin Gauthier, *Histoire du Somnambulisme*, pág. 363.
30 Delatour, *Hermès*, "Revista de Magnetismo", agosto de 1826, pág. 116.
31 Binet, *Les Altérations de la Personalité*, pág. 72.

O esquecimento não é regra absoluta para todos os casos. Quando o sonambulismo é leve, se falarmos sobre o fato com o paciente pode ser que este se recorde de algumas passagens da sua vida sonambúlica. Por exemplo: se lhe citarmos, ao despertar, os primeiros versos de uma poesia que tenha lido antes, ele pode lembrar-se dos restantes; ou então, como fez Delboeuf, pode-se despertá-los subitamente, enquanto executam uma ordem recebida, e, neste caso, se lembrarão dela. Entretanto, tais casos não passam de exceções, e, mais ainda, de exceções raras. O comum é o esquecimento.

Diferentes graus de sonambulismo

Durante muito tempo pensou-se que só havia uma espécie de sonambulismo, isto é, que o sonambulismo era simples e sempre igual. A escola da Salpêtrière demonstrou que se impunha distinguir, no estado hipnótico, três fases, que são: letargia, catalepsia e sonambulismo. Cada um desses estados é marcado por características psíquicas que lhe são próprias, e por uma memória especial. Em 1823 Bertrand[32] já falava de uma jovem que tinha três espécies de sonambulismo e três memórias, uma para cada espécie, memórias que de certa forma se encadeavam, só que a última conhecia as anteriores, mas nenhuma delas conhecia a subseqüente, ou subseqüentes.

"Ainda que a paciente – diz Bertrand – tivesse o livre exercício da sua inteligência nestes diferentes estados, quando no estado normal não se lembrava de nada do que tinha feito ou dito nos estados anormais; e o que parecerá mais espantoso é que no sono magnético, dominando, por assim dizer, todas as modalidades de vida de que goza, ela se lembrava de tudo que lhe tinha acontecido, quer no sonambulismo, quer nas crises nervosas, ou no estado de vigília. No sonambulismo, perdia a lembrança do sono magnético, e sua memória apenas se estendia aos estados inferiores. Nas crises nervosas, tinha, pelo menos, a lembrança do sonambulismo; e, finalmente, no estado de vigília, que era o estado inferior, perdia a lembrança de tudo que lhe acontecia."

O dr. Herbert Mayo cita um caso de memória quíntupla. "O estado normal do paciente – diz ele –, era interrompido por

---
32 Bertrand, *Traité du Somnambulisme*, pág. 318.

quatro variedades de estados mórbidos, de que não conservava qualquer lembrança ao despertar; cada um desses estados, porém, retinha uma forma de memória que lhe era própria."[33]

O sr. de Rochas, em seu livro sobre as forças não definidas[34] e sobre os estados profundos da hipnose, distingue oito estados diferentes, ou melhor, quatro, a saber: credulidade, catalepsia, sonambulismo e de relação, separados entre si por uma fase letárgica, seguida de um profundo suspiro. Cada um desses estados tem sua memória especial.

Pierre Janet[35] nos aponta claramente o fenômeno num de seus pacientes. Para maior clareza, detalha cada um dos diferentes estados na ordem em que se produzem.

"Simplesmente comecei por adormecer Lúcia pelo processo comum – diz ele –, e comprovei, a propósito deste segundo estado, os fenômenos da memória comuns a todos os sonâmbulos. Um dia, a propósito de uma sugestão que queria fazer-lhe e não conseguia, tentei primeiro adormecê-la mais, esperando desse modo aumentar o grau de sugestibilidade. Pela segunda vez comecei a dar passes sobre Lúcia 2, como se ela já não estivesse em estado sonambúlico. A paciente, que mantinha os olhos abertos, fechou-os, pendeu a cabeça, e parecia estar dormindo mais profundamente. Inicialmente, teve uma contratura geral, que não tardou a dissipar-se, os músculos relaxaram-se, como na letargia, mas incapazes de reagir a contrações provocadas. Nenhum gesto, nenhuma palavra os incitava ao mais leve movimento. Este é o estado a que chamei síncope hipnótica. Mais tarde, pude observá-lo muitas vezes em vários pacientes, e parece-me que constitui uma transição inevitável entre os diferentes estados psicológicos. Após permanecer mais ou menos meia hora nesse sono, a paciente se levantou, e, com os olhos a princípio fechados, e logo depois abertos a meu pedido, começou a falar espontaneamente.

"A personagem que agora me falava, Lúcia 3, segundo nossa linguagem convencional, apresentava, sob todos os pontos de vista, uma imensidade de fenômenos curiosos. Não me é possí-

---

[33] *L'Anesthésie Systematisée et la Dissociation des Phénomènes Psychologiques*, "Revue Philosophique", 1887, t. L, pág. 449.
[34] de Rochas, *Les Forces non définies*, apêndice; *Les États Profonds de l'Hypnose*.
[35] Janet, Pierre, *L'automatisme Psychologique*, pág. 84 e segs.

vel, agora, assinalar mais do que um: o estado da sua memória. Lúcia 3 lembrava-se perfeitamente da sua vida normal, bem como dos sonambulismos anteriormente provocados e do que Lúcia 2 me tinha dito; além disso, podia falar-me detalhadamente sobre suas crises histéricas, sobre seus terrores ante a presença dos homens que via escondidos atrás das cortinas, sobre seus sonambulismos naturais, durante os quais cozinhava, ou ajeitava os cabelos, sobre seus temores e aflições, coisas de que nem Lúcia 1, nem Lúcia 2, jamais haviam demonstrado ter a menor lembrança.

"Despertar a paciente, foi para mim uma tarefa longa e difícil. Depois de passar pela síncope já descrita, ela permaneceu no sonambulismo comum. Lúcia 2 não pôde dizer-me nada do que acabara de acontecer com Lúcia 3; achava que simplesmente tinha dormido e que nada falara. Quando mais tarde, com a maior facilidade, a reconduzi ao estado 3, Lúcia, sem esforço, recobrou as lembranças que pareciam perdidas."

Com a nossa hipótese sobre as modificações que a vontade do operador produz sucessivamente sobre a força psíquica, e diretamente sobre o perispírito, é fácil compreender que se formem muitas zonas, ou camadas perispirituais, cada uma delas caracterizada por um movimento vibratório especial, mais ou menos rápido, à medida que a ação hipnótica, ou magnética, se torne mais prolongada. Em cada uma dessas etapas fluídicas, a alma registra as sensações percebidas no respectivo estado, e como o último, quanto ao movimento vibratório, é sempre superior aos que o precedem, deduz-se que lhe é possível conhecer todos os inferiores, porque seu mínimo de duração e intensidade é o menor de todos os que foram necessários. Concluída a ação magnética, a vibração nervosa e perispiritual diminui, e a zona superior entre no inconsciente, e logo entra a seguinte, e a outra, e mais outra, até que só permaneça a do estado normal.

Compreende-se, assim, que toda vez que uma causa qualquer provoque um dos estados vibratórios já produzidos, podem reaparecer no inconsciente do paciente todas as lembranças a ele pertinentes, assim como as das zonas menos vibrantes, ao passo que não podem aparecer as lembranças dos estados superiores.

Esquecimento das existências passadas

Depois do que foi dito, podemos compreender facilmente que é quase impossível conservarmos a memória de nossas passadas existências, porque o perispírito, ao conjugar-se com a força vital, no momento da encarnação, toma um movimento vibratório demasiado fraco para poder alcançar o mínimo de intensidade necessário à renovação das lembranças, ou seja, para que estas possam passar do inconsciente ao consciente as matrizes gravadas nas vidas passadas.

Compreendemos também, nesse caso, que o poder de evocação depende da elevação do espírito. Assim como acabamos de ver que na vida sonambúlica existem diferentes fases e memórias, mais ou menos amplas, segundo o grau de liberdade do espírito, assim também, depois da morte, existem todas as gradações imagináveis na força renovadora, conforme a potência vibratória do perispírito, que é sempre proporcional ao progresso moral e intelectual do ser.

Na Terra, nos é possível desdobrar a memória total de um sonâmbulo, atuando sobre ele pela vontade; no espaço, os espíritos superiores têm o mesmo poder: podem, para o desenvolvimento de um espírito atrasado, atuar sobre seu invólucro perispiritual e despertar-lhe a memória de suas vidas anteriores, a fim de que perceba, por seu passado, o que deve fazer no futuro para melhorar-se.

Não é uma simples indução que nos leva a admitir a conservação indefinida, no perispírito, de todas as sensações, de todos os raciocínios e de todos os atos voluntários da nossa existência; o que nos obriga a admiti-lo é a experiência. Existem muitos relatos de pessoas que estiveram a ponto de afogar-se,[36] todas concordando que, "no momento em que começavam a asfixiar-se, pareceu-lhes ver diante de si os mínimos detalhes de toda sua vida". Uma delas afirma que os quadros de sua vida anterior apareciam-lhe numa sucessão retrospectiva, não como um simples desenho, mas com riqueza de detalhes, formando um panorama completo dessa existência, em que *cada ato era acompanhado por uma sensação de prazer, ou de dor.*

Em outra circunstância análoga, "um homem de compro-

---
36 Ribot, *Les Maladies de la Mémoire*, pág. 141.

vada inteligência atravessava a via férrea no momento em que um trem chegava a toda velocidade. Não teve tempo para mais nada a não ser deitar-se entre os trilhos. Enquanto o trem passava acima dele, a consciência do perigo que corria despertou-lhe na memória todos os incidentes da sua vida, como se o livro do juízo final se lhe tivesse aberto diante dos olhos."

Embora descartando-se o exagero que possa haver nisso – diz Ribot –, os fatos nos revelam uma atividade excepcional da memória, de que não podemos fazer idéia no estado normal. Quanto a nós, achamos que não há exagero algum, pois todas as comunicações relativas à passagem da vida material para a espiritual estabelecem que, no momento da morte, ocorre uma espécie de revivescência de todos os fatos da vida terrena.[37] Nada se perdeu; as boas e as más ações apresentam-se diante da consciência, faz-se um balanço instantâneo, e nossa situação no mundo futuro é determinada pelo resultado rigoroso desse balanço. Aqui na Terra podemos esquecer mais ou menos completamente as horas fatídicas em que nos entregamos a paixões espúrias, desvirtuando o objetivo da vida; o prazer, o luxo, podem embriagar-nos com sua felicidade enganosa e apagar-nos momentaneamente a memória, mas chega um momento, uma hora suprema, em que nossas lembranças despertam no afã de inexorável justiça; é a hora da morte. Não falta, então, uma única das testemunhas que irão depor a favor, ou contra nós; as lembranças de nossas obras, boas, ou más, não faltam também; erguem-se do passado como acusadores. E nosso eu, que nesse momento solene, e nesse tribunal inapelável, há de ser o único juiz de si mesmo, pronuncia o veredicto conforme a justiça, e a partir desse instante sua vida futura está determinada.

O que acabamos de dizer não é simples metáfora; não. É a realidade nua e crua. Podemos adquirir a certeza de que nada se perde, desde que tenhamos vontade de buscar as provas. O hipnotismo nos põe à disposição meios para convencer-nos de que *todos os atos da nossa vida mental* deixam em nós uma impressão inapagável. Assim como a casca do carvalho, a cada ano que passa, deixa um traço indelével, também nossos anos terrestres deixam uma zona indestrutível no perispírito, que reproduz fielmente os movimentos mais fugazes do pensamento.

---
[37] Kardec, Allan, *O Céu e o Inferno*.

Nossos sentimentos, nossas idéias e opiniões se modificam profundamente no curso de uma existência. Embora sejamos sempre o mesmo indivíduo, os atos que praticamos aos vinte anos diferem profundamente dos que praticamos aos quarenta, e o contraste às vezes é tão radical, que chega a parecer que dois seres distintos se sucederam num mesmo indivíduo. Entretanto, se colocarmos novamente o paciente nas condições em que se encontrava aos vinte anos, e se evocarmos as horas desaparecidas do plano da sua consciência, veremos renascer nele os acontecimentos passados, suscitados por associações de idéias formadas naquele tempo; associações que vivem eternamente em nós, embora pareçam ter desaparecido para sempre entre as brumas de um esquecimento insondável.

Deixemos que os fatos, com sua atordoante eloqüência, falem por si:[38]

Se, por sugestão, se coloca um paciente num período anterior da sua existência, fazendo-o reviver momentaneamente uma das épocas do seu passado, veremos que lhe desaparece a lembrança do seu eu atual, assim como todos os conhecimentos adquiridos posteriormente à data fixada pela sugestão, de modo que se produz uma separação entre o estado atual e o estado a que o paciente retrocedeu, e desaparece, do plano de consciência deste, uma porção de fenômenos atuais, para dar lugar a uma síntese dos fenômenos antigos.

Esta sugestão é a mais esclarecedora de todas, porque, em vez de revelar-se uma personalidade fantástica, criada pela imaginação, e que nada de novo poderia dizer-nos, se revela um personagem verdadeiro, em cujo passado, transformado em presente, temos muito que aprender. Para colocar o sujeito numa época anterior da sua existência, Bourro e Burot recorreram a dois processos. Um deles, muito simples, consiste apenas em sugestionar o paciente até conseguir convencê-lo de que tem determinada idade, ou de que estamos em determinado ano; o outro, bem mais complicado, mas bem mais interessante também, consiste em evocar diretamente um estado psicológico cuja data certa seja conhecida. Uma vez aparecido o estado evocado, a associação de idéias suscita toda a série de fenômenos ocorridos na mesma época. Por exemplo, se o paciente era paralítico do

---
[38] Binet, *Les Altérations de la Personalité*, pág. 237.

braço direito aos quinze anos, provocando-lhe, por sugestão, a paralisia desse membro, ele é levado a crer que tem quinze anos, e isso basta para efetivamente despertar-lhe todas as recordações que estejam mais ou menos ligadas à lembrança da paralisia. Essas recordações formam uma corrente, e é claro que, se lhes puxarmos um elo, a tração se comunica de um elo ao outro, até que toda a corrente apareça.

Vejamos um exemplo disso:

Jeanne R., de vinte e quatro anos, é uma jovem muito nervosa e profundamente anêmica, que tem desmaios freqüentes e crises de choro e suspiros, mas não convulsivas. É facilmente hipnotizável, mergulha no sono e, quando acorda, não se lembra de nada.

Sugerem-lhe que desperte aos seis anos de idade; ela o faz, vendo-se na casa dos pais, durante o serão, quando estão descascando castanhas. Está com sono e pede que a deixem ir para a cama. Chama seu irmão André para que a ajude a terminar a tarefa, mas André está brincando, fazendo casinhas com as castanhas, e não ajuda. "Vadio – exclama –, fica brincando e só descascou duas castanhas, e eu que descasque o resto!"[39]

Nesse estado, fala no dialeto da sua região, não sabe ler, mal conhece o alfabeto, e não diz uma palavra em francês. Sua irmã caçula, Luísa, não quer dormir. "Sempre tenho que embalar minha irmã, que tem nove meses, para que pare de chorar e durma"– diz ela, assumindo uma atitude infantil.

Depois, colocando-lhe a mão na testa, dizem-lhe que dentro de dois minutos ela estará com dez anos. Sua fisionomia muda completamente; sua atitude não é a mesma. Está no castelo da família dos Moustier; mora numa casa próxima ao castelo. Vê e admira os quadros no salão dos afrescos. Pergunta onde estão as irmãs que a acompanham, e sai para ver se estão chegando. Fala como uma criança que está estudando; diz que há dois anos está freqüentando a escola com as irmãs, só que perdeu muitos dias porque a mãe estava doente e foi obrigada a ficar em casa para cuidar dos irmãos menores. Faz seis meses que começou a escrever, e recorda o ditado de *quarta-feira; escreve corretamente, e de cor,* uma página inteira, embora esteja produzindo um ditado que escreveu aos dez anos.

[39] Bourro e Burot, *Changements de la Personalité*, pág. 152.

Confessa não estar muito adiantada: "Marie Coutereau terá menos faltas do que eu; estou sempre atrás de Marie Puybaudet e de Marie Coutureau, mas Louise Roland está atrás de mim. Acho que Jeanne Beaulieu é a que mais falta."

Colocam-na na idade de quinze anos, como antes fizeram para levá-la aos dez. Está trabalhando em Montemart, na casa da Srta. Brunerie: "Amanhã teremos festa, vamos ao casamento de Baptiste Colombeau. León será meu par. Oh! Como vamos nos divertir! A Srta. Brunerie não permite que eu vá ao baile, mas eu vou por um quarto de hora, sem que ela saiba." Sua fala é agora mais coordenada. Escreve *Le Petit Savoyard*; a diferença de letra é enorme. Ao despertar, fica admirada por ter escrito o poema, de que agora não se lembra. Quando lhe mostram o ditado que fez aos dez anos, disse que não foi ela quem o escreveu.

Vê-se, por esta experiência, posteriormente repetida por muitos experimentadores, que nem os fatos mais insignificantes, nem as reflexões mais fúteis, se apagam com o tempo. O perispírito registra tudo, que fica em nós para sempre, em forma de lembranças.

Por outro lado, essas investigações nos permitem compreender nitidamente que o esquecimento das passadas existências é apenas passageiro, temporário, limitado a uma encarnação; esquecimento esse que desaparece no momento em que o *eu* volta à sua verdadeira pátria, livre das restrições carnais e gozando da plenitude da sua energia. Nada se perde; nossas aquisições são imorredouras; e o acervo de conhecimentos que constitui nosso tesouro, dia a dia acrescido com nossos esforços, é o que nos proporciona o desenvolvimento psíquico, e nada, nem ninguém, pode deter-lhe a marcha ascendente. Eis por que nenhum retrocesso, nenhuma caducidade são possíveis. Quando, à custa de esforços e lutas, tivermos fixado em nós um novo conhecimento, este pode apagar-se momentaneamente; porém é certo, incontestável, que no dia da libertação o encontraremos tão forte e vivo como no instante em que o adquirimos.

Há muito os espíritos nos revelaram estas leis, e até hoje não havia sido possível dar, delas, uma prova material. Agora já podemos dá-la, e isto, mais uma vez, atesta que as revelações espíritas estão em perfeita consonância com a ciência.

Resumo

Vimos que, para compreender os fenômenos da vida intelectual no seu conjunto, a psicologia precisa examinar as condições materiais que coincidem com a produção do pensamento. Durante a vida, a alma está tão intimamente unida ao corpo por meio do perispírito animado pela força vital, que qualquer modificação mórbida na célula nervosa do cérebro se traduz por uma alteração das faculdades do espírito.

No estado normal, as sensações, que não passam de formas de movimento, modificam a natureza do tônus vibratório da força psíquica, e se essa vibração foi muito acentuada, isto é, se o mínimo de intensidade e o mínimo de duração forem ultrapassados, a sensação se registra no perispírito de maneira consciente; há percepção, ou seja, a alma toma conhecimento dela. Se, ao contrário, faltar uma condição, ou se faltarem as duas, a sensação também se registra, mas inconscientemente.

É assim que se gravam em nós os estados de consciência, é assim que nossa memória se fixa; já comprovamos, porém, que todas as sensações e todas as lembranças não podem existir simultaneamente, e que, devido ao fato de seu movimento próprio ir pouco a pouco enfraquecendo, elas vão descendo até chegar abaixo do mínimo perceptível, passando logo para o inconsciente.

Todos os atos da vida vegetativa e orgânica, desse modo, conservam-se no perispírito, durante a evolução da alma através das formas inferiores. Da mesma maneira adquirimos, em cada encarnação, os hábitos semi-intelectuais, semi-orgânicos, exigidos por movimentos como andar, falar, escrever, esgrimir, nadar etc. Todos esses movimentos, em sua origem, foram volitivos e conscientes; logo sua constante repetição criou em nós um hábito, formando no perispírito, com os movimentos fundamentais, uma associação dinâmica estável, que nos permitiu executá-los com maior precisão e rapidez; mais tarde, essa mesma repetição nos adestrou a ponto de não precisarmos investir neles senão um mínimo de tempo e de esforço; e, finalmente, movimentos que nos foram tão pesados e difíceis, acabam sendo realizados inconscientemente.

O estudo do perispírito, portanto, deve abranger seus dois

aspectos: um, ativo, que é a alma propriamente dita, o ser que pensa, que sente e quer, e sem o qual nada existiria; o outro, passivo, inconsciente, que é o perispírito, o repositório espiritual, o guardião permanente de todos os conhecimentos intelectuais e o conservador de todas as leis orgânicas que dirigem o corpo físico.

A memória evocativa, que nos permite recordar os acontecimentos passados, efetua-se mediante pontos de referência (*hitos*), cuja localização no passado nos é bem conhecida. Os acontecimentos que se agrupam em torno de cada *hito* nos permitem, por associação de idéias, remontar a épocas já desaparecidas e conhecer-lhes sua distância em relação à nossa.

Esse ressurgimento efetua-se pela vontade, auxiliada pela atenção, que tem por objetivo aumentar o movimento perispiritual e comunicar às imagens um mínimo de movimento vibratório suficiente para que passem do inconsciente ao plano da consciência.

Estudando as perturbações da memória nos casos de sonambulismo espontâneo, vimo-nos diante da necessidade de perguntar-nos se haveria dois seres distintos, duas individualidades diferentes, quando a vida mental se encontra fracionada em dois períodos, e num deles o paciente ignora os atos realizados no outro. Isso nos leva a comprovar que, se é certo que normalmente a memória é o fundamento da personalidade, não é menos certo que se deve ter em conta outro fator, que é o sentimento da própria existência. Para que nos casos de memória alternativa se possa afirmar que uma segunda pessoa substitui a pessoa normal, seria preciso que a segunda diferisse radicalmente da primeira, que tivesse faculdades que o paciente não possui no estado normal; entretanto, como vimos nos casos de Félida e da srta. R. L., tal não acontece, e as variações mais ou menos pronunciadas que apresentam, não bastam para provar que nelas nasça um personagem parasitário.

Acreditamos que só por um juízo psicológico errado se possa ver duas individualidades diferentes em pacientes cuja memória sofra alternativas periódicas. Observemos um mesmo indivíduo aos vinte e aos cinqüenta anos: a evolução do seu eu foi radical, a vida modificou-lhe profundamente as primeiras sensações e os conceitos que havia formado sobre os homens e as coisas. Pela evolução dos seus conhecimentos, que se ampliaram e retificaram em muitos pontos, suas opiniões políticas, religiosas, literárias, sociais etc. modificaram-se profundamente; com tais modificações, coincidiram as do seu caráter e do seu comportamento; em resumo, não é o mesmo que foi, intelectual ou moralmente. Porém, devemos deduzir daí que se tenha criado outra individualidade? Certamente, não: a memória aí está para ligar um ao outro todos os sucessivos estados de consciência, e para demonstrar o itinerário evolucionista que o indivíduo percorreu.

Se se suprimisse bruscamente a lembrança de todos os estados intermediários, poder-se-ia pensar que o indivíduo da nossa observação aos cinqüenta anos não era o mesmo que foi aos vinte. É o que acontece com o paciente cuja memória sofre alternâncias. Não tendo memória dos estados intermediários, achando-se desprovido do que poderia demonstrar-lhe sua permanência contínua, acredita ser outro *eu*. Assim, vemos que os sonâmbulos em estado lúcido se menosprezam a si mesmos no estado de vigília. A srta. R. L. fala da "jovem estúpida", que outra não é senão ela mesma no estado normal; alguns pacientes citam "o outro", referindo-se a si próprios no primeiro estado. É que estabelecem uma grande diferença entre o estado de transe e o de incorporação; em ambos os estados, porém, o espírito é o mesmo. Existem, sim, diferentes aspectos da personalidade, mas não existe mudança de personalidade.

Sabemos que, no segundo estado, a memória é completa; o paciente admite que, nele, é mais inteligente, mas admite também que é o mesmo indivíduo do primeiro estado. O mecanismo periespiritual que explica aquele estado é simples e de fácil compreensão.

Quando se modificam as relações normais entre a alma e o corpo, produz-se um novo movimento vibratório mais rápido, as sensações novas registram-se com mínimos de intensidade e duração superiores aos do estado normal, e a alma, tendo consciência das duas vidas, dos dois estados, goza de memória integral. Se o primeiro estado reaparece, as sensações do segundo estado passam para o inconsciente, porque a relação normal entre a alma e o corpo não tem tônus vibratório suficiente para fazê-las renascer.

Vimos que o sonambulismo provocado apresenta as mesmas características. Pode-se reproduzir, artificialmente, casos análogos ao de Félida, o que prova que o nome sonambulismo espontâneo é plenamente justificado quando aplicado aos casos de memória alternativa. Mas, aqui, o fenômeno se complica. Em vez dos estados simples, normal e lúcido do sonambulismo natural, o provocado apresenta diferentes sonos, uns mais profundos do que outros, e cada um deles caracterizado por uma memória própria, com a particularidade de que a última memória abrange as precedentes, e cada uma por si, nos sonos menos profundos, que lhe vêm a ser inferiores, mas não nos sonos mais profundos, que são superiores a ela.

Por mais estranho que possa parecer, este também é um fenômeno de fácil explicação. Ampliando nossa primeira hipótese, chegamos à conclusão de que existem no perispírito zonas vibratórias, de movimentos diferentes, sendo que a cada uma dessas zonas corresponde um mínimo de intensidade particular, que vai aumentando à medida que o sono vai se tornando mais profundo, isto é, à medida que a alma vai se desprendendo do corpo. Deduz-se, disso, que o movimento chega ao seu máximo quando a separação da alma e do corpo se completa, o que acontece na hora da morte.

Como o desenvolvimento da memória segue uma marcha paralela à da materialização, vemos nisso uma confirmação dos ensinamentos dos espíritos a respeito do despertar das recordações no além-túmulo. Os fenômenos descritos nos demonstram isso, e pessoas houve, e há, que escapando milagrosamente da morte certa, viram, no último momento de lucidez, desenrolar-se à sua frente o panorama completo da sua vida. Por outro lado, as experiências hipnóticas atestam que nem uma única lembrança se perde, e nos possibilitam compreender como o espírito, uma vez no espaço, pode recordar seu passado.

Eis a seguir a explicação para as surpreendentes comunicações que detalham com riqueza de minúcias uma existência transcorrida há séculos. A vida de Luís XI foi ditada por ele mesmo, desse modo, a uma menina de quatorze anos, H. Dufaux, que era médium mecânico. Os detalhes circunstanciados que dão a essa comunicação um cunho personalíssimo, teriam exigido um trabalho incansável de qualquer historiador erudito;

de modo que, mesmo supondo-se que não tenha sido o próprio Luís XI quem inspirou o ditado de que estamos falando, não se pode negar que outro espírito, contemporâneo dele, e muito bem informado sobre os assuntos da corte, deve tê-lo inspirado.

Mencionamos a comunicação de Luís XI, como poderíamos ter citado mil outras que provam, de modo incontestável, o valor intelectual das mensagens de além-túmulo. Os contestadores do espiritismo percebem que vai-lhes faltando terreno para apoiar os pés, e não está longe o dia em que estas verdades, por tanto tempo ignoradas, adquirirão foros de cidadania nos domínios da ciência. As experiências que diariamente são feitas, em campos aparentemente estranhos ao espiritismo, dão-lhe um farto contingente de argumentos peremptórios para apoiar-lhe as teorias.

Vejamos no próximo capítulo, mediante o estudo dos fatos que acompanham a encarnação terrestre, como basta que se admita a verdadeira natureza da alma para que se dissipem as caóticas sombras que tudo envolvem, quando se trata de atribuir só à matéria as faculdades do espírito.

5.
O papel da alma do ponto de vista da encarnação, da hereditariedade e da loucura

> A força vital – O nascimento – A hereditariedade – Pangênese – A hereditariedade fisiológica – A hereditariedade psicológica – A obsessão e a loucura – Resumo

A força vital

No capítulo I, procuramos evidenciar a existência real da força vital, independentemente das forças físico-químicas que atuam no organismo. Nossa concepção difere da dos antigos animistas e vitalistas, pelo fato de não considerarmos essa força como uma entidade distinta das forças naturais, e porque simplesmente cremos que é uma forma de energia que até agora não se conseguiu isolar, mas que, sem dúvida alguma, será isolada no futuro.

A natureza procede sempre de maneira regular e contínua nas manifestações sucessivas que constituem o conjunto dos fenômenos terrestres. Já se pode ver, no reino mineral, o esboço do que será a vida dos seres organizados. Um cristal é quase um ser vivo, porque difere completamente da matéria amorfa: suas moléculas orientaram-se segundo uma ordem geométrica fixa, e, portanto, goza de uma espécie de individualidade. Nele existem os primeiros traços da reprodução, porque a mais ínfima das suas parcelas, colocada numa solução do mesmo sal, pode desenvolver-se regular e indefinidamente e formar outro cristal semelhante ao primeiro. Finalmente, até suas partes danificadas podem restaurar-se. Veja-se uma experiência que não dá margem a dúvidas.[1]

---
[1] *Comptes Rendus*, 16 de maio de 1881.

O sr. Loir apanha um cristal octaédrico de alume (sulfato de alumínio e de potássio), mutila-lhe mais ou menos profundamente os seis vértices e lima-lhe as doze arestas. Isto feito, coloca o octaedro de alume de potassa, que é incolor, numa solução saturada de alume de cromo (sulfato de alumínio e de cromo), que é violácea. Ao fim de alguns dias vê-se que os seis vértices e as doze arestas se reconstituíram por completo com a solução de alume de cromo, resultando daí um octaedro perfeito, incolor, mas com vértices e arestas violáceos. Se, depois de reconstituído, se deixa o cristal por mais tempo na mesma solução, a agregação recomeça por suas faces; essa agregação, porém, nunca se efetua enquanto as fraturas das arestas e dos vértices não estiverem reparadas, o que vale dizer, enquanto a forma geométrica não estiver absolutamente restabelecida.

Mas, ainda estamos muito longe de ver-nos diante de um ser vivo; trata-se apenas de um esboço, que deve ser retocado; a matéria ainda é demasiado rígida; precisa abrandar-se. A natureza exige essa flexibilidade dos compostos ternários e quaternários do carbono.

À medida que o número de elementos aumentar, a coordenação molecular, o agrupamento dos átomos e as proporções em que se agregam serão necessariamente mais complexos, e se os elementos químicos forem dotados de propriedades favoráveis, como uma grande afinidade química, por exemplo, surgirão matérias proteiformes, manifestando fenômeno de natureza semelhante à dos fenômenos que caracterizam a vida, a saber: uma extrema instabilidade do arcabouço molecular, uma agregação íntima muito frouxa, e a faculdade de entrar nos mais diversos estados sob a ação de agentes externos, ou, o que vem a dar no mesmo: uma tendência cada vez maior de adaptar-se ao meio. É isto, precisamente, o que acontece com os seres animados.

A mais ínfima das células contém em si, embora não diferenciados, todos os caracteres da vida. Possui, em primeiro lugar, o movimento espontâneo, coisa que um cristal jamais teve; em segundo lugar, cresce assimilando matéria, não por justaposição molecular, como o cristal, mas por integração e transformação do alimento, do qual só absorve o que lhe é aproveitável; em terceiro lugar, reproduz-se espontaneamente, pois, logo que atinge um determinado volume, segmenta-se, e a porção segmentada vai formar uma célula à parte, em tudo semelhante à que lhe deu origem; finalmente, em quarto lugar, a célula está sujeita à *lei da evolução*, que é a característica que mais a diferencia.

Apoiemo-nos nessa característica, que separa, incontestavelmente, a matéria organizada da matéria bruta.

À primeira vista, parece que o que chamamos morte é a coisa mais fácil de explicar. Vemos que todos os seres animados morrem, isto é, deixam um cadáver incapaz de continuar suas funções quando esse algo a que chamamos vida os abandona. Mas, por que se morre? Por que os alimentos que serviram para desenvolver e fortalecer o corpo não conseguem manter esse mesmo corpo no estado a que o levaram? Por que o crescimento cessou em determinado ponto, em vez de prosseguir indefinidamente? Todos são problemas insolúveis para a ciência atual, porque a noção do desgaste dos órgãos pelo uso não tem sentido, após as modernas descobertas.

Pensava-se antes que o corpo humano era formado pelos mesmos elementos, do nascimento até a morte, e nada era mais simples e compreensível do que atribuir a morte ao desgaste dos órgãos pelo uso; hoje, porém, não é assim: hoje sabemos, de modo certo e incontestável, que tal crença é errônea, e que o corpo humano, longe de ser fixo, imutável em sua composição, modifica-se continuamente e se renova em sua totalidade; renovação que se processa em condições cada vez piores à medida que a idade avança.

Isto assente, e já tendo visto no primeiro capítulo que as modificações não podem provir do perispírito, porque é inaceitável, nem da matéria, porque é inerte, é forçoso atribuirmos o fenômeno da desencarnação ao desaparecimento da força vital. Será realmente assim? Deixemos a resposta pendente, e estudemos primeiro como se transmite a vida.

O nascimento

Comecemos examinando as condições materiais que presidem ao nascimento; logo tentaremos determinar a parcela de influência que cabe a cada um dos fatores que já estudamos separadamente, a saber: a matéria física, a força vital e a alma revestida do seu perispírito.

No germe que deve constituir mais tarde o indivíduo, e que consiste apenas num ovo fecundado, reside uma potência inicial, que resulta da soma das potências vitais do pai e da mãe no momento da concepção. Empregando a linguagem da mecânica, poder-se-ia dizer que o germe encerra uma energia potencial, que se transforma em energia efetiva enquanto durar a vida. Essa força é muito variável, conforme a natureza dos seus componentes. Se os progenitores estão no vigor da idade, ambos possuem uma vida intensa e o germe acumula em si uma grande quantidade de energia latente; se, ao contrário, a vida de um, ou de ambos os progenitores caminha para o ocaso e já ultrapassou determinados limites, a fecundação não se realiza, não ocorre a transmissão da vida. Entre esses limites, podem existir todos os graus de potência vital do germe.

Portanto, a força vital é uma energia de potência muito variável, conforme sua intensidade primitiva e conforme as circunstâncias em que se desenvolve. Ainda que muito grosseiramente, poder-se-ia compará-la aos diferentes estados de energia armazenados em uma mola. A mola distendida contém em si a força que deve restituir ao voltar ao estado normal. A princípio, leva vantagem sobre a resistência, e seu poder vai aumentando até o instante em que sua energia se iguala à da resistência; a partir de então, a resistência predomina, a mola volta ao estado de repouso, e a força desaparece. Algo semelhante acontece com a força vital. Potencial em sua origem, vai insensivelmente transformando-se em energia efetiva, até esgotar-se por completo; chegado esse momento, sobrevém a morte do indivíduo.

Quanto aos fenômenos vitais, achamos interessante chamar a atenção do leitor para um ponto muito importante: a extrema complexidade que resulta da união de muitos elementos. É preciso, neste caso, desconfiar prudentemente da aparente simplicidade de certos raciocínios, como por exemplo: "a tal efeito, tal causa", "nada pode haver no efeito, que ele não tenha recebido da causa", "a magnitude do efeito está em razão direta da potencialidade da causa", e outros do mesmo gênero. Isto só é exato nos casos em que não entrem outros componentes que não os pensamentos mecânicos; a vida, porém, resulta não só de considerações semelhantes, mas também de misturas, de combinações, de ações de presença, chamadas catalíticas em Química, que são de ordem físico-química e escapam a qualquer determinação rigorosa.

Segundo uma observação profunda de Stuart Mill,[2] todas as vezes que um efeito for resultado de muitas causas (e nada é mais freqüente na natureza), estará, indefectivelmente, num destes casos: ou será o produto de leis mecânicas, cada uma das quais será encontrada no efeito complexo, como se cada uma delas tivesse agido por conta própria: o efeito das causas concorrentes é precisamente a soma das partes separadas de cada uma. Ao contrário, a combinação química de duas substâncias produz uma terceira, cujas propriedades são completamente diferentes das propriedades das substâncias que lhe deram origem, quer sejam consideradas em conjunto, quer separadamente.

Assim, o conhecimento das propriedades do enxofre (S) e do oxigênio (O) não nos exime de estudar as propriedades do ácido sulfúrico (H^2SO^4). É que as propriedades dos corpos dependem dos movimentos atômicos de cada uma das substâncias que entram em jogo, e quando a combinação é perfeita, o corpo dela resultante toma um movimento atômico totalmente diferente do de seus componentes. O *peso* da matéria resultante é igual ao dos corpos que entram na combinação, mas as propriedades são de uma ordem dinâmica que foge, até então, a qualquer previsão precipitada.

Nos fenômenos vitais, há uma complexidade bem maior do que nos fatos químicos propriamente ditos, e por isso se constata, com tanta freqüência, uma grande desproporção entre a causa e o efeito. Um pouco de pus no cérebro, ou uma lesão só visível ao microscópio, às vezes determinam a loucura, ou a monomania; a afluência, no mesmo órgão, de uma quantidade mínima de sangue alcoolizado, provoca o delírio, e uma gota de ácido cianídrico causa a morte. Ao contrário, um espermatozóide, ao penetrar num óvulo, fecunda-o e gera um novo ser, que possui extraordinárias energias latentes.[3] Portanto, no nosso exemplo da mola, pode-se ver apenas um esquema rudimentar, uma remota analogia com os numerosos, complexos e delicados fenômenos que se operam no momento da concepção.

A matéria protoplasmática que compõe o germe é de na-

---
2 Stuart Mill, *Lógique*, livro VI, 4, e livro III.
3 Ribot, *L'Hérédité*.

tureza muito complicada. Já vimos que a multiplicidade de elementos que entram em sua composição, e sua instabilidade química, a predispõem a variações rápidas, a mudanças bruscas, a múltiplos aspectos totalmente diferentes uns dos outros. É preciso que seja assim, porque essa pequena massa de matéria, da qual vai surgir um ser organizado, é obrigada a transformar-se radicalmente, a evoluir com prodigiosa rapidez, a revestir-se de formas transitórias, que se sucedem umas às outras, até chegar ao tipo definitivo, que será o do ser vivente.

E, com isto, chegamos ao momento em que devemos determinar o papel de cada elemento constituinte.

Segundo a hipótese das gêmulas de Darwin, que mais adiante exporemos com o nome de pangênese, é a matéria do germe que contém as modificações particulares do corpo, que são transmitidas hereditariamente de pais a filhos.

Estamos no terreno das hipóteses, porque nenhum instrumento, por mais potente que seja, permite descobrir uma organização qualquer na matéria do óvulo.

"O ser vivo – diz o ilustre Baer[4] – provém *de uma célula primitivamente idêntica*, o ovo primordial; este se edifica por formação progressiva, ou epigênese, devido à proliferação da célula primitiva, que forma células novas, e que, diferenciando-se cada vez mais, associam-se em cordões, em tubos e em lâminas, para acabar constituindo os diferentes órgãos.

"Esta estrutura vai-se complicando continuamente, de maneira que as formas se particularizam à medida que o desenvolvimento prossegue. A forma mais geral, a da ramificação, é a que se manifesta primeiro, a seguir, a da classe, depois, a da ordem, e assim, sucessivamente, até chegar à da espécie.

Há, pois, identidade fundamental do óvulo para animais e plantas: depois, nos animais, desenvolvimento serial, até chegar ao ponto que tenham atingido na escala dos seres.: no homem, o embrião reproduz, em rápida evolução, todos os seres pelos quais passou a raça. No ventre materno, todos nós fomos, sucessivamente, monera, molusco, peixe, réptil, quadrúpede e, finalmente, homem.

Como vimos o espírito passar, sucessivamente, por todos os reinos da natureza e, lentamente, em cada um deles, completar

---
4 Bernard, Claude, *Phénomènes de la Vie*.

seu processo orgânico, fixando em seu invólucro um mecanismo cada vez mais complexo, atribuímos essa evolução rápida à ação do perispírito atuando sobre a matéria. A natureza, como vimos repetidas vezes, não dá saltos, nem organiza seres perfeitos de imediato e peremptoriamente: parte sempre do simples para o complexo. Da mesma forma que começou pelas manifestações mais rudimentares, para a seguir desenvolver a vida em formas cada vez mais complexas, assim também, em cada indivíduo, parte da primitiva simplicidade para chegar ao ser superior. É claro que hoje a evolução oculta na vida uterina é infinitamente mais rápida, e pode fazer com que alguém que não conheça os diferentes estados da vida fetal pense que o ser nasce completo e perfeito, sem ter passado por etapas anteriores; a embriogenia, porém, nos esclareceu quanto a este ponto, e sabemos que cada um de nós é uma história resumida da raça, trazendo em nosso ser a marca indelével e magnífica da nossa existência mil vezes secular.

Portanto, a força vital contida no germe anima o perispírito, e este lhe desenvolve as leis; mas a força vital foi mais ou menos modificada pelos progenitores, e essas modificações se reproduzirão no novo ser, porque a matéria física será organizada pelo perispírito conforme a influência da força vital. Logo veremos numerosos exemplos dessa ação.

Qual é o estado da alma nesse momento? Nesse particular, os conhecimentos que temos provêm dos ensinamentos que nos foram transmitidos pelos espíritos numa época em que as investigações dos sábios não tinham trazido ao nosso conhecimento todos os fatos que acabamos de expor; não obstante, aqueles ensinamentos estão em consonância com as afirmações da ciência, e quem o desejar, poderá constatá-lo.[5]

A união da alma e do corpo começa no momento da concepção, mas só se completa no instante do nascimento. Cabe ao invólucro fluídico unir o espírito ao germe, estreitando cada vez mais a união entre ambos, tornando-a mais íntima à medida que a vida fetal vai adquirindo sua plenitude, e completando-a, finalmente, ao chegar a hora do parto. No intervalo entre a concepção e o nascimento, as faculdades da alma vão pouco a pouco enfraquecendo, devido ao poder sempre crescente da for-

---
[5] Kardec, Allan, *O Livro dos Espíritos:* União da Alma e do Corpo, Livro 2, cap. VII.

ça vital, que diminui o movimento vibratório do perispírito, até o ponto em que, não atingindo o mínimo perceptível, o espírito fica quase totalmente inconsciente. A perda da memória se deve a essa diminuição da amplitude do movimento vibratório do perispírito.

O estado do princípio inteligente, nos primeiros meses, é igual ao do espírito encarnado durante o sono. À medida que se aproxima a hora do nascimento, suas idéias se apagam e, com elas, o conhecimento do passado, de que, uma vez nascido, não terá mais consciência. Este processo inibitório da consciência nos permite conceber perfeitamente que, quando ocorrer em sentido inverso, isto é, quando chegar o momento em que se despojar do seu invólucro carnal, voltando a recuperar seu movimento vibratório anterior, o espírito recuperará também todas as suas lembranças.

Se as aquisições do passado estiverem latentes, as faculdades não podem ter-se destruído; e tendo estas seu fundamento, suas raízes, no inconsciente, serão tanto mais elevadas e perfeitas quanto mais tempo a alma tenha vivido. São as faculdades adquiridas que constituem esse acervo do espírito a que se dá o nome de *caráter*, que é a marca típica de cada um de nós e, ao mesmo tempo, a aptidão cada vez maior para aprofundar-se no estudo das ciências, das letras, das artes. Uma profusão de fatos irrecusáveis não deixa dúvidas quanto a isto. Se tentarmos propor a um espírito conhecimentos muito superiores ao grau de progresso traduzido por seu estado mental inconsciente, pode até parecer que os assimile, mas tal não acontece: o que farão será dormitar nele por algum tempo, para a seguir apagar-se rapidamente.

É sabido que cada um de nós revela aptidões diferentes desde o momento em que nasce. Nosso entendimento não é a tabula rasa imaginada pelos filósofos do século XVIII, visto que, ao vir ao mundo, a criança traz consigo aptidões intelectuais e vícios, ou paixões, que jazem em estado latente no seu invólucro perispiritual, e que logo se revelarão sob a influência das diversas circunstâncias da vida terrestre. As sensações, os pensamentos e as volições desta nova vida se registrarão no perispírito em condições particulares, porém encontrarão um território já preparado, não estarão sós, nem isoladas, e, sim, farão renascer, com maior ou menor intensidade, certos estados de consciência anteriormente percebidos, revivificarão certas impressões, cujas vibrações lentas se acentuarão; e quanto mais velha for a alma, quanto mais tenha vivido na Terra, mais considerável será a bagagem do seu inconsciente, e menos esforços terá que fazer para ressuscitar seus antigos conhecimentos. Neste sentido, a sentença profunda de Platão, "aprender é recordar", é absolutamente exata.

Assim se explicam as extraordinárias aptidões que algumas crianças revelam para as artes, ou para as ciências. Pico della Mirandola, dominando, aos dezesseis anos, tudo que se sabia na sua época, Pascal, aos treze anos, escrevendo um ensaio sobre as seções cônicas de Euclides, Mozart, compondo uma ópera aos doze anos etc., não fizeram mais do que continuar existências precedentes. Não se lembravam de tê-las vivido, certo; mas as aquisições de suas vidas anteriores revelavam-se exuberantes na última, porque eram gênios numa idade em que outras crianças mostram apenas faculdades incipientes.

Por outro lado, também costuma acontecer fenômeno inverso. O espírito modela seu corpo, mas as leis da hereditariedade podem opor-lhe obstáculos, a ponto de fazer com que, durante a vida, não possa manifestar sua inteligência com toda a extensão e alcance que poderia dar-lhe. Se, por um momento, se der um pouco de liberdade ao espírito que se acha em tais condições, vê-lo-emos desenvolver talentos de que ninguém suspeitaria no estado normal. Eis a seguir um exemplo disso, citado por Brierre de Boismont, que o extraiu de Abercombie:[6]

Uma menina de sete anos, da mais ínfima condição social, que servia como pastora numa granja, costumava dormir num cômodo, separado, apenas por um tabique, de outro ocupado por um violinista. Este, músico ambulante afamado, freqüentemente passava da meia-noite executando trechos escolhidos, que para a jovem pastora eram só ruídos incômodos. Depois de passar seis meses com um vizinho tão maçante, a menina adoeceu e foi levada para a casa de uma senhora caridosa, que cuidou dela com desvelo e a tomou a seu serviço quando recuperou a saúde. A ex-pastora já trabalhava há alguns anos naquela casa, quando se começou a ouvir, durante a noite, uma música

---
[6] Boismont, Brierre de, *Des Hallucinations*, pág. 342.

suavíssima. Logo perceberam que o som partia do quarto da doméstica, e, ao entrar para verificar o que estava ocorrendo, a senhora viu, assombrada, que lá não havia músico algum, que a moça estava dormindo, e em sonhos modulava sons muito semelhantes aos do violino. Por duas horas seguidas ficou fazendo exercícios, começando depois a agitar-se; logo preludiou acordes que pareciam vir de um violino, e, finalmente, iniciou trechos de música clássica, que executou com muita delicadeza e precisão. Os sons emitidos eram semelhantes às mais delicadas modulações do instrumento. Durante a execução, parou muitas vezes como se para afinar o violino, e recomeçou, com a maior correção, exatamente no mesmo ponto em que havia parado. Esses paroximos ocorriam em intervalos irregulares, que variavam de um a quatorze dias.

Dois anos depois, seu sentido musical noturno já não se limitava ao violino, mas reproduzia os acompanhamentos de piano que ouvia em casa durante o dia, e até se punha a cantar, imitando as vozes das pessoas da família. No terceiro ano, começou a falar durante o sono, como se estivesse lecionando a uma colega mais nova. Falava, muitas vezes, com abundância de dados e muita clareza, sobre política e religião, sobre as notícias do dia, sobre o caráter dos homens públicos e, particularmente, sobre os membros da família e sobre as pessoas que a visitavam. Nas suas falas, revelava um discernimento assombroso, aliado a um admirável espírito irônico e a uma capacidade mnemônica prodigiosa. A exatidão e fidelidade de suas observações, em todos os temas, causavam a maior supresa entre os que conheciam os limitadíssimos meios de que dispunha para tais aquisições intelectuais...

Durante os acessos, era muito difícil acordá-la; suas pupilas pareciam insensíveis à ação da luz. Aos dezeseis anos começou a preocupar-se com as pessoas que entravam no seu quarto, dizendo-lhes os nomes com exatidão, mesmo que estivessem no escuro; adquiriu, também, lucidez para responder às perguntas que lhe faziam, surpreendendo pela destreza com que o fazia. Suas observações eram, em geral, tão corretas e se ajustavam tão perfeitamente às pessoas e aos acontecimentos, que os habitantes do lugar a julgavam dotada de poderes sobrenaturais.

Quando estava nesse estado, o que se prolongou por dez

a doze anos, ao despertar mostrava-se bastante limitada, acanhada e muito lenta para fazer o que lhe mandavam, embora se empenhasse; não havia dúvida de que sua inteligência era bem inferior à das outras criadas da casa. Tampouco tinha qualquer aptidão para a música, nem se lembrava do que lhe acontecia durante o sono.

Essa observação nos apresenta um caso de sonambulismo natural, durante o qual o espírito, momentaneamente livre das barreiras da matéria, recupera uma parte das suas faculdades musicais e intelectuais, inconscientes durante a vigília. O sono magnético conseguiu revelar espontaneamente a natureza culta daquele espírito encarnado, que, no estado de vigília, parecia muito rústico. Em muitos homens que não são sonâmbulos, porém, seria difícil discernir a verdadeira natureza intelectual, porque, muitas vezes, vimos à Terra com o propósito de adquirir virtudes, como a humildade, por exemplo, e seria quase impossível alcançá-las com faculdades intelectuais brilhantes.

Portanto, para adquirir virtudes, o espírito escolhe um invólucro refratário, que se opõe às manifestações mais elevadas da atividade intelectual, e, durante uma vida, pode consagrar-se inteiramente a tarefas que são modestas, mas indispensáveis ao seu progresso espiritual.

É preciso lembrar que a alma não tem liberdade para dar ao seu corpo material a forma que mais lhe agrada. Não, ela não tem esse poder, porque o invólucro corporal se constrói segundo as leis invariáveis da reprodução, e a herança individual dos pais, transmitida pela força vital, se opõe ao poder plástico da alma. A hereditariedade impede também que uma raça procrie um ser de outra raça; por exemplo, que de um cão nasça um coelho, e, sem irmos tão longe, que uma mulher de pura raça branca gere um negro, ou um pele-vermelha, e vice-versa.

O estudo das leis da hereditariedade é extremamente importante, pois nos permite compreender por que, em muitas famílias, certas patologias são transmissíveis, assim como as faculdades intelectuais, que parecem passar de pais a filhos. Se a alma que se encarna é estranha à dos pais, parece que não deveria herdar deles as disposições, favoráveis ou ruins. A tese materialista, que afirma que a alma é uma função do cérebro, se apóia nesses fatos, e parece adquirir, com eles, um elevado grau de probabilidade. É necessário, portanto, ver por que as coisas acontecem assim, e demonstrar que as crenças espiritualistas não sofrem, com isso, qualquer descrédito.

A hereditariedade

A hereditariedade foi muito bem estudada por Ribot que, colocando-se num terreno puramente experimental, procurou demonstrar que esse fenômeno obedece a leis fixas, que existe uma hereditariedade fisiológica e outra psicológica, e que a segunda procede da primeira. Sem admitir sua teoria, que não nos parece suficientemente justificada, uma vez que sabemos que as almas têm existência individual, são indivisíveis e, conseqüentemente, umas não se originam das outras; sem admitir essa teoria, repetimos, nos utilizaremos de muitos fatos coligidos por esse sábio filósofo para determinar qual é o papel da hereditariedade nos fenômenos intelectuais.

Hereditariedade é a lei biológica segundo a qual todos os seres dotados de vida tendem a reproduzir-se em seus descendentes. Sobre ela, a ciência atual não pode dar qualquer explicação decisiva: vê-se reduzida a hipóteses, das quais, a mais recente e melhor elaborada é a de Darwin, em seu livro *A Variação dos Animais e das Plantas*, hipótese cujas linhas gerais se encontram nos *Princípios de Biologia*, de Herbert Spencer, sob o título *Pangênese*.

Para bem compreender esta teoria, recordaremos que o organismo não só é um composto de células, como também que cada um desses pequenos organismos tem vida própria e possui as propriedades fundamentais da vida, a saber: a nutrição, pela qual se assimilam e desassimilam continuamente; a evolução, que as faz adquirir um volume maior e tornar-se mais complexas, com partes mais perfeitas e mais numerosas; e a reprodução, mediante a qual cada célula pode dar origem a outra, esta, por sua vez, também gerará outra, e assim sucessivamente. Wirchow demonstrou que uma doença pode limitar-se a uma única célula; de modo que, apesar de sua submissão às leis gerais do organismo, as células têm certa autonomia, e pode-se dizer que este elemento anatômico desempenha, no organismo, o mesmo papel do indivíduo no Estado, porque, como ele, goza de certa independência, embora faça parte do corpo social.

Já vimos que os organismos inferiores possuem uma capacidade de reprodução considerável, e devemos dizer aqui que determinadas plantas apresentam essa mesma propriedade em alto grau. A *Begonia phylomaniaca*, por exemplo, pode reproduzir-se mediante pequena parte de uma folha, de maneira que basta uma única folha para dar origem a uma centena de plantas. Se acrescentarmos a isso que as novas plantas, desenvolvendo sobre as hastes e folhas miríades de células semelhantes à célula da planta-mãe, herdam-lhe, por sua vez, a mesma propriedade, compreenderemos a capacidade reprodutora da begônia, ainda mais quando virmos que a célula original, ao abandonar a planta-mãe, herdou não apenas a capacidade de reproduzir-se, como também a de multiplicar e transmitir essa capacidade a todas as outras células da planta produzida, e isto através de inúmeras gerações, sem que sua energia geradora diminua.

Pangênese

Para explicar essa capacidade de reprodução, e, em geral, a transmissão hereditária em todos os seres vivos, Darwin propõe a teoria da pangênese, que pressupõe que, em todo o organismo, cada um dos átomos, ou unidades, de que se compõe, se reproduz espontaneamente.

"Admite-se quase universalmente – diz Darwin – que as células se propagam por divisão espontânea, conservam a mesma natureza e, posteriormente, se transformam em diversas substâncias e tecidos do corpo. A par deste modo de multiplicação, supomos que as células, antes de se converterem em materiais formados e completamente passivos, emitem pequenos grânulos, ou átomos, que circulam livremente por todo o sistema, e que, quando recebem nutrição suficiente, se transformam em células semelhantes àquelas das quais derivam. Chamaremos esses grânulos de gêmulas, e supomos que, sendo transmitidas pelos pais aos seus filhos, geralmente se desenvolvem na primeira geração, mas também podem transmitir-se e ficar em estado latente durante muitas gerações, para desenvolver-se mais tarde. Supõe-se que as gêmulas sejam emitidas por cada célula, ou unidade, não somente durante o estado adulto, mas também durante todos os estágios do desenvolvimento.

"Finalmente, as gêmulas teriam entre si muitas afinidades, daí resultando suas agregações em gemas e em elementos sexuais. De modo que, falando com toda propriedade, não seriam os elementos reprodutores que engendrariam os novos organismos, e, sim, as células, ou unidades do corpo inteiro."[7]

Não podemos fazer qualquer objeção séria contra a extrema fragilidade das gêmulas, porque, sendo nossas noções de grandeza e pequenez puramente relativas, não convém afirmar que algo seja impossível. Se considerarmos que uma ascárida pode pôr em torno de sessenta e quatro milhões de ovos, que uma orquídea pode produzir igual quantidade de sementinhas, que as parcelas orgânicas emitidas pelos animais odoríferos e que os micróbios das doenças contagiosas devem ser de uma pequenez exagerada e se multiplicam com uma rapidez aterradora, a objeção não parecerá ter muita importância.

Portanto, "é preciso considerar cada ser vivo como um microcosmo, como um pequeno universo formado por uma imensidade de organismos aptos a reproduzir-se por si mesmos, e sendo de uma fragilidade inconcebível e tão numerosos quanto as estrelas do firmamento". Esta hipótese permite a Darwin explicar inúmeros fenômenos, aparentemente muito diferentes, mas que a fisiologia considera idênticos quanto ao fundo. Tais são a *gemiparidade*, ou reprodução por gemas; a *fissiparidade* (esquizogênese), na qual o ser se reproduz por ação natural ou artificial de suas partes; a geração *sexual*; a geração sem fecundação, ou partenogênese; as gerações alternadas; o desenvolvimento do embrião; a reprodução dos tecidos; o crescimento de novos membros que substituem os perdidos, como acontece com a salamandra, o caranguejo, a lesma, o lagarto etc., enfim, todas as formas de reprodução, sejam elas quais forem, e todas as formas hereditárias.

Compreende-se que as gêmulas de que vimos falando, machos e fêmeas, estejam contidas no germe em grande número, e que, devido à sua evolução, o indivíduo que nasce herde assim, dos antepassados, suas disposições particulares; mas, já que não

---
[7] Darwin, *Variations*, t. II, cap. XVII.

nos é possível entrar numa discussão detalhada sobre a teoria de Darwin, devemos observar que as propriedades do perispírito, modificadas em cada encarnação, explicam perfeitamente todos os fenômenos anteriormente enumerados, e até julgamos que nossa teoria fundamente, melhor do que qualquer outra, a evolução do feto.

Quer seja assim, ou não, estudemos os fatos.

A hereditariedade fisiológica

Um fato comum, que chama a atenção até dos menos observadores, é o da semelhança física. Talvez não exista frase que mais se ouça do que: "Como é parecido com o pai!"

A influência hereditária não se limita a uma semelhança geral, mas pode ser observada em todos os membros do corpo, e principalmente no rosto. Há exemplos notáveis desse fenômeno. O cantor Nourrit tinha um filho que era seu sósia perfeito.[8] Mas, o fenômeno é muito mais extraordinário quando o filho se parece, sucessivamente, com o pai e com a mãe.

Girou de Busareigne, num livro sobre a geração, fala de dois irmãos que conhecia e que, na infância, se pareciam com a mãe, já a irmã deles era o retrato do pai. "A semelhança era tão grande – diz ele – que chamava a atenção de todos. Hoje, chegaram à adolescência, e os rapazes agora se parecem com o pai, e a moça não se parece mais com ele."

A hereditariedade atua igualmente tanto sobre a conformação *interna* como sobre a estrutura *externa*. Nada mais comum do que a transmissão do volume, e até das anomalias do sistema ósseo; das proporções, em todos os sentidos, do crânio, do tórax, da bacia, da coluna vertebral e dos menores ossos do esqueleto; é uma observação cotidiana. Os sistemas respiratório, digestivo, muscular e nervoso seguem as mesmas leis. Até os líquidos do organismo são influenciados pela hereditariedade: há famílias em que o sangue é muito mais abundante do que em outras, o que as predispõe a apoplexias, hemorragias e inflamações.

E o que é notável: não só as características internas, ou externas, se transmitem, mas também as secundárias, como as

---

[8] Lucas, P., *Traité Physiologique et Philosophique de l'Hérédité Naturelle*, t. I, pág. 125.

que se referem a modos de ser pessoais, que se reproduzem por via seminal. Muitos exemplos comprovam este fato. Uma senhora teve vinte e quatro filhos, cinco dos quais eram do sexo feminino, que, por sua vez, puseram no mundo quarenta e cinco filhos. Na nobreza da França, os Montmorency ficaram famosos por sua fecundidade. Os quatro primeiros Guise, juntos, tiveram quarenta e três filhos, dos quais trinta eram do sexo masculino. Achille de Harlay teve nove filhos, seu pai, dez, seu avô, dezoito. Em algumas famílias, essa tendência prolífica revelou-se durante cinco ou seis gerações.[9]

Dissemos, anteriormente, que a força vital do ser que nasce é o resultado da força vital do pai e da mãe no momento da procriação. Esta proposição será agora demonstrada pelas considerações que se seguem.

É geralmente aceito que a longevidade depende muito menos da raça, do clima, da profissão, do tipo de vida e da alimentação, do que da transmissão hereditária. Consultando-se os tratados especiais a esse respeito, ver-se-á que o número de centenários é o mesmo na raça branca, como na raça negra, tanto no Norte como no Sul, entre os que se cuidam muito, como entre os que não se cuidam. Um mineiro escocês teve o triste privilégio de viver 133 anos, e, aos 80, ainda trabalhava nas minas.

Observam-se fatos análogos entre prisioneiros e condenados a trabalhos forçados. O Dr. Lucas diz, pura e simplesmente, que a média de vida depende, evidentemente, do lugar, da higiene e da civilização; mas diz que a longevidade humana não está incluída nessas condições. "Tudo demonstra – escreve ele – que a longevidade responde a uma potência interna da vitalidade, que os indivíduos privilegiados já trazem consigo ao nascer, e está tão profundamente impressa em sua natureza, que se revela em todos os atributos do organismo." Este fato tornou-se tão comum na Inglaterra, que as companhias de seguro de vida tomam o especial cuidado de investigar a longevidade dos ascendentes.

Notou-se, também, que a força muscular e as diferentes formas da atividade motora são hereditárias, assim como os fenômenos subordinados à voz, como a gagueira.

---

[9] Chateauneuf, Benoit de, *Mémoire sur la durée des familles nobles en France.*

A hereditariedade das anomalias está provada. O albinismo, o raquitismo, a manqueira, o lábio leporino, todas as anomalias orgânicas, enfim, podem transmitir-se pela procriação. Felizmente, elas nem sempre se reproduzem, e os descendentes tendem a voltar ao tipo primitivo. Observou-se, desde a origem da Medicina, que algumas enfermidades eram hereditárias, ou, pelo menos, que o organismo adquire certa predisposição para contrair enfermidades semelhantes às de seus progenitores.

Resumindo: vê-se que a herança modifica todas as formas da atividade vital, o que não é surpreendente se considerarmos que a força vital provém dos pais, e que o perispírito da alma que se encarna é movido pela força repetidamente modificada, movimento que faz com que seja mais potente, ou mais fraca, em certas partes fluídicas do invólucro espiritual, correspondendo, no feto, às partes fortes, ou fracas, de seus progenitores. Se a transmissão hereditária não é absoluta, é porque a força vital do recém-nascido se deve aos dois fatores que se modificam reciprocamente, e também porque o perispírito da alma que se encarna se presta, mais, ou menos, a tais modificações. Claro está que seria conveniente incluirmos aqui as continuadas e numerosas experiências que determinaram a importância de cada um dos diversos elementos que contribuem para a grande obra de que estamos tratando, mas, embora não as incluamos, podemos desde já ver de passagem, em conjunto, a série de fenômenos cujo resultado é esta maravilha: a produção de um ser vivo.

A hereditariedade psicológica

Existe hereditariedade psicológica? Não, se por isso se entende uma transmissão das faculdades intelectuais; sim, se se quer dizer que os órgãos que permitem a manifestação do pensamento são transmissíveis.

Aqui, tocamos na questão tão delicada e tão controvertida das relações entre o físico e o moral. Os adversários da espiritualidade da alma tentaram fazer da hereditariedade uma arma. Se ficasse bem demonstrado que os pais transmitem aos filhos não apenas o corpo físico, mas também as faculdades intelectuais, haveria, evidentemente, um forte motivo para crer que a alma, como o corpo, emana dos progenitores. No entanto, isso não seria totalmente exato, já que temos a prova de que o espírito que reencarna provém do espaço; e, por outro lado, tampouco haveria encarnação possível a não ser entre espíritos e homens que apresentassem uma perfeita identidade, tanto do ponto de vista intelectual, como do ponto de vista moral.

Os fatos não se mostram muito inclinados a render-se a esta interpretação absoluta. Não é raro ver-se numa família filhos que, se não têm qualquer semelhança física com os pais, muito menos têm com eles qualquer semelhança moral; e, se é fácil demonstrar que o organismo nem sempre é transmissível, muito mais fácil é provar que a hereditariedade intelectual apresenta muitas exceções. A História nos mostra uma imensidade de homens ilustres que tiveram filhos que em nada se pareciam com eles, nem em virtudes, nem em talentos, e que, ao contrário, ficavam abaixo da média. Na antiguidade, o sábio Péricles teve dois filhos idiotas, Paralas e Xantipo, e outro, louco furioso, Clinias; o íntegro Aristipo engendrou o infame Lisímaco; Tucídides, o inepto Milésias; Fócion, Aristarco, Sófocles, Sócrates e Temístocles, todos, tiveram filhos indignos. A história da dominação romana, e a história contemporânea, não passam de uma extensa lista de filhos que não tiveram qualquer ponto em comum com os pais.

No campo das ciências, a todo instante vê-se surgir um gênio, nos meios mais simples, e de pais com pequeno alcance intelectual. Nomes como Bacon, Berzelius, Blumenbach, Brewster, Compte, Copérnico, Descartes, Galileu, Galvani, Hegel, Kant, Kepler, Locke, Malebranche, Priestley, Réaumur, Rumford, Spinoza etc. proclamam que talento não é hereditário.

Parece-nos inútil insistir neste ponto, que é a regra geral, e preferimos explicar o que parece mais difícil de compreender, e que são os casos em que parece ter havido transmissão hereditária das faculdades.

As faculdades sensoriais e os hábitos corporais podem transmitir-se hereditariamente, e as formas mais elevadas da inteligência, como a percepção, a memória e a imaginação, freqüentemente encontram-se na mesma família. Citam-se numerosos casos de pintores, músicos, estadistas, em que parece que as aptidões transmitiram-se de pais a filhos.

Aqui, o problema é dobrado: existe, em primeiro lugar, a

função que pertence à alma, e, em segundo lugar, o órgão que possibilita a manifestação da função. Para desenvolver plenamente suas faculdades, a alma precisa de um organismo material que se ajuste ao seu desenvolvimento intelectual. Já vimos que o perispírito é a condição fluídica do mecanismo pelo qual a alma atua sobre o corpo, de modo que é racional admitir-se que a alma que quer encarnar busque na Terra homens cujo valor intelectual e cuja constituição física tenham com ela a maior afinidade possível, porque assim é certo que, em virtude da lei de hereditariedade, o corpo físico do recém-nascido lhe proporcionará as facilidades necessárias para desenvolver-se conforme deseja.

Para ser bom pintor, ou excelente músico, é necessário ter certas aptidões orgânicas especiais: para o primeiro, a memória das cores e a acuidade visual; para o outro, ouvido apuradíssimo e sensibilidade muito desenvolvida. Compreende-se que, sendo cultivadas numa família durante gerações, essas artes tenham dado aos seus corpos disposições orgânicas especiais, que são as que determinam a escolha dos espíritos que vão encarnar. Dessa forma ficam não só em comunhão de idéias com seus pais, como dispõem de meios para moldar um organismo mais apto à manifestação da sua vontade. Não é de estranhar, portanto, que um músico encarne, de preferência, na família de outro músico, um pintor, na de outro pintor, e um político, na de outro político; e os materialistas se equivocam, como sempre, tomando o efeito pela causa, e querendo atribuir a efeitos materiais o que é conseqüência de uma determinação do espírito.

Estas reflexões nos levam imediatamente à observação de que o espírito nem sempre encarna onde quer. No mundo espiritual há leis que se executam com rigor igual ao das leis físicas do nosso mundo; as afinidades perispirituais e as atrações magnéticas do pensamento e da vontade nelas desempenham um importante papel. Os espíritos errantes pouco adiantados, que não compreendem as leis da evolução, sentem-se atraídos pela Terra, para dar livre curso às paixões que não podem satisfazer no espaço. Se dependesse deles escolher o meio onde encarnar, escolheriam as classes ricas, por que, certa ou erradamente, acham que é nelas que está o que há de melhor. Só que, geralmente, não têm reciprocidade fluídica com tais encarnados, e a lei não lhes permite penetrar aonde seu desejo os incita. Aqui, na

Terra, todos fazemos partes de uma certa categoria de espíritos que, mais depressa, ou mais devagar, vamos evoluindo, quase juntos, com os mais adiantados auxiliando os que são retardatários. Na sucessão das nossas existências, podemos ocupar todas as posições sociais, e sendo alternadamente pai, mãe, marido, esposa, filho etc., nos prestamos mútuo apoio. Compreende-se, assim, que espíritos da mesma ordem se atraiam mutuamente e constituam famílias, ou que encarnem em outros grupos cujas afinidades espirituais sejam semelhantes. Desse modo vai se desenvolvendo o sentimento de fraternidade e amizade que há de conduzir-nos a um amor único, que envolverá todos os seres.

Se existem famílias de artistas, em que a arte tem seu templo, desgraçadamente também existem outras, em que os vícios parecem hereditários. O dr. Morel[10] narra a história de uma família, na qual o bisavô era dipsômano, isto é, quando tinha sede, embriagava-se: morreu devido aos excessos; o avô, tomado pela mesma paixão do pai, morreu maníaco, mas teve um filho, bem mais sóbrio do que ele, só que hipocondríaco e com tendências homicidas; este, por sua vez, teve um filho abobado e idiota; de modo que a primeira geração apresentou excessos alcoólicos, a segunda, embriaguez hereditária, a terceira, tendências hipocondríacas, e a quarta, estupidez e, possivelmente, extinção da linhagem.

Freqüentemente, é como prova que os espíritos encarnam em tais famílias. Querem adquirir forças para dominar a matéria e, para consegui-lo, adotam um organismo viciado, que não corresponde ao seu grau de elevação, e que os incita a paixões que não tinham, e contra as quais querem reagir; a luta, porém, nem sempre lhes é favorável, nem fácil de sustentar, e muitos sucumbem. Trélat, em sua *Loucura Lúcida*, conta que uma senhora, recatada e sóbria, tinha irresistíveis acessos de dipsomania. Furiosa consigo mesma, injuriava-se, chamava-se de miserável e bêbada, misturava ao vinho que bebia substâncias de gosto desagradável, mas era tudo em vão: sua paixão era cada vez mais forte. A mãe e um tio desse senhora também tinham sido dipsômanos.

Não há dúvida alguma de que também há loucuras e instintos criminosos hereditários. "Nada há, na natureza, dividido, ou

---
10 Morel, *Traité des Dégénérescences*, pág. 103

isolado – diz o Dr. Despines –, tudo se encadeia por elos intermediários que a observação atenta acaba por descobrir lá onde, à primeira vista, ninguém suspeitaria. E seria desejável, no interesse da ciência, que se investigasse o modo de ser dos ascendentes dos criminosos, pelos menos em duas ou três gerações. Seria um excelente meio de evidenciar o parentesco que existe entre as enfermidades cerebrais que originam as anomalias geradoras do crime, e as afecções patológicas dos centros nervosos e, em particular, do cérebro. Um fato, comprovado pelos Drs. Ferus e Lélul, é que a loucura é mais freqüente entre os criminosos do que entre as pessoas de bem, e isto parece uma prova de que o crime e a loucura têm laços que os unem intimamente. O número de criminosos cujos ascendentes deram provas de loucura é bastante considerável. Verger, o célebre assassino do arcebispo de Paris, estava entre eles. Antes da perpetração do crime, sua mãe e um de seus irmãos morreram de loucura suicida."[11]

A loucura

A loucura propriamente dita sempre é acompanhada de um estado mórbido dos órgãos, que, na maioria das vezes, se traduz por uma lesão; a alienação é, portanto, uma enfermidade física quanto à causa, embora seja mental na maior parte dos seus efeitos. A loucura pode transmitir-se por herança, mas, algumas vezes, se manifesta transformada nos descendentes.

Nada é mais freqüente do que ver um louco transformar-se em suicida, ou ver alguém que tentou suicidar-se enlouquecer, ou passar a ser alcoólatra, ou hipocondríaco.

"Um joalheiro, curado de um primeiro acesso de alienação mental, causado pela revolução de 1789, suicidou-se tomando veneno; mais tarde, sua filha primogênita foi tomada por uma idéia fixa, que se transformou em demência; um dos seus irmãos esfaqueou o próprio estômago; outro entregou-se à embriaguez e morreu afogado num arroio; um terceiro deixou de comer, devido a problemas familiares, e morreu de anemia; e outra irmã, de conduta um tanto estranha, casou-se e teve cinco filhos, o primeiro dos quais, um rapaz, morreu louco e epiléptico; veio depois uma moça, que perdeu a razão ao dar à luz, tornou-se hi-

---
11 Despines, *Psychologie Naturelle*.

pocondríaca e deixou-se morrer de fome; outros dois morreram devido a uma febre cerebral, e o último morreu por não querer mamar."[12]

Há famílias cujos membros são todos atacados de loucura mais ou menos na mesma idade. Foi o que aconteceu com uma família nobre de Hamburgo, notável, desde o bisavô, pelos grandes talentos militares que dela saíam. Ao chegar aos quarenta anos, todos enlouqueciam e morriam. Quando só restava um descendente dessa família, que também era oficial como seu pai, o senador proibiu que se casasse, achando que talvez assim se salvasse. Em vão: ao chegar à idade crítica, perdeu a razão como seus antepassados.

Não podemos examinar todos os casos de loucura; mas também não podemos passar em silêncio sobre muitos fatos atribuídos a uma enfermidade do cérebro, quando, na verdade, são causados pela influência dos espíritos desencarnados. A obsessão, que mais adiante estudaremos, freqüentemente apresenta todas as características típicas da loucura, e seria muito bom que os médicos conhecessem o espiritismo, porque assim poderiam curar muitos doentes que eles consideram incuráveis. Nestes casos, não é do corpo que se deve cuidar, é do espírito, e mais especialmente do espírito obsessor, levando-o a abandonar a presa. As publicações espíritas mencionam uma infinidade de curas assim obtidas.

Se observarmos um bom número de casos considerados alucinações, veremos que, geralmente, não passam de casos de visões de espíritos. Eis alguns exemplos:

Sully conta-nos que os momentos de solidão de Carlos IX eram horríveis, pela repetição dos gritos e lamentos que ouvira durante o massacre de São Bartolomeu.

"O rei Carlos – diz o ilustre ministro – ouvindo, na mesma noite e durante todo o dia seguinte, comentários sobre a matança, e sobre os episódios de devastação em que pereceram tantos velhos, mulheres e crianças, mandou chamar um médico assistente, Ambroise Paré, a quem muito prezava, embora professasse outra religião, e disse-lhe: - Ambroise, não sei o que está acontecendo comigo nos últimos dois ou três dias, mas o certo é que me sinto impressionado, tanto na alma como no corpo, que

---
[12] Piorry, *De l'Hérédité dans les Maladies*.

vejo tudo como se fosse através de febre e delírio, tanto dormindo como acordado, e que os corpos dos chacinados me aparecem com rostos horríveis e banhados em sangue. Quisera que a matança não tivesse atingido doentes mentais e inocentes."[13]

Pelo que se vê, o mais provável é que legiões de espíritos pedindo vingança estivessem ao redor do rei sanguinário. Vejamos outro fato:[14]

O cirurgião Manoury, que era inimigo de Urbain Grandier, foi designado, a 26 de abril de 1634, para examinar se, segundo a declaração da madre superiora, o acusado tinha uma parte do corpo insensível.[15] Manoury entregou-se à tarefa com extrema crueldade, tanto que não se pode pensar nas dores que o desgraçado paciente sofreu sem estremecer de terror. Mais tarde, arrependeu-se da sua truculência, porque "uma noite, por volta das dez, hora em que voltava de uma visita a um paciente, na companhia de outro homem e de seu irmão, de repente exclamou sobressaltado: - Ah! Eis Grandier! Que desejas? E, dizendo isso, começou a tremer tão freneticamente que seus companheiros não conseguiram acalmá-lo. Levaram-no para casa e o puseram na cama; Manoury, porém, não parou de tremer, e tampouco de falar em Grandier, que lhe parecia estar à sua frente. Durante os poucos dias que ainda viveu, seu estado não se alterou. Morreu acreditando que Grandier estava lá, tentando rechaçá-lo com palavras horríveis, para que não se aproximasse dele."

Não se trata, aqui, de alucinações, mas de visões reais. Hoje, felizmente para elas, as pessoas que vêem espíritos não são mais trancadas em manicômios. Abercombie cita o caso de um médium vidente, referindo-se a ele, é claro, como se sofresse de uma doença grave. "Conheço um homem – diz ele – que a vida toda tem sido vítima de alucinações. Sua situação é tal, que se encontra um amigo na rua, a princípio não sabe se se trata de uma pessoa real, ou de um fantasma; só com muita atenção pode distinguir uma coisa e outra, e geralmente corrige suas impressões visuais tocando na pessoa ou ouvindo-lhe o ruído dos passos. Este homem está em plena maturidade, tem uma inteligência clara, goza de boa saúde e é ativo no trabalho."

---
13 Sully, *Mémoires*, livro I.
14 Boismont, Brierre de, *Des Hallucinations*, pág. 425.
15 Sabemos que se julgava reconhecer assim se o paciente estava, ou não, possuído pelo demônio.

Citemos um último exemplo, que nos levará ao estudo da obsessão.

Uma mulher chamada Ohlaven contraiu uma grave enfermidade que a obrigou a desmamar a filha com apenas seis semanas de vida. A doença começou com um desejo irresistível de estrangular a menina, coisa que não levou a termo porque, felizmente, seu plano infanticida foi descoberto. Passado algum tempo, a doente foi acometida por uma febre tão violenta, que lhe apagou completamente da memória o projeto que acalentara, e, a partir de então, passou a ser uma mãe solícita e carinhosa.

Estamos, com certeza, diante de um caso de obsessão, porque não é admissível que uma pessoa, que durante a vida dá provas de verdadeiro amor maternal, alimente a idéia de matar um filho. O que podemos admitir, sim, é que após o parto tenha caído num estado de prostração que permitiu que um mau espírito se apoderasse dela por sugestão, incitando-a a cometer aquele ato criminoso; recobrando a saúde, porém, recuperou sua liberdade moral, e, com ela, seus sentimentos maternos.

Quando o corpo não goza de perfeita saúde, isto é, quando as relações normais entre a alma e o corpo estão perturbadas, a força vital pode exteriorizar-se em parte, e certos espíritos mal intencionados, conhecendo as leis fluídicas, podem servir-se dela com fins maldosos. Nesses casos particulares, portanto, é preciso cuidar do corpo e da alma. A cura ocorre mais rapidamente quando se conhece a verdadeira natureza do mal.

Sentimos profunda piedade ao pensar nas inúmeras vítimas do fanatismo religioso da Idade Média. Os feiticeiros eram infelizes obsedados, inconscientes e irresponsáveis em sua maioria, que pagavam com a vida a suposta possessão demoníaca. Quem lê os requisitórios de Bodin, de Delancre, de De Loyer, de Del Rio etc., surpreende-se com sua estupidez; mas, de quando em quando, vê-se neles a descrição de fatos bem comprovados, que só poderiam ter ocorrido com a intervenção dos espíritos. Respostas dadas aos exorcistas em latim e casos de levitação, estão entre os fenômenos que com maior freqüência surgiam em meio às crises da grande histeria. A Salpêtrière abriga doentes que, fatalmente, teriam perecido na fogueira se, por infelicidade, tivessem nascido dois séculos antes.

Por isso, parece-nos útil trazer à consideração do leitor os estudos de Allan Kardec sobre a obsessão, recomendando-lhe a leitura dos seus livros para a cura de tais enfermidades.

A obsessão e a loucura

É necessário fazer uma distinção exata entre a obsessão, a fascinação, a subjugação, e a loucura propriamente dita, que compreende a alucinação, a monomania, a mania, a demência e a idiotia.

Só o espiritismo permite estabelecer estas diferenças, que a ciência médica ainda não reconheceu, já que, ao contrário, atribui à loucura fatos que não são, nem podem ser, abrangidos por ela. Allan Kardec[16] definiu perfeitamente estas enfermidades espirituais que dizem respeito mais à alma do que o invólucro corporal, e nosso propósito, ao seguir Kardec, é chamar a atenção sobre as condições físicas que se conjugam com as perturbações do intelecto.

Ainda não sabemos se nos casos de obsessão e subjugação existe, ou não, desorganização cerebral relacionada à perturbação moral; somos tentados a achar que sim, porque a relação existente entre a alma e o corpo, e entre o perispírito e o sistema nervoso, é tão íntima, que se pode afirmar, sem medo de errar, que a um determinado estado físico corresponde certo estado intelectual, e vice-versa. Mas, assim como entre a obsessão e a possessão completas podem existir todos os graus, as desordens orgânicas também devem ter seus graus correspondentes, a princípio pouco importantes, mas suscetíveis de agravar-se sucessivamente, até produzir verdadeiras lesões no encéfalo. No *Livro dos Médiuns* verifica-se que a subjugação, ou obsessão simples, não é, propriamente falando, um estado de consciência, mas simplesmente a teimosia de um espírito que se interpõe constantemente nas comunicações, impedindo que outros espíritos se comuniquem, e substituindo os que são evocados. Neste caso, o médium percebe o que está acontecendo; está obsedado, ou seja, está sendo perseguido e importunado por um espírito.

Quando se chega à fascinação, o fenômeno se acentua, e as conseqüências são mais graves. O médium não acha que está sendo enganado, não goza do seu livre-arbítrio, e só obedece às

---
16 Kardec, Allan, *O Livro dos Médiuns*, cap. XXII.

sugestões do espírito, e a nada mais; é quando acontece a hipnotização espiritual. Devido à liberdade que lhe é outorgada, o espírito pode atuar sobre o perispírito do médium, desde que não lhe oponham qualquer obstáculo, e a vontade do médium se submete à dele complacentemente. Daí se originam as sugestões simples, cujo resultado é desvirtuar a razão e a imaginação do indivíduo; e compreende-se que, repetindo-se continuadamente, essas sugestões acabarão por provocar desordens materiais, que se traduzirão por lesões no cérebro da pessoa por elas acossada. Freqüentemente, vários espíritos como esse se juntam com o único objetivo de atormentar sua vítima que, a princípio fascinada, acaba ficando realmente louca.

Em geral, não se entende como espíritos desencarnados possam desperdiçar seu tempo atormentando espíritos encarnados; infelizmente, porém, basta passar os olhos pela *Gazeta dos Tribunais* para convencer-se das baixezas de que a alma humana é capaz. Os espíritos atrasados alimentam as paixões mais vis, principalmente a da vingança; e se podem reconhecer num encarnado – homem ou mulher – um ser que os prejudicou, e que os impediu de perpetrar o mal que acalentavam em sua vida terrestre, ou em outras existências, não o perdoam, perseguem-no com ódio implacável, que freqüentemente só se extingue com a morte da vítima, se esta teve a infelicidade e a fraqueza de entregar-se às suas sugestões, mesmo que inconscientemente. Por isso muitos obsedados são tratados como loucos, porque se atribui a simples alucinações fatos causados por sugestões espirituais irresistíveis. Quando se vê um indivíduo hipnotizado rir, chorar, sentir prazer, ou dor, admirar-se, ou encolher-se assustado, executar passivamente atos os mais estranhos, mais ridículos, ou mais perigosos, conforme a natureza dos quadros alucinatórios que lhe são sugeridos, compreende-se a obsessão, e vê-se que a ação do espírito sobre o obsedado é igual à do hipnotizador sobre seu paciente; a única diferença é que, na obsessão, a sugestão pode partir de um, ou de vários desencarnados, e que, por serem invisíveis, os recursos de que a Medicina dispõe não os alcança.

Citemos um exemplo extraído do célebre alienista Brierre de Boismont:[17]

---
17 Boismont, Brierre de, *Des Hallucinations*, pág. 102, obs. XXXII.

"Srta. M..., quarenta anos, muito nervosa, e por conseqüência muito impressionável, sempre foi muito instável. Na juventude, jamais conseguiu entregar-se a um estudo sério, e os médicos lhe recomendaram que se dedicasse, de preferência, à ginástica. Tem uma fortuna considerável; pais robustos e lúcidos. Tem um irmão cujas tendências têm muitos pontos de contato com as dela. A aparência é saudável; o cabelo é castanho, a tez rosada e a compleição normal.

"Há dez anos notou os primeiros sintomas da enfermidade que hoje a aflige; via muitos personagens grotescos nas mais estranhas posições; essas aberrações visuais, porém, não a impediam de entregar-se às suas tarefas habituais. Seis meses depois, as alucinações, até então suportáveis, e até mesmo raras, adquiriram maior intensidade, pois não só se tornaram mais freqüentes, como, além da vista, começaram a afetar os outros sentidos. Ouvia vozes a todo instante, e dizia que lhe vinham do estômago e a atormentavam. Diziam-lhe o que devia fazer, advertiam-na sobre o que iria acontecer com ela, descreviam-lhe sua doença e até receitavam medicamentos, que lhe pareciam bem razoáveis.

"Às vezes davam-lhe instruções precisas quanto ao caráter e as tendências de outras pessoas, e então lhe *seria possível revelar particularidades muito curiosas*. Às vezes expressava-se em termos polidos, que não lhe eram habituais. Essa fluência, essa facilidade, essa riqueza de expressão provinham-lhe *das vozes*, porque, quando falava por conta própria, fazia-o com muita simplicidade. Freqüentemente, *as vozes* tratavam de assuntos elevados: suas falas versavam sobre geografia, gramática, oratória etc., e *a repreendiam* quando se expressava mal, apontando-lhe as faltas que cometera.

"Às vezes diziam-lhe coisas absolutamente estranhas. Um dia fizeram-na acreditar que estava possuída, o que era surpreendente, já que não tinha sido educada com idéias supersticiosas. Mesmo assim, foi procurar um padre para que a exorcizasse. A partir daí, ficou com idéias tão lúgubres a respeito da eternidade e das penas futuras, que mergulha, com freqüência, em profundo desespero. Certa vez, *as vozes* revelaram-lhe que seria rainha e desempenharia um papel importante no mundo; não contou isso a ninguém, mas esperava que o vaticínio se cumprisse; ao ver, porém, que os anos se passavam e tal não acontecia, compreendeu que as vozes a tinham enganado, como quase sempre faziam. O mais comum era que lhe dissessem coisas estranhas, rindo e zombando dela, e danificando, como abutres, tudo quanto tocavam.

"*As vozes* incitavam-na continuamente a jogar-se na água e afogar-se, mas ela sentia uma resistência interior que a impedia de fazê-lo; mas agora está com medo de não conseguir resistir.

"Tem, às vezes, visões estranhas: seu quarto se enche de gente de todas as classes e diferentes semblantes. Os alimentos perdem seu sabor natural e adquirem um gosto repugnante. Basta-lhe pôr a mão num prato para que *as vozes* lhe dêem um sabor e um cheiro pestilento, que a impedem de comer. Quando caminha, fica tão suada que parece inundada de água; o frio do líquido penetra-lhe no corpo, e ela seca o vestido com as mãos.

"Essa moça diz que *as vozes* que a perseguem provêm de uma afecção nervosa, que *são mais fortes do que sua razão*, que a subjugam, que a dominam. Seu poder é tão grande, que elas a levam para onde bem entendem. *As vozes* não querem que conte o que lhe está acontecendo, e, para evitar que fale, perturbam-lhe as idéias a ponto de só conseguir expressar-se com muita dificuldade. Não raro percebe que *as vozes* a levam a cometer disparates; quer opor-se, mas não consegue; a força de que dispõem é irresistível."

Brierre de Boismont acrescenta ao seu relato as seguintes reflexões:

"Há, nisto, um fato psicológico que não passará despercebido à atenção dos observadores: é o da nova manifestação da dualidade, em virtude da qual essa enferma, oprimida por enganos, por zombarias, por ameaças e por horríveis propósitos, e estando a ponto de entregar-se ao desespero, imediatamente encontra consolo nas palavras bondosas e de incentivo que pensa ouvir. *Dir-se-ia que dois espíritos, um mau e outro bom, aproveitam-se dela, cada qual a seu modo.*"

Evidentemente, é o que acontece. Essa moça é vítima de espíritos maus, que fazem com que tenha alucinações de toda espécie, e seu exemplo de obsessão completa vem bem a propósito para inspirar profundas reflexões.

Recapitulemos o quadro:

Primeiro, desordens em todas as sensações; a seguir, desordens no eu; luta da inteligência contra os sentidos sublevados; consciência momentânea das ilusões; depois, triunfo dessas mesmas ilusões e ordenação da vontade, que se debate contra a força que a impele...Haverá espetáculo mais digno das meditações de um filósofo do que a figura dessa mulher, que reconhece que seus sentidos a enganam, que sabe que é joguete de quimeras, e, no entanto, não consegue escapar à sua influência? Cem vezes enganada, e persuadida de que sempre o será, nem por isso deixa de fazer o que as vozes lhe ordenam, nem de ir a todos os lugares que lhe designam.

Esta anulação da vontade diante de sugestões provenientes de seres invisíveis deve-se à debilidade do sistema nervoso, e é fácil reproduzi-la, artificial e temporariamente, num sujeito hipnotizável. Os obsedados podem ser comparados aos sonâmbulos acordados, que, mesmo sob a ação do magnetizador, têm consciência do seu estado.

Richet[18] demonstra, com exemplos hoje bem conhecidos, o modo como é possível provocar, num sonâmbulo, alucinações da vista e do paladar. Ele começa fazendo dois indivíduos verem, sucessivamente, quadros tristes, ou alegres, e lhes diz o que simbolizam, para que a impressão alucinatória seja profunda. Ambos se empenham em acompanhar o relato, sem nada perder, e se identificam com os heróis da história, a ponto de ver-se encarnados neles. A partir desse momento, choram, se os episódios da história são tristes, riem, se são alegres, e ficam de tal modo subjugados, que seu poder de coordenar as idéias se anula por completo: são *autômatos intelectuais*, incapazes de resistir às impressões que lhes chegam do exterior.

E o extraordinário é que alguns indivíduos têm consciência do seu estado, e não conseguem modificá-lo.

Eis outro exemplo, também extraído de Richet:[19]

"Quando ainda não há qualquer desordem na inteligência, já existe, por uma espécie de ação eletiva, inibição e paralisia da vontade.

"Na sra. X...., observa-se muito bem este fenômeno peculiar. Como conservava sua capacidade de auto-análise, dizia-me:

---
18 Richet, *L'Homme et l'Intelligence. Du Somnambulisme provoqué.*
19 Richet, *op. Cit.*, nota 3. *De l'Automatisme*, pág. 517.

- Não tenho idéia alguma; não consigo prestar atenção em nada; tenho a cabeça vazia, e parece-me que está tudo no escuro."

Esta sensação de vácuo é semelhante à experimentada pela moça citada por Brierre de Boismont, que imaginava que sua cabeça e sua coluna vertebral estavam cheias de ar.

Continuemos. O paciente agora é um homem:

"Tomo então um livro qualquer e o ponho na mão dele, dizendo-lhe: - É importante que não deixes ninguém pegá-lo. O paciente sabe perfeitamente que aquilo é só uma experiência sem importância, e, no entanto, não deixa que lhe tomem o livro. Alguns amigos seus, presentes à sessão, lhe dizem: - Dá-me esse livro. Ele se nega a fazê-lo, alegando mil razões, e perguntando para quê o querem. – Vocês não precisam dele – diz –, daqui a pouco posso dá-lo sem problemas, mas agora é impossível. Insistem com ele, que responde que pode dá-lo, mas não vai dar. Por dez minutos, ou mais, continua resistindo a todas as solicitações e justificando sua resistência, procurando motivos para explicar por que não cedia.

"Bruscamente despertado por insuflação, entrega imediatamente o livro, dizendo que já pode cedê-lo.

"Esta experiência é característica; já a repeti com vários sonâmbulos, mas com este mostra-se mais interessante do que com os outros, porque ele conserva a noção de si mesmo, e pode analisar perfeitamente suas sensações. Aqui há inibição da vontade em toda sua nitidez e simplicidade.

"Tal suspensão da vontade faz com que não haja reação contra as ordens dadas aos sonâmbulos. Ordeno a M... que ria, e me retruca: - Por quê? Isto não é sério, é uma experiência, e não tenho vontade de rir. E, no entanto, ri, ou melhor, faz um trejeito que se parece com riso, que dura o tempo que eu quiser que dure. Ordeno-lhe que chore, e começa a exalar profundos suspiros, tapa os olhos com as mãos e grossas lágrimas escorrem-lhe pelo rosto.

"Nestas experiências, M... pode analisar suas sensações, é espectador de si mesmo, e, no entanto, age automaticamente, sente-se incapaz de resistir, e chora, ou ri, conforme lhe ordenam, embora não tenha motivos para rir, ou chorar."

Neste exemplo, o indivíduo hipnotizado sabe que está sendo submetido a uma experiência, e que é seu amigo Richet quem se apodera da sua vontade; mas se o operador estivesse invisível, a posição de M... seria idêntica à da senhorita de que nos fala Brierre de Boismont. Esta não era louca; tinha consciência do seu estado, já que, exceto pela influência das vozes, a que não podia resistir, entregava-se às suas ocupações diárias, sem que nada denunciasse as turbulências mentais de que era vítima.

"Nos dez anos em que esse estado patológico persiste – diz o autor –, a enferma não deixou de cuidar dos seus afazeres: dirige pessoalmente a administração dos seus bens, cumpre suas obrigações sociais, e, embora as falsas sensações não lhe dêem um momento de sossego, nada mudou em seus hábitos. Só que, de modo intuitivo, compreende que a razão vai faltar-lhe, e então busca remédio para seus males em conselhos que não tem liberdade para seguir."

O espiritismo, pois, apresenta uma explicação lógica para certos estados de espírito que são considerados loucuras, mas não o são. Há neles, sim, falsas percepções e turbulências cerebrais, devidas a uma certa ação análoga à que produz, entre os encarnados, a sugestão, cuja causa deve ser procurada no mundo espiritual. O que dificulta muito a distinção entre a obsessão e a loucura, é que os sentidos são suscetíveis de serem alucinados sem nenhuma intervenção externa, após certas perturbações do sistema nervoso. Por isso mesmo, é preciso muita prática e um discernimento bem desenvolvido para poder distinguir a causa da enfermidade, e seria desejável que os especialistas acostumados a tratar de alucinados se dignassem a examinar a questão do ponto de vista que acabamos de expor; temos certeza de que disso resultaria um imenso progresso para este ramo da Medicina.

Na subjugação, também chamada possessão,[20] o domínio do espírito é completo. O subjugado é sempre um instrumento dócil às sugestões do espírito: não luta contra esse poder oculto, nem física, nem moralmente; é completamente passivo, porque toda a vontade do obsessor substitui totalmente a sua; um pouco mais, e perderia a consciência de si mesmo, para considerar-se um personagem célebre, um reformador do mundo. Em resumo, persistindo a obsessão, o subjugado acabaria ficando

---

20 Ver, a este respeito, as descrições sobre os convulsionários de Saint-Médard, dos tremedores de Cévennes, dos iluminados, dos predicadores da Suécia etc., que podem ser encontradas na *Histoire des Sciences Occultes*, de Salveste, e na *Histoire Contemporaine du Merveilleux*, de L. Figuier.

louco, porque uma influência perturbadora não se exerce impunemente por muito tempo, pois dela sobrevêm lesões cerebrais que tornam a enfermidade incurável.

O enfermo pode apresentar diversos tipos de subjugação. Se for somente moral, o indivíduo tomará as decisões mais estranhas e mais lesivas ao seu interesse pessoal, ou à lei, com a firme convicção de que suas atitudes são sensatas; se for material, a subjugação pode apresentar muitos e variados aspectos. Allan Kardec conheceu um homem, nem jovem, nem bonito, que, sob a influência de um espírito obsessor, ajoelhava-se diante de todas as moças. Outro, em determinados momentos, sentia uma pressão tão forte na curva atrás dos joelhos e nas costas, que, apesar de seus esforços, era obrigado a ajoelhar-se e beijar o chão, em qualquer lugar público e diante de todo mundo. Este era tido por louco, mas não o era, pois tinha perfeita consciência do seu estado, e sofria horrivelmente com isso.

O hipnotismo veio dar-nos a chave de todos esses fenômenos. O indivíduo obedece mais ou menos passivamente a quem o coloca em tal estado, e não consegue resistir de modo efetivo à sugestão, sejam quais forem as conseqüências que dela provenham. Suponhamos que essa situação se prolongue por semanas, meses, anos, e o resultado serão desordens físicas que exigirão muito trabalho para se normalizar, mesmo após o afastamento do obsessor que as tenha provocado.

Até pouco tempo ignorava-se que uma causa puramente espiritual, independente do organismo, pudesse produzir a loucura, e, conseqüentemente, desordens encefálicas; por isso cuidava-se do corpo e negligenciava-se o espírito. O espiritismo mostra que é preciso seguir um tratamento moral com o paciente, e, ao mesmo tempo, cuidar do obsessor; e, se a lesão produzida não for irremediável, em muitos casos se poderá devolver ao alienado seu antigo domínio sobre o corpo, isto é, se poderá devolver-lhe a razão. Os médicos têm o dever de estudar nossa doutrina, porque sua missão obriga-os a investigar todos os meios de devolver a saúde aos que sofrem, e, mais tarde, quando os fenômenos espíritas forem melhor conhecidos, muitas formas de loucura consideradas incuráveis cederão ante uma medicação que não será sistematicamente materialista.

A omissão instintiva a que é relegada a causa psíquica, faz

com que a ciência seja impotente para curar muitas enfermidades. Com isso, não queremos dizer que não se tenha tentado tratar a loucura do ponto de vista intelectual; se o disséssemos, daríamos provas da mais crassa ignorância; o que queremos dizer é que se tomou um caminho errado, uma vez que se descartou por completo o espírito obsessor, ou, em outras palavras: o hipnotizador desencarnado. É este hipnotizador desencarnado que, antes de mais nada, deve ser rechaçado por todos os meios preconizados pelo espiritismo. Feito isto, se terá vencido a maior dificuldade, e só resta o trabalho de restaurar o corpo, o que pertence às atribuições gerais da Medicina, sempre, e desde que as deteriorações orgânicas não sejam muito consideráveis. Neste caso, não se aplica mais o que dissemos anteriormente. Voltando à loucura, considerada em suas relações com a hereditariedade, é incontestável que, em muitos casos, deve-se a uma lesão do sistema nervoso, lesão que se manifesta em determinada época da vida, e que provém dos antepassados por via hereditária.

Esses casos nada têm a ver com espíritos obsessores.

Um organismo viciado, deteriorado, que não responda à vontade da alma, pode produzir alucinações cuja origem esteja no mecanismo cerebral falseado.

Com freqüência, observa-se uma complicação no fenômeno: a hereditariedade também apresenta suas metamorfoses. Um alcoólatra, por exemplo, pode ter filhos idiotas, o que se deve ao fato de o encéfalo, sob a influência do álcool, ficar parcialmente destruído, de modo que, nos filhos, o cérebro não preenche a caixa craniana; outras vezes, as convulsões dos ascendentes transformam-se em histeria, ou epilepsia, nos descendentes. Cita-se um caso de hiperestesia (desenvolvimento doentio da sensibilidade) do pai, que se estendeu aos filhos, ocasionando monomania, mania, hipocondria, histeria, convulsões, espasmos... São inúmeros os fatos dessa espécie,[21] e são explicáveis pelas teorias da reencarnação e da expiação de faltas anteriores. Logo daremos alguns exemplos.

O perispírito não é *o criador*, é simplesmente *o organizador* da máquina.

---

21 Piorry, *De l'Hérédité dans les Maladies*, pág. 119; Maudsley, *Pathology of mind*, págs. 244-256; Lemoine, *L'Aliené*, págs. 105-137; Boismont, Brierre de, *Les Hallucinations;* Moreau, *Psychologie Morbide*.

Se a herança não lhe dá os materiais adequados, ou se os dá viciados e incompletos, ele não é capaz de supri-los, ou regenerá-los, e restam partes do cérebro sobre as quais não pode atuar. Por outro lado, como a vida mental é tão complexa, faculdades como a memória, o idealismo, a imaginação, o raciocínio etc. acham-se intimamente ligadas, e a obliteração de uma única inibe a manifestação das outras. Daí resultam as desordens de que estamos tratando.

Guitras narrou o seguinte fato: Um homem acometido de loucura teve filhos que desempenharam cargos públicos com zelo e capacidade; mas os filhos dos seus filhos, isto é, os netos do louco, nos primeiros quinze anos de vida pareciam sensatos, mas todos enlouqueceram ao chegar aos vinte. Aubanel e Thoré observaram episódios idênticos em vinte e dois casos de loucura hereditária.

Há famílias em que todos, ou quase todos os membros são acometidos da mesma espécie de loucura. Três indivíduos de uma mesma família foram internados juntos num hospício da Filadélfia; no hospital de Connecticut havia um doente que era o undécimo da sua família; Lucas menciona uma senhora que era a oitava, e há outros casos assim. O mais curioso, porém, é que o mal se manifesta na mesma idade, em gerações sucessivas.

Um comerciante suíço viu seus dois filhos morrerem loucos aos dezenove anos. Uma senhora enlouqueceu após um parto, aos vinte e cinco anos, e com a mesma idade, e nas mesmas circunstâncias, a filha dela também enlouqueceu. Esquiros menciona uma família em que o pai, o filho e o neto se suicidaram aos cinqüenta anos.

Apesar de todos os fatos que acabo de citar, a herança intelectual é apenas uma exceção, pois observa-se que o que é transmitido por via seminal são as enfermidades, não as faculdades propriamente ditas. Bem mais freqüentes são os casos de precocidade intelectual inata, que, no entanto, não deixam de ser exceções. Isto é o que sustenta o dr. P. Lucas, e pensamos como ele, já que sabemos que o espírito que encarna traz consigo sua própria individualidade, quase sempre diferente da dos pais. Não vemos, às vezes, nascerem homens de gênio em famílias cujos membros não gozam de qualquer faculdade excepcional? E, ao contrário, não se vê nascerem facínoras em famílias honradas?

A lei da reencarnação explica perfeitamente essas aparentes anomalias; porém, neste estudo, como em todos os que dizem respeito ao físico e ao moral, é preciso que não nos coloquemos num único ponto de vista, se não quisermos expor-nos a ver somente um aspecto da questão. O sábio que analise só a parte material, se enganará tão lamentavelmente quanto o espiritualista que só considere o espírito. Ambos os estudos se completam, e é de ambos que há de surgir o verdadeiro conhecimento.

O espiritualista tem o dever de esclarecer alguns pontos da ciência, estendendo-lhe o domínio até ao mundo invisível. Digamos, então, que se o espírito que vem à Terra traz, incontestavelmente, o cabedal de suas aquisições em vidas passadas, é preciso não esquecer que esse cabedal poderá, ou não, revelar-se, e ir crescendo, conforme lhe sejam favoráveis, ou não, as disposições orgânicas do invólucro material que venha a ter. Veja-se, a este respeito, o parecer do sábio dr. Moreau, de Tours,[22] que não admitindo a hereditariedade a não ser sob o ponto de vista psicológico, isto é, na qualidade de transmissora dos defeitos e enfermidades orgânicas, diz o mesmo que dizemos, embora sua apreciação e a nossa sejam absolutamente diferentes no que se refere à natureza do princípio inteligente.

Para os materialistas, que supõem que a alma é uma conseqüência do organismo, a alma fica fica doente se o organismo está doente; para nós, que acreditamos na independência constitutiva da alma, esta jamais adoece, mesmo que o organismo esteja doente, mesmo que não possa manifestar suas faculdades com um corpo mal constituído, e mesmo quando faltem a esse corpo certas partes indispensáveis aos seu bom funcionamento integral. Seria o mesmo que querer obrigar um músico a dar a nota *sol* num piano que não tivesse, em qualquer das suas oitavas, as cordas que produzem esse som.

Concordamos, pois, com a ciência quanto ao fato de que a loucura, na maioria das vezes, provém de uma lesão, ou de uma perturbação nervosa transmissível hereditariamente; nossa explicação para esse fenômeno, porém, difere completamente, no momento em que reconhecemos na alma uma personalidade independente depois da morte, como nos prova o espiritismo.

---

[22] *Psychologie Morbide.*

Trechos do que diz o Dr. Moreau evidenciarão nossas divergências:

"Esperar em cada nova geração a reprodução de fenômenos idênticos – diz ele –, é não compreender a lei da hereditariedade.

"Alguns há que se negaram a submeter as faculdades intelectuais à hereditariedade, por pretenderem que o caráter e a inteligência dos descendentes fossem exatamente iguais aos dos ascendentes, que uma geração fosse cópia da anterior, que pai e filho dessem o espetáculo de uma mesma criatura nascendo duas vezes, percorrendo, por sua vez, o mesmo caminho, e nas mesmas condições. Mas, não é na identidade das funções ou dos fatos orgânicos, nem na das faculdades intelectuais, que se precisa buscar a aplicação da lei da hereditariedade: é na própria fonte da organização, é *na constituição íntima*.

"Uma família cujo chefe tenha morrido louco, ou epiléptico, não se compõe, necessariamente, de loucos, ou epilépticos, mas os filhos podem ser idiotas, paralíticos, ou escrofulosos. *O que o pai lhes transmitiu não foi a loucura*, mas o defeito da sua constituição, que se manifestará sob as diferentes formas da histeria, da epilepsia, da escrófula, ou do raquitismo. É assim, e somente assim, que se deve compreender a transmissão hereditária."

Estes fatos põem em evidência o papel e a importância do corpo nos casos anormais, e nos fazem compreender por que uma criança pode apresentar tendências para a loucura; mas não anulam a lei da reencarnação e a identidade substancial do ser que se encarna. Além do mais, a observação estabelece, de modo preciso, que *não há hereditariedade intelectual, que existe apenas transmissão das características físicas.*

Consolidemos este ponto, tão importante para nós:

1º) O que prova a reencarnação – diz Burdach –, é que freqüentemente os pais têm faculdades intelectuais muito limitadas, e os filhos manifestam as mais promissoras disposições. É comum que, de pais simples, nasçam homens superiores, inteligências cujo influxo se faz sentir através dos séculos, e cuja presença era necessária à sociedade. Os maiores expoentes pertenceram a famílias pobres, comuns, desconhecidas. Exemplos: o Cristo, Sócrates, Joana d'Arc.

2º) Homens ilustres são pais de rebentos indignos deles: Cícero e seu filho, Germânico e Calígula, Vespasiano e Domiciano, Marco Aurélio e Cômodo, os filhos de Henrique IV, de Luís XIV, de Cromwell, de Pedro, o Grande, de La Fontaine, de Crébillon, de Goethe, de Napoleão etc.

3º) Raças que alguns consideram inferiores produzem grandes gênios, como Toussaint Louverture.

4º) É comum observar-se que, embora fisicamente se pareçam muito com os pais, há filhos que moralmente em nada se assemelham a eles.

Graças à lei da reencarnação, hoje bem demonstrada, o espiritismo explica essas anomalias da hereditariedade, que confundem todos que teimam em não admitir a intervenção do elemento espiritual como individualidade bem definida, nos problemas que exigem esse postulado para serem resolvidos. Assim, só lhes resta dizer, como Ribot:

"Quais são as causas dessas metamorfoses? Por que misteriosa transmutação a natureza extrai o melhor do pior, o pior do melhor? Não sabemos que responder. *Esta questão está acima do alcance atual da ciência*. Não podemos dizer por que determinado modo de atividade se transforma ao transmitir-se, nem por que adota determinada forma e não outra." Enfim, vê-se que, para bem compreender a natureza humana, é preciso não esquecer que a herança sempre se transmite sob a perspectiva fisiológica, e que, sem admitir-se que as faculdades do espírito sejam transmissíveis, o que é impossível, segundo o espiritismo, pode muito bem acontecer que, devido às disposições orgânicas, as características morais dos pais se reflitam nos filhos.

É enorme a responsabilidade de todos os que, sabendo que uma doença incurável os consome, ou que têm vícios que deixam marcas repulsivas e indeléveis, nem por isso hesitam em procriar seres que, fatalmente, trarão o inapagável estigma da infância de seus progenitores.

A propósito, vejamos o que diz o sábio e consciencioso naturalista Quatrefages:

"Há muito se vem observando que crianças geradas em estado de embriaguez apresentam com freqüência, e permanentemente, certos sinais característicos desse estado, como sentidos embotados e faculdades intelectuais quase nulas. Estando em

Toulouse, durante uma breve excursão científica, tive oportunidade de observar um fato desse tipo. Um casal de operários, pertencente a famílias cujos membros eram sadios de corpo e espírito, tinha quatro filhos; os dois primeiros eram vivos e inteligentes, o terceiro era meio idiota e quase surdo, o quarto se parecia com os dois mais velhos. Informações dadas pela mãe, muito aflita com o estado intelectual do terceiro filho, me permitiram saber que ele fora concebido num momento em que o pai estava completamente bêbado. O fato isolado, em si, pouco, ou nenhum significado teria, mas relacionado com os divulgados por Lucas, Moret etc., ao contrário, adquire grande importância."

Hoje, ninguém tem dúvidas quanto às tristes conseqüências do alcoolismo, e, sem que precisemos insistir muito no mesmo assunto, cremos que quem nos ler compreenderá a gravidade contida nessas delicadíssimas questões.

As disposições orgânicas que se herdam são, portanto, vantajosas, ou nefastas, e o espírito que se encarna, segundo seu grau de progresso, *submete-se* a uma família, ou *escolhe* uma que lhe permitirá completar, na Terra, o progresso que deseje realizar.[23] Se deve cultivar as ciências, as artes, ou as letras, suas afinidades perispirituais o conduzirão, de preferência, a ambientes em que estas sejam cultivadas. Se, ao contrário, deve sofrer para apurar-se, sentir-se-á atraído por famílias cujas tendências hereditárias se manifestam em toda sua intensidade, e farão da sua vida uma dolorosa prova.

Assim se explicam as enfermidades persistentes e terríveis que parecem assaltar, arbitrariamente e com fúria, certas famílias, e que nos levariam a duvidar da Justiça Divina se o espiritismo não nos fizesse compreender o porquê dessa aparente injustiça.

Resumo

No momento da encarnação, o perispírito se une, molécula a molécula, à matéria do germe. Este possui uma força vital cuja energia potencial, maior, ou menor, transformando-se em energia efetiva durante a vida, determina o grau de longevidade do indivíduo.

---

[23] Se não for suficientemente adiantado para perceber esse fenômeno, as leis magnéticas o dirigirão inconscientemente à sua realização. (N. do A.)

O germe contém também as gêmulas que modificam o organismo em virtude das leis de hereditariedade, ou então a força vital, modificada pelos pais, transmite suas disposições orgânicas aos filhos. O perispírito desenvolve suas propriedades funcionais sob a influência da força vital. A evolução vital do germe reproduz, rapidamente, as formações *ancestrais* pelas quais a raça passou. Assim como o duplo fluídico conserva, sob a forma de movimentos, a marca indelével de todos os estados da alma desde seu nascimento, assim também o germe material contém em si a impressão imperecível de todos os sucessivos estados do perispírito.

A idéia diretriz que determina a forma acha-se contida no fluido vital, e o perispírito, ao impregnar-se, ao misturar-se, ao unir-se intimamente com essa força, se materializa o suficiente para transformar-se em diretor, regulador e suporte da energia vital modificada pela hereditariedade. É desse modo que se forma, se desenvolve e se destrói o tipo individual.

Eis por que o perispírito é o decalque do corpo, a rede fluídica permanente através da qual passa a torrente de matéria que destrói e reconstrói continuamente o organismo vivo. É também ao perispírito que o espírito deve a conservação da sua identidade física e moral, porque seria absolutamente impossível atribuir esse sentimento tão profundo e tão persistente do eu à matéria, que se renova incessantemente.

O que nos dá a inabalável certeza de que somos o mesmo ser, do berço ao túmulo, é a memória. Como as moléculas do nosso corpo foram renovadas milhares de vezes no decorrer da nossa existência, e como a memória sempre persistiu, não há a menor dúvida de que esta não pode ser uma propriedade da matéria, de algo instável como a matéria, e sim que deve pertencer ao que não varia, ao invólucro fluídico, *ao perispírito.*

Também observamos no homem instintos específicos, ou seja, instintos que pertencem a toda a raça, o que não deve surpreender-nos, visto que a alma e seu invólucro não chegam ao período humano a não ser quando estejam aptos a dirigir o corpo humano. Os instintos primordiais são os mesmos para todos; há, porém, outros instintos individuais que dependem do progresso particular de cada um, e isto faz com que a reação às excitações externas tenha graus tão múltiplos, como múltiplas são as modalidades do progresso que se observam no conjunto dos seres.

A transmissão das disposições orgânicas permite compreender por que os espíritos encarnam, de preferência, num meio e não em outro: é que nele encontram as condições necessárias ao desenvolvimento das suas faculdades especiais. As afinidades fluídicas, portanto, desempenham o papel principal no momento do nascimento. Se acrescentarmos a isso a evolução por grupos, ficará provado que os espíritos não podem encarnar onde desejam.

Todos os seres evoluem por gradações imperceptíveis, por transições insensíveis, mas, se queremos avaliar o caminho percorrido, basta compararmos os pontos extremos de uma série: o selvagem e o homem civilizado. Compreenderemos, então, a diferença que separa o homem atual do seu antepassado da Era Quaternária.

Já vimos que as disposições mórbidas são transmissíveis, e que, se a inteligência não é gerada pelos progenitores, nem por isso deixa de ser tolhida no livre exercício das suas faculdades quando recebe como instrumento um organismo defeituoso. Esta é uma das provas mais dolorosas.

Nem sempre o que se considera loucura é real; às vezes sua causa não está no organismo, mas provém de espíritos obsessores, cuja ação vai da obsessão à subjugação. É exatamente em casos assim que o espiritismo se revela como benfeitor social, pois acorre em auxílio das muitas pobres vítimas que são encerradas, sem motivo, em manicômios, e que, de simples obsedados que são ao entrar, geralmente acabam ficando dementes, quando em contato com loucos verdadeiros.

6.
O Universo

> A matéria e o espírito – A evolução cósmica – A evolução terrestre

Todas as religiões e todas as filosofias que se sucederam através dos tempos sempre estiveram em íntima relação com os conhecimentos humanos da época em que surgiram. Sem qualquer esforço, vêem-se no cristianismo vestígios das falsas idéias que, na época romana, vigoravam a respeito da cosmogonia: a Terra era o centro do universo, e a criação inteira fora feita para ela apenas. Os progressos das ciências modificaram radicalmente nossas idéias quanto a este ponto, e hoje sabemos que a Terra não passa de um pequeno planeta do sistema solar, que há mundos em profusão disseminados por todas as regiões do espaço, e que o universo é infinito em todas as direções.

Estas verdades feriram de morte os antigos dogmas, e libertaram o espírito, dando-lhe uma idéia mais grandiosa do Poder Eterno que preside às evoluções do cosmos. Elevando-se acima das concepções antropomórficas, o homem entreviu o Ser Eterno, permitindo-nos, hoje, sondar todos os mistérios, sem medo de incorrer em culpa por nosso atrevimento.

O telescópio foi o primeiro aparelho que nos revelou nossa verdadeira posição no universo. Os outros planetas são astros como a Terra; sua forma, sua constituição e seus movimentos se parecem com os do nosso globo; podemos dizer que são nossos irmãos do infinito; Galileu nos demonstrou que, em vez de meros pontos brilhantes, são terras do espaço, com seus continentes, atmosferas e satélites, como nosso mundo. Que descoberta maravilhosa! Se esses globos têm características tão semelhantes às da Terra, sua origem deve ser a mesma, e devem ter passado pelas fases por que passamos, ou estão passando, ou passarão por elas. Ao dizer que a Terra era um "Sol encrostado", Descartes já tinha pressentido essa grande verdade.

A inteligência humana não demorou a abandonar a contemplação do sistema solar: este era muito acanhado para satisfazer-lhe as aspirações. Por isso a vimos, com Herschell, e com o auxílio do telescópio, lançar-se à exploração do infinito, fixar o olhar nos astros distantes, separados do nosso sistema por um abismo.

As estrelas e as nebulosas vão expor seus esplendores diante de nossos olhos maravilhados; diante de nossa imaginação temos a imensidade dos céus com suas insondáveis perspectivas. À distância das estrelas, uma nebulosa com o diâmetro da órbita terrestre, 930.000.000 km, não seria visível; só se poderia perceber outra que o tivesse igual à da órbita de Júpiter, ou de Saturno; as mais compactas são superiores à órbita de Netuno, que chega a 4.504.000.000 km, e existem outras, tão enormes, que a inteligência humana não pode imaginar sua gigantesca extensão. Essas aglomerações de matéria cósmica apresentam, de quando em quando, pontos brilhantes que, se em vez de considerá-los numa única nebulosa, os seguirmos no infinito, os veremos rodeados por outras nebulosas, mais, ou menos extensas. Tais núcleos parecem oferecer-nos todos os graus de condensação da matéria que os compõe, do vapor mais difuso até a estrela mais bem formada.

É aqui onde se revela a magnífica concepção da gênese dos mundos, perpetuando-se incessantemente nas ilimitadas solidões do infinito. Para assistir a essas transformações grandiosas, seria preciso dispor de períodos de tempo ante os quais a vida e a ciência humanas não representam, certamente, mais do que um instante; observando, porém, uma série de astros cujas transformações estão nos mais variados graus, a ciência imita o naturalista que, percorrendo um campo, observa árvores da mesma espécie, em idades diferentes, e deduz, a partir das suas observações, o ciclo que a planta percorre nas diversas épocas da sua existência.

Nessa conquista do céu, onde se deterá a audaciosa investigação do homem, ínfimo pigmeu entre os mais ínfimos habitantes do universo? A fotografia ampliou os limites acessíveis a distâncias incalculáveis; quem, no entanto, revelará ao homem a natureza desses mundos, separados dele por distâncias vertiginosas? A inteligência, que certamente é a senhora da matéria e do espaço, lho revelará, porque lhe proporcionará um novo meio, tão potente quanto inesperado, para analisar esses mundos perdidos em insondáveis abismos.

Em vez de considerar a luz do ponto de vista das imagens que nos traz, hoje a analisamos em si mesma, e isso nos revela a natureza química do corpo que no-la envia, e até dos corpos que, colocados na trajetória dos seus raios, podem tê-la modificado por absorção. O alcance filosófico desta descoberta é incalculável, porque nos prova materialmente a esplêndida unidade das leis naturais que atuam em todo o universo. Esta análise espectral, que se estende às estrelas e às nebulosas, confirma que a matéria é idêntica por toda parte; de modo que já temos uma base sólida sobre a qual podemos apoiar nossas ilações filosóficas.

E não apenas isto, mas podemos ir muito mais além nesse caminho. Não satisfeitos por conseguir calcular, com exatidão matemática, os movimentos dos astros distantes, medi-los e analisá-los, tentamos, e conseguimos, saber sua idade no conjunto da criação. Sim, conseguiu-se decifrar os maravilhosos hieróglifos da imagem prismática que nos mostra o conjunto de raios que um astro nos envia, separá-los, classificá-los, ordená-los segundo sua composição química, segundo seu movimento e temperatura.[1]

"Se o corpo estiver apenas aquecido, sem chegar à incandescência, seu espectro nos mostra isso, por meio de seus raios, que nos provocam a sensação da luz; se chegar à incandescência, surgem os raios luminosos e fotográficos. Quando a incandescência é mais pronunciada, o espectro do lado violeta aumenta, o que é sempre indício de alta temperatura; e se essa temperatura se elevar mais ainda, o violeta e os raios invisíveis que o acompanham também se tornam mais intensos. Por abstração, pode-se conceber um corpo, levado a tal grau de temperatura, que não emita outros raios a não ser os invisíveis ultravioleta e,

---
1 Jeanssen, *L'Âge des Étoiles* (*Revue Scientifique*, novembro de 1887, pág. 644.)

portanto, não seja percebido pela vista, mas revelável pela fotografia, pela fluorescência, ou por aparelhos termoscópicos."[2]

Sabemos que as estrelas mais quentes são as mais jovens; podemos, então, classificá-las segundo a idade, e dizer que existem astros em todos os estágios de desenvolvimento, indo dos sóis apagados aos que ainda estão em atividade.

E, que dizer desses mundos que, como o nosso, são satélites de sóis mil vezes maiores e mais potentes! "Descobriu-se – diz Secchi – que Sírius tem realmente um satélite difícil de ver, por estar imerso nos raios do astro principal"; graças aos potentes telescópios modernos, porém, conseguiu-se achá-lo e medi-lo.

Se, por um momento, considerarmos as conseqüências físicas da multiplicidade desses sistemas luminosos, e os astros obscuros que os acompanham, ficaremos surpresos.

Num sistema onde a excentricidade seja tão grande como em Alfa Centauro, os planetas devem receber calor, tanto de dois sóis muito próximos, como de um sol vizinho e de outro bem afastado. Acrescente-se a isso que as estrelas duplas têm, com freqüência, cores diferentes e complementares, e a imaginação, mesmo sendo a de um poeta, será incapaz de conceber as fases de um dia iluminado por um sol vermelho, e de uma noite iluminada por um sol verde, de um dia em que dois sóis de cor diferente rivalizem em iluminá-lo, de uma noite precedida de um crepúsculo dourado e seguida de uma aurora azul.[3]

Os movimentos desses astros de cores maravilhosas foram calculados, e se obtive a certeza de que a atração não é uma lei exclusiva do nosso mundo, mas de todos os mundos do espaço.[4]

Podemos, pois, concluir, com todo rigor, que o universo é infinito, eterno, e que é formado pelos mesmos elementos e está submetido às mesmas leis, em todas as direções da sua extensão.

Alguns sábios afirmaram que o universo terá fim. Baseando-se nas leis da conservação da energia, demonstraram que todas as transformações que ocorrem num sistema circunscrito, como o que é formado pelo Sol e os planetas que gravitam em torno dele, têm por finalidade transformar a energia potencial em energia efetiva, ou seja, produzir uma temperatura igual em

---
[2] Isto confirma tudo o que sabemos a respeito da fotografia dos espíritos.
[3] Secchi, *Les Étoiles*, t. II, págs. 58 e 68.
[4] Faye, *Classification des Mondes* (*Revue Scientifique*, abril de 1885, pág. 489.)

todas as partes do sistema. Se a vida resulta – o que é certo – de determinado grau de temperatura, ou, melhor dizendo, se o Sol se apagar, claro está que a vida desaparecerá da superfície da Terra e dos outros planetas. Ainda não sabemos, porém, em que momento esse fenômeno ocorrerá. As mais acuradas experiências e os cálculos mais abalizados não permitiram comprovar, desde que o Sol vem sendo observado, qualquer diminuição apreciável em sua energia; mas, afinal, não se pode duvidar que, ao fim de um tempo incalculável, o foco diminuirá a emissão de seus raios e acabará por extinguir-se. Chegado esse momento, é certo que não haverá mais possibilidade de vida?

Ninguém poderia afirmar de modo absoluto, mesmo que o Sol fosse fixo; mas não é, o Sol não fica imóvel; ao contrário, desloca-se na direção da constelação de Hércules com a velocidade de 20km por segundo, e ninguém pode dizer-nos se, ao fim de períodos seculares, em que tiver esgotado sua energia, estará, ou não, numa região sideral onde outro sol lhe dará o que hoje nos dá, ou seja: luz, calor e vida.

Porém, mesmo supondo que todo nosso sistema seja mortalmente atingido, é justo supor que todo o universo corra o mesmo risco? O que é verdade para um sistema circunscrito pode generalizar-se ao infinito? Ignoramos totalmente se o poder organizador que faz a matéria evoluir fixou, ou deixou de fixar, limites às suas manifestações; tudo, ao contrário, nos leva a crer na eternidade do movimento e da vida no infinito. As descobertas da Astronomia demonstram que a matéria existe em todos os graus de condensação, que, muito antes da formação da Terra, já brilhavam estrelas no firmamento, e que os sistemas que agora se formam existirão, com todas as manifestações da atividade, mesmo quando o último olho humano se tiver fechado na Terra.

Cremos, pois, na eternidade do universo e das manifestações criadoras, desenvolvendo-se sem cessar através do tempo e do espaço.

A matéria e o espírito

Não conhecemos a matéria em si, como não conhecemos a força, nem o espírito; apenas sabemos alguma coisa a respeito de suas relações recíprocas, e isto não nos autoriza a formular uma teoria completa, que abranja todos os fenômenos consecutivos. Declaramos publicamente: não sabemos, não podemos saber, se o espírito gerou a força e a matéria por meio da evolução, ou se qualquer das duas últimas realidades originou as restantes.

Há alguns filósofos que, de acordo com suas convicções particulares, deram prioridade, na manifestação, ou ao espírito, ou à matéria; uns e outros, porém, esbarraram em dificuldades lógicas insuperáveis.

Se admitirmos que a força é uma maneira de ser, um aspecto da matéria, restam no universo apenas dois elementos distintos, a matéria e o espírito, que são irredutíveis entre si. O espírito tem como característica essencial a consciência, isto é, o *eu*, pela qual se distingue do *não-eu*, da matéria. Desde as primeiras manifestações vitais, o *eu* atesta sua existência através de reações espontâneas aos estímulos externos. No mundo inorgânico, tudo é cego, passivo, fatal; jamais há progresso, existem apenas mudanças de estado, que não modificam a natureza íntima da substância. No ser inteligente, há aumento de energia, desenvolvimento de faculdades latentes, expansão de aspirações, que se manifestam por uma exaltação íntima do indivíduo.

As modalidades da matéria, ou da força, limitam-se a um círculo fechado: o das transformações. Podem muito bem transformar-se umas em outras, e substituir-se por mudanças na freqüência, na amplitude, ou no sentido dos movimentos vibratórios; mas é só, pois a isso se reduz seu ciclo evolutivo. A alma é una, e cada essência espiritual é individual, pessoal; nenhuma pode mudar, ou ser substituída por outra; a alma é uma unidade irredutível, que contém sua existência em si mesma. Embora semelhantes às das outras almas, suas faculdades têm um grau de desenvolvimento peculiar e próprio. Para a alma há progresso, modificação íntima, ascensão sem possibilidade de regressão a estados menos elevados. Este progresso manifesta-se por um poder sempre maior sobre o *não-eu*, sobre a matéria.

Vimos, anteriormente, como se pode conceber a evolução da alma durante a existência, produzindo formas materiais cada vez mais perfeitas; e agora, partindo da matéria primordial, reuniremos o conjunto desses conhecimentos.

A evolução cósmica

Se estudarmos a matéria em seus diferentes estados físicos, vemos que ela vai se rarefazendo cada vez mais, à medida que passa do estado sólido ao gasoso; chegando a esse estado, as moléculas acham-se numa condição de extrema instabilidade, porque estão animadas de um movimento de rotação muito rápido e de outro de translação retilínea em todos os sentidos, não menos vertiginoso. Este último movimento resulta do choque das moléculas animadas do movimento rotativo, que é resultado da força viva armazenada nas moléculas, capaz de transformar-se em todos os outros movimentos; de modo que a rotação representa a soma de trabalho disponível, ou, o que vem a ser o mesmo, a soma de energia.

Do que foi dito, segue-se que, nas moléculas gasosas, vemos a energia potencial no mais alto grau; isso não quer dizer, porém, que não exista outra energia de nível ainda mais elevado. Na verdade, a natureza nos mostra que a matéria da nebulosa aparenta precisamente um estado considerável de rarefação da matéria. Se supuséssemos toda a matéria do nosso sistema solar uniformemente repartida num espaço esférico abrangido pela órbita de Netuno, teríamos uma nebulosa gasosa homogênea, que seria quatrocentos milhões de vezes menos densa do que o hidrogênio à pressão normal, e sabemos que o hidrogênio pesa quatorze vezes menos do que o ar.[5] Nesse estado, a matéria deve ser ultra-radiante e apresentar todas as características da força.

No entanto, esse estado ainda não é o da matéria primordial, uma vez que tem um peso. Sabemos que homens ilustres, como Helmholtz, Crookes e Carnellay, baseando-se no estudo da força, admitem que a matéria pode apresentar estados em que não tenha peso. O calor, a luz, a eletricidade etc., são modos vibratórios, nos quais a matéria não tem peso; logo, é possível imaginarmos uma substância primitiva, invisível e imponderável, que forma o estado primordial da matéria, isto é, o fluido universal.

Se examinarmos as propriedades químicas da matéria, chegaremos à mesma conclusão. Esta ilação é muito legítima, e está em consonância com as descobertas e tendências da época

---

[5] Flammarion, *Le Monde avant la Création de l'Homme*, pág. 40.

atual. Isto posto, é fácil compreender que todos os fenômenos físicos da formação de um mundo dependam exclusivamente de condensações sucessivas, cada vez mais completas, do fluido universal.

A matéria, em sua forma primitiva, ocupa a extensão do infinito e existe em todos os graus de rarefação, do inicial, ao visível e ponderável. O éter dos físicos nada mais é do que um modo muito distanciado do da matéria universal. Os espíritos nos ensinam que esses diversos estados de rarefação representam o que chamamos fluidos, dos quais há um número tão grande, e com propriedades tão diferentes, como diferentes nos parecem os estados da matéria. Se estudássemos devidamente os fluidos, encontraríamos a razão de ser de uma imensidade de fenômenos que hoje não compreendemos.

À medida que a matéria única se condensa, o movimento atômico, que estava em sua máxima potência, vai diminuindo; aparecem, então, as múltiplas manifestações da energia a que chamamos forças naturais, e que se traduzem pelas diversas vibrações do éter. Depois, como a amplitude do movimento original continua diminuindo, a rarefação primitiva se torna menor e a matéria aparece nas pálidas nebulosas que ocupam lugares determinados no seio do infinito, onde, na sucessão dos tempos, se desenvolverão os universos futuros. Quem poderá calcular as séries de séculos necessários à realização dessas lentas formações?

Para que a inteligência pudesse ter uma pálida idéia desses ciclos, precisaria de unidades tão enormes que, mesmo que tomasse como uma dessas unidades todo o período durante o qual a Terra efetuou suas evoluções, o resultado seria falho. A Astronomia forneceu-nos dados inquestionáveis a esse respeito. Sabemos como a matéria cósmica se concentra lentamente rumo ao seu centro. A descida de todos os átomos para esse ponto de gravidade desenvolve um calor enorme, e, ao mesmo tempo, a nebulosa assume um movimento de rotação circular que forma zonas girando com velocidades desiguais, conforme sua distância do centro; cada um desses anéis se condensa formando pequenas nebulosas, que giram dentro da nebulosa maior e em torno do seu centro particular; e à medida que a concentração molecular cresce, o calor gerado dá origem aos sóis que iluminam sua noite profunda.

Se examinarmos um desses mundos secundários, como a Terra, por exemplo, chegaremos a reconstruir sua história celeste. Inicialmente, foi uma estrela incandescente, branca e brilhante como Sírius, em que mal começava a diferenciar-se a matéria ponderável, dando nascimento ao mais leve de todos os corpos: o hidrogênio. Durante muito tempo, ficou espalhando suas deslumbrantes radiações em todas as direções do espaço; logo, a diminuição do seu calor, ou seja, do seu movimento vibratório, possibilitou nele outras condensações; sua luz tornou-se amarela como a do Sol, e apareceram sucessivamente os diferentes metais que conhecemos. Depois dos metais apareceram os metalóides, e os primeiros puderam combinar-se entre si; sua luz adquiriu um tom vermelho vivo, que foi pouco a pouco enfraquecendo, e assim continuará até que o mundo se extinga; nesse momento, porém, já se terá realizado completamente a diferenciação, por que, com a diminuição da temperatura, todas as diversas condensações foram tomando sua respectiva posição de equilíbrio estável, que no futuro já não poderá modificar-se. Essas condensações são os corpos simples.

A diminuição de temperatura de que acabamos de falar, em nada se comparava à que hoje existe. Devemos imaginar a Terra como um imenso laboratório onde os corpos estejam em estado de vapor, e em parte liquefeitos; isto é, devemos imaginá-la com uma temperatura de 2.000 graus, aproximadamente. Esse imenso braseiro em combustão acha-se coberto apenas por uma delgada camada de escórias; a atmosfera está carregada de vapores espessos, continuamente sulcados por extraordinárias descargas elétricas. Porém, o frio dos espaços interplanetários age sem cessar sobre toda sua superfície, as condensações dos metais acontecem em meio às forças físicas e químicas desencadeadas; a crosta sólida vai aumentando, a ponto de chegar a interceptar os raios do foco central. A partir de então, os vapores aquosos se condensaram e a Terra foi tomada por eles.

Durante esse tempo, apareceu a Lua, que se desprendeu da nebulosa terrestre pela rapidez do movimento de rotação, que então era muito mais veloz do que hoje.

E no seio tépido dos mares primitivos, sob condições de luz, calor e pressão que seriam difíceis de reproduzir, formou-se essa massa viscosa que se chama protoplasma: primeira manifestação da vida e da inteligência, que deve desenvolver-se progressiva e paralelamente, produzindo a imensa quantidade de formas vegetais e animais, para, após uma longa série de séculos pacientemente nela investidos, concluir sua obra, com o surgimento do ser consciente: o homem.

A evolução terrestre

Os solos primitivos não apresentam qualquer vestígio de matéria organizada. Mas é certo que, em determinado momento, a vida surgiu na Terra.

Já vimos que a vida não é senão uma modificação da energia, prenunciada pela natureza com a construção geométrica dos cristais, com a reconstituição dos que tenham suas arestas desgastadas, e com sua inesperada reprodução se uma força exterior os parte, fazendo com que seus pedaços caiam na água-mãe. Mas essa matéria é inerte, desprovida de espontaneidade. Para que seja animada, é preciso que a ela se una o princípio espiritual.

Com o protoplasma, este é um problema que fica resolvido. Nessas massas gelatinosas, moles, viscosas, que assumem indiferentemente todas as formas, não há individualidade; logo se reproduz nelas uma condensação semelhante à das nebulosas, e aparece o núcleo; mais tarde o protoplasma reveste-se de uma camada mais densa, que é o primeiro fundamento do invólucro membranoso, e está constituído o ser vivo. Este ser é a célula, é a molécula vital de que o todo orgânico é constituído, quer pertença ao reino vegetal ou ao animal, quer seja simples ou complexo. O trabalho futuro consistirá simplesmente no agrupamento das séries de células, mais ou menos diferenciadas, e os meios empregados pela natureza para modificar sua obra primitiva são muito simples: reduzem-se à seleção natural, ou, melhor dizendo, à luta pela vida, e à influência do meio, cuja ação é expressiva quanto à variação das formas, à nutrição e os instintos.

Os primitivos povoadores dos mares foram, portanto, as células albuminóides, microsferas, moneras, amebas, cujas primeiras associações formaram as algas que criam tapetes no fundo do oceano. No início sua vida foi indistinta; animais e vegetais pareciam confundir-se; não tardaram, porém, a diferenciar-se.

As células de envoltório flexível deram origem aos seres vivos móveis, aos animais; as de invólucro resistente, da natureza da celulose, produziram os vegetais, imóveis. Emanados diretamente do protoplasma, os primeiros organismos animais foram células livres, gozando de vida própria. As amebas, muito parecidas com gotas de azeite, se contraem e andam com dificuldade; ainda não têm forma bem determinada. O primeiro passo a caminho do aperfeiçoamento observa-se nas moneras esféricas, providas de cílios contráteis, que lhes permitem deslocar-se; as algas volvocáceas são animadas de um movimento de rotação contínuo. Nesses seres primitivos, surdos, cegos e mudos, o único sentido é o tato. Reproduzem-se por segmentação; quando a célula chega a um determinado ponto de crescimento, produz-se em sua massa um estrangulamento que a divide em duas partes, formando cada uma delas uma nova célula. Ainda podemos encontrar, no fundo dos mares, alguns desses organismos primitivos, embora sua espécie seja contemporânea ao surgimento da vida em nosso planeta. Sua nutrição se realiza por simples absorção, como ocorre com as plantas; no entanto, as células possuem todas as características da vida. Não restam dúvidas de que são os antepassados de todos os animais superiores.

Um pouco mais tarde, as células já não se separaram ao reproduzir-se, mas permaneceram associadas. Os protistas, ou zoófitos, apresentam-nos o exemplo da primeira vida celular em comum. A forma desses animais é variável; uns são ovóides e avermelhados, outros achatados, em forma de folhas, outros, ainda, vivem em compartimentos ramificados em colônias arborescentes.. Neles, porém, ainda não houve a fusão das diferentes individualidades de que se compõem; essa fusão ocorrerá lenta e progressivamente. Nos protistas, cada parte vive por si mesma; falta-lhes a percepção da vida em comum e da divisão do trabalho geral para alcançar o progresso. Já as esponjas revelam certa personalidade indefinida; constituem uma sociedade de amebas e infusórios flageliformes que se soldam numa massa comum, massa essa que se contrai e se dilata em bloco, para receber, ou expelir a água que lhe serve de nutrição.

As hidras, os pólipos e as medusas são formas transitórias que a natureza emprega para conseguir fundir as unidades particulares em uma individualidade total. Esses seres já possuem músculos rudimentares que dão à massa movimentos de conjunto; possuem estômago e já têm alguns rudimentos de nervos; o que ainda não têm é vista, olfato e audição. Na hidra, as propriedades estão ainda tão pouco diferenciadas, que se virarmos pelo avesso o saco que constitui o animal, a parte que era externa passa a ser interna, e digere os alimentos com a maior facilidade, como se nada de anormal tivesse acontecido.

Os celenterados assinalam uma nova e considerável etapa. Há neles respiração branquial, e nutrem-se de uma espécie de líquido que seu coração rudimentar, batendo indiferentemente em todos os sentidos, envia às diferentes partes do corpo. Alguns desses animais, como o coral, segregam uma substância que forma uma concha arborescente.

A natureza já percorreu um longo caminho na elaboração das formas; mas ainda não vimos um ser que não seja difuso, informe, que não vegete nas profundezas ilimitadas do oceano. Ela precisou de milhares de anos para conseguir produzir os anelídeos, que vêm logo depois dos animais anteriores.

Como os celenterados, as minhocas ainda não passam de um tubo. Têm brânquias, também, mas seu sistema cardíaco é mais aperfeiçoado. Para deslocar-se de um lugar a outro, vão rastejando, mas é a extremidade do seu corpo, onde têm a boca, encarregada de prover à nutrição, que vai abrindo a marcha. Nos anelídeos já se distinguem os nervos ópticos diferenciados do seu sistema nervoso rudimentar.

Até aqui, a individualidade do princípio pensante quase não foi caracterizada. Em vez dela, vimos como se podia conceber a formação de um primeiro nervo sensitivo diferenciado da sensibilidade geral, pela repetição, milhares de vezes reiterada, de um mesmo movimento vibratório, estimulando sempre a mesma parte do corpo; e admitimos também, então, que o perispírito acabava incorporando aquele movimento, e, graças a essa incorporação, o princípio inteligente, quando voltava a ocupar a mesma forma, podia organizá-la com a modificação adequada às exigências do seu novo sentido. Isto é o que nos demonstra a análise que estamos fazendo da evolução das formas. Até aqui, não encontramos uma individualidade real; porém, a partir do momento em que percebemos um princípio de sistema nervoso, notamos, também, que a vida, antes esparsa e difusa, concentrava-se, e que cada parte do corpo desempenhava um determinado trabalho. Adiante veremos que a respiração, a digestão, a circulação e a reprodução vão localizar-se em tecidos especiais, formando órgãos particulares; e que o sistema nervoso será o coordenador e regulador dessas ações. A partir de então, a vida pessoal do princípio pensante se especificará cada vez mais, e os instintos poderão nascer, tornar-se complexos e aperfeiçoar-se com a mudança das condições externas.

A vida ainda é submarina; os solos primitivos acham-se cobertos pelas águas, e é no seio delas que os crustáceos vão suceder aos anelídeos. Esses animais são providos de carapaça, movem-se à vontade na água, e enxergam; são os trilobites do período siluriano. A partir desse momento, a vida pôde tornar-se aérea. A frágil crosta dos solos primários teve de ceder, com muita freqüência, à pressão dos gases interiores; estabeleceu-se uma luta titânica entre o fogo e a água; em meio a gigantescos cataclismos, a força central vomitou seus fogos, suas escórias, suas lavas, seus basaltos, seus pórfiros, que criaram as primeiras ilhas, esboços de futuros continentes; a ação das chuvas, dos sais, e da temperatura produziu as erosões, a desagregação das rochas, formando a primeira camada cultivável em que se desenvolveram as plantas. A atmosfera continuava saturada de umidade, e nas praias baixas e arenosas encontramos o primeiro crustáceo terrestre, o escorpião, irmão dos crustáceos marinhos.

Durante muito tempo esse crustáceo foi o único habitante da parte sólida do mundo. As ilhas cobriram-se de plantas primitivas, e nas florestas sombrias ouvia-se só o gemer do vento, nenhum ruído mais. Todos os seres eram mudos.

Inicia-se uma nova fase; depois dos primeiros rascunhos, a natureza vai lançar-se ousadamente no aperfeiçoamento da sua obra. Surgem elevações no solo; os depósitos sedimentares aumentam; a terra, lentamente, adquire sua preponderância sobre a água, que vai refugiar-se nos baixios. Durante essas mudanças aéreas, houve um imenso progresso no seio dos mares. Com o período primário, apareceram os primeiros vertebrados marinhos, os peixes. Os cefalópodes e os leptocárdios possuem uma coluna vertebral, e ao passar do estado ganglionar ao cérebro-espinhal, revestido de uma ossificação que irá se aperfeiçoando, a natureza armou suas últimas criações para uma vida mais ativa. Alguns desses peixes mostram preferência por viver no limo das praias, adquirindo com isso traços de respiração aérea e preparando o advento dos batráquios.

O período carbonífero, que vem logo a seguir, caracteriza-se por um extraordinário desenvolvimento da vegetação. O sol nebuloso e imenso das eras anteriores condensou-se e aumentou em calor; o fogo central continuava muito forte e a umidade atmosférica era considerável; daí o fato de o reino vegetal ter alcançado proporções colossais. Fetos arborescentes e gimnospermas gigantescos chegavam, às vezes, a quarenta metros de altura. São os gigantes petrificados encontrados hoje nas minas de carvão mineral.

Os batráquios, que são peixes na primeira parte da vida, e animais aéreos na segunda, pouco a pouco foram abandonando o mar para habitar a terra. São animais mais inteligentes do que os peixes, e foram os primeiros a permitir que seu canto – pouco harmonioso, sem dúvida – fosse ouvido nas vastas planícies da Terra. A partir de então, os seres não voltam a ser mudos.

A esse período da criação, segue-se a era dos répteis. A natureza inaugura uma série de formas fantásticas, horríveis e colossais. Após os ensaios precedentes, parece buscar a perfeição no tamanho e nas formas mais estranhas e assustadoras. Vendo-se esses animais, reconstituídos em museus, pode-se ter uma idéia dessas concepções monstruosas que, felizmente, não deixaram descendentes. Diante deles pode-se compreender o poder, a abundância e a diversidade de meios de que essa operária incansável, a natureza, dispõe, principalmente se pararmos para pensar que o progresso interior segue irrevogavelmente seu caminho, consolidando e ampliando cada vez mais, com um sistema nervoso, o cérebro e a medula espinhal.

Com os marsupiais, surgem os primeiros mamíferos. O recém-nascido, incompletamente formado, ainda embrionário, completa seu desenvolvimento na bolsa ventral da mãe. O princípio inteligente vai manifestar os primeiros sinais de sentimento. O amor materno nasceu com essa criatura informe que, quanto mais frágil é, mais solicitamente é assistida pela fêmea que a gerou. A ternura dos marsupiais para com sua prole é mais do que lendária.

O primeiro instinto superior nasceu da necessidade; nos

mais elevados sentimentos que mais tarde se revelaram nos animais e no homem, a causa também é a mesma. Podemos deduzir daí que os fenômenos materiais e intelectuais têm uma conexão absoluta e racional.

Todos os monstros que povoavam os mares triásicos jurássicos e cretáceos desapareceram no fim do período secundário; as condições do meio já não lhe eram favoráveis. Tornando-se muito mais extensa, a terra cobriu-se de milhares de conchas microscópicas; os continentes se destacaram mais nitidamente; as condições gerais de vida melhoraram muito. Na Era Terciária, a natureza saiu da sua longa infância. Instruída por sucessivas experiências e tentativas, livre das dificuldades iniciais, extintos os animais inúteis à sua obra, lançou-se, rápida e decidida, numa marcha mais determinada e acelerada.

Foi nesse período que nasceram os ancestrais dos animais contemporâneos, e a ciência, que acompanhou passo a passo o desenvolvimento das formas, leva-nos, imperceptivelmente, da larva ao símio. Tudo progride no momento certo: a terra, as plantas, os animais; o ambiente muda; ilhas se transformam em continentes; o fogo cede lugar à água; a umidade diminui; o solo saneia-se; o Sol esparge torrentes de luz e calor; as plantas abandonam os abismos dos mares, e, conquistando o solo, se desenvolvem, se diversificam, florescem e dão frutos; as estações diferenciam-se; os climas começam a regularizar-se; as formas se adaptam cada vez mais ao meio, e o nível da criação se eleva de modo incessante.

Quão longo é o caminho percorrido! Os seres diversificaram-se a tal ponto, que parecem estranhos entre si; sabemos, porém, que não é assim, que todos procedem da primitiva monera. Além disso, o estudo da sua composição nos prova que o que entra em todas as associações é sempre o mesmo elemento primitivo. Ao nascer, todos continuam sendo a monera primitiva que se estrangula, se divide, se fragmenta e se associa às outras moneras geradas por sua substância para constituir o novo indivíduo, que, na escala dos seres, ocupará o lugar correspondente ao seu grau de evolução.

O desenvolvimento do cérebro seguiu sua rota, independentemente das formas. Os zoófitos primitivos não apresentam qualquer vestígio de massa encefálica; não têm sentidos, nem sexo. Com os moluscos, aparece um sistema nervoso tosco, mal definido, e uma geração rudimentar e sentidos imperfeitos. Nos crustáceos surgem, ao mesmo tempo, o sistema nervoso ganglionar e a visão, a audição e o tato. Os peixes têm um cérebro e uma medula espinhal protegidos; são os primeiros vertebrados com sentidos separados. Seguem-se os anfíbios e os répteis, e, com eles, a geração vivípara sucede-se à ovípara; possuem um sistema ósseo endurecido. Os marsupiais, mamíferos inferiores, apresentam-se com um encéfalo muito simples, que vai tornar-se mais complexo nos seus sucessores, até chegar à divisão em lóbulos e apresentar as circunvoluções que se observam nos macacos e no homem. O macaco e o homem são primos: procedem de antepassados primitivos da Era Terciária, e é possível observar os sucessivos progressos alcançados pela nossa raça se acompanharmos o desenvolvimento do homem quaternário, cujo crânio, cujas costelas e cujo fêmur apresentavam características iguais às dos símios; características que, em algumas raças, ainda não desapareceram.

Nenhuma teoria filosófica pode explicar esses fenômenos como o espiritismo os explica. Conhecendo a natureza da alma, e juntando a esse conhecimento a lei da reencarnação, compreende-se com facilidade o progresso do espírito, das modalidades mais rudimentares às suas mais elevadas manifestações.

O princípio inteligente percorreu, passo a passo, a escala da vida orgânica, e, por essa ascensão ininterrupta, pôde ir fixando no seu invólucro fluídico, durante a inumerável série de séculos transcorridos, todas as leis da vida vegetativa, da vida orgânica e da vida psíquica. Para que todos os seus movimentos sensitivos, conscientes e volitivos chegassem à consciência e ao automatismo perfeito que caracterizam as reações vitais e os atos reflexos, precisou reencarnar um número assombroso de vezes, porque não é de repente que um ser chega a esse resultado. Não, a natureza não faz milagres, ela vai sempre do simples ao composto. Para que possa existir um ser tão complexo como o homem, que reúne em si as características mais elevadas de todas as criaturas, é necessário que antes tenha passado por toda a série cujos diferentes estados resume em si.

Conclusão

Vimos com que simplicidade o movimento perispiritual explica a passagem do consciente ao inconsciente, e como se registram automaticamente no perispírito todos os estados da alma. As condições de percepção obedecem a duas causas: à intensidade e à duração, que são diferentes em cada um, segundo o estado vibratório do invólucro fluídico.

Nos primeiros tempos de vida, o invólucro da alma é grosseiro, mesclado que está com os fluidos mais próximos à matéria; por isso seu movimento vibratório é dos mais inferiores. O trabalho da alma consiste em depurar esse invólucro, em despojá-lo das suas escórias fluídicas, e dar-lhe um movimento cada vez mais radioso.

Cada existência planetária deixa sua marca no perispírito. Assim como ao cortar uma árvore centenária podemos saber sua idade contando as camadas concêntricas que cada ano lhe deixou no tronco, assim também existem zonas fluídicas que se vão superpondo à medida que o espírito se distancia da sua origem. As lembranças gravadas em seu invólucro são indeléveis como ele, e, ainda que apenas analogicamente, essas camadas sucessivas podem comparar-se às fotografia que, sem fundir-se, podem superpor-se na mesma placa sensibilizada. Todos os movimentos perispirituais têm existência própria e um grau de vibração particular: o último é sempre superior aos anteriores.

Note-se bem que não se trata aqui de uma superposição física de impressões. Assim como o fenômeno da alotropia nos mostra, tangivelmente, que as propriedades de um corpo obedecem a um movimento particular das moléculas desse corpo, e que suas propriedades mudam quando o movimento das moléculas adquire outro modo vibratório, assim também, no perispírito, cada zona atômica pode ser constituída pelos mesmos átomos, porém com associações vibratórias completamente diferentes, correspondendo cada uma delas a uma determinada posição de equilíbrio.

Quando a alma chega à humanidade, já é velha; seu invólucro fixou em si, sob a forma de leis, ou de linhas de força, os estados pelos quais passou sucessivamente, e talvez se deva a isto a evolução fetal, que faz com que o embrião passe por todos os estados que a alma seguramente percorreu.

No homem primitivo, o inconsciente fisiológico é muito rico, e depois apenas acumula um cabedal maior; só irão alojar-se nele os atos automáticos secundários, isto é, os hábitos manuais. Em compensação, nesse mesmo homem, o inconsciente psicológico é quase virgem, como se constituído pelas formas mais elevadas do instinto e as mais baixas da consciência e da intelectualidade.

O animal, na verdade, tem apenas faculdades simples, rudimentares; tem noção da sua existência, mas não consciência do seu eu. Os primeiros humanos deviam parecer-se muito com os atuais antropóides, e a longa duração da Era Quaternária foi indispensável para a elaboração da consciência, que deveria separá-los definitivamente da animalidade.

Pouco a pouco, insensivelmente, a alma começou a livrar-se das brumas que a envolviam. O raciocínio, que apenas emitia alguns lampejos, firmou-se exatamente no fundo do espírito; o pensamento, exercitando-se sobre sensações mais claras, mais delicadas, deu lugar a observações mais precisas, a relações melhor estabelecidas, a generalizações e abstrações que foram se desenvolvendo à medida que a linguagem se aperfeiçoava.

Cada encarnação envolvia um aperfeiçoamento; o inconsciente psíquico enriquecia-se progressivamente; o esforço tornava-se menos considerável, conforme iam aumentando as encarnações terrenas.

Hoje, precisamos livrar-nos das paixões e dos instintos que constituem o fardo que ainda nos resta da nossa passagem pelos reinos inferiores. A luta é demorada e difícil, porque temos de modificar os primeiros movimentos perispirituais que se incrustaram em nós e constituíram nossa vida mental nas eras remotas e mil vezes seculares em que efetuamos nossa evolução. A vontade, porém, tudo pode; o progresso descerra diante de nós suas perspectivas cada vez mais brilhantes, e essa mesma força, que fez de nós seres inteligentes, saberá abrir-nos o caminho para mundos melhores, onde reinem a concórdia, a fraternidade e o amor.

Cremos ter demonstrado, nos estudos parciais que formam este livro, que os fenômenos vitais e psíquicos que coexistem no homem podem ser racionalmente explicados pela doutrina espírita.

Nenhuma das teorias que expusemos opõe-se à filosofia das ciências positivas. A existência do perispírito, durante a vida e depois da morte, foi comprovada experimentalmente, com todas as garantias contra a fraude e o erro; sua composição fluídica foi revelada pela fotografia; podemos conceber-lhe a natureza tomando, por analogia, os estados mais rarefeitos da matéria; sua imponderabilidade não é mais surpreendente do que a das forças físico-químicas, como a luz, a eletricidade, as afinidades etc.; sua ação sobre a matéria não é mais extraordinária do que a do imã sobre a limalha de ferro. Em resumo: nenhuma das suas propriedades é irracional.

A união da alma com o perispírito é semelhante à das forças com os átomos. Se não se pode aniquilar a matéria, muito menos se pode destruir o espírito. A alma, ao manifestar-se depois da morte, revela sua imortalidade.

A reencarnação não é apenas a conciliação lógica de todas as desigualdades intelectuais com a justiça de Deus; é também um fato que se prova experimentalmente, pela encarnação de espíritos em certos meios estabelecidos, e com todas as circunstâncias previamente anunciadas. Se a reencarnação é possível uma vez, há de sê-lo um número infinito de vezes, e, se admitirmos isso, podemos deduzir que é uma lei geral para o princípio inteligente, e aplicá-la aos animais, nos quais, por outro lado, observam-se fatos que parecem confirmar essa verdade.

Ainda que posta em dúvida atualmente, consideramos indispensável a existência do fluido vital para poder explicar os fenômenos da vida, porque a evolução e a forma de todos os seres vivos, assim como os fenômenos de reconstituição orgânica, não são explicáveis pela ciência moderna. Nós, que cremos conhecer a verdadeira natureza da alma, apresentamos uma teoria com a qual se resolvem logicamente inúmeras dificuldades.

A causa de todas as diferenças que separam os materialistas e os espiritualistas dos espíritas, reside na ignorância em que se encontram os homens de ciência e os filósofos a respeito da existência e da natureza do perispírito.

Para os fisiologistas, a alma é apenas o resultado das funções vitais do cérebro. Iludidos pela concordância que observam entre o estado mórbido desse órgão e o desaparecimento correlato de algumas faculdades, acham que há nisso uma relação de causa e efeito, e o que os mantêm nessa convicção é o fato de as faculdades se restabelecerem quando o cérebro volta ao seu estado normal. Nós, que possuímos a prova de que a alma sobrevive à desagregação corpórea, sabemos que essa concordância se deve à ação do perispírito sobre o corpo, que fica tolhido quando a força vital sofre intermitências, mas que recupera sua supremacia tão logo a calma se restabeleça.

A teoria materialista nada explica a respeito do universo; limita-se a comprovar fatos, que atribui a leis materiais que se encadeiam e ordenam sucessivamente. Segundo essa teoria, o espírito é apenas uma possibilidade qualquer, que poderia deixar de existir; de modo que a inteligência não passa de um acidente da criação. Tal tese parece-nos totalmente absurda, por que, sem um ser racional, a criação seria um contra-senso.

No curso destas páginas, vimos as forças naturais concorrerem com todas as suas atividades para chegar à iniciação do ser pensante; e quando esse ser pensante, quando este último produto da evolução, em vez de submeter-se passivamente como seus antepassados, toma as rédeas da sua vontade e começa a dar-se conta de si mesmo, será que ainda se pode pensar que seu ser se deva ao acaso, a um jogo de azar? Não, não é possível. Tudo na natureza desmente essa conclusão, e, se não tivéssemos a prova material da imortalidade da alma, bastaria o bom senso para derrubar essas alegações sem fundamento. A matéria é cega, é inerte, é passiva; só se move sob a influência da vontade. O que chamamos forças, na verdade são manifestações tangíveis da inteligência universal, infinita, não-criada; são sinais evidentes da vontade superior que mantém o universo.

Assim como devem existir agentes para cuidar da execução das leis promulgadas por nossas câmaras legislativas, assim também é preciso que exista uma potência eternamente ativa para cuidar da execução das leis naturais. Todas as modificações que se observam na natureza têm um só objetivo: o progresso do espírito, que é a única realidade pensante. Nesta apreciação, nos aproximamos dos espiritualistas; mas, como esses filósofos só estudam a alma no sentido íntimo, chegam a atribuir-lhe uma espiritualidade absoluta, que, fatalmente, os impede de compreender sua ação sobre o corpo, bem como a imensidade de fenômenos que constituem a vida inconsciente do eu. E isto não é tudo: a fisiologia nos mostra que todo estado de consciência acha-se, necessariamente, unido a um substrato material; que a memória, por exemplo, está intimamente ligada a um determinado estado do sistema nervoso, sem o qual as lembranças não poderiam produzir-se; de modo que, se a alma fosse puramente espiritual, não teria, depois da morte, qualquer recordação dos seus conhecimentos passados, porque tampouco teria o corpo, por intermédio do qual as recordações se produzem.

Chegou o momento em que todos os véus devem rasgar-se. O espiritismo traz provas tangíveis da imortalidade da alma, e, portanto, é preciso que, enfrentando sarcasmos e preconceitos, todos quantos se considerem homens sérios e sensatos decidam-se a estudá-lo atentamente.

Chegará um dia em que os espíritos aferrados aos seus conceitos tradicionais terão de abrir os olhos diante da ofuscante luz da verdade, solidamente apoiada em fatos incontestáveis; e, então, sentiremos uma alegria imensa vendo como milhões de inteligências esclarecidas dedicam-se a cultivar o magnífico campo que se estenderá diante delas. O domínio da matéria imponderável é tão vasto como o da ponderável, que conhecemos. Quem se dedicar ao estudo desses campos, ainda inexplorados, por certo terá uma abundante colheita de surpreendentes descobertas.

Com a certeza das vidas sucessivas e da responsabilidade dos nossos atos, muitas outras questões serão resolvidas. As lutas sociais, que nos dias atuais adquirem um caráter excessivamente áspero, poderão amenizar-se com a convicção de uma existência que é apenas um momento transitório na evolução eterna. Com menos orgulho nas classes altas e menos inveja nas inferiores, nascerá uma solidariedade efetiva, em contato com estas consoladoras doutrinas, e talvez nos seja dado ver desaparecerem as lutas fratricidas, essas monstruosidades da ignorância, dissipando-se diante das máximas de amor e fraternidade, que são a radiosa coroa ostentada pelo espiritismo.

DO ÁTOMO AO ARCANJO
Ramatís / Hercílio Maes
132 páginas – ISBN 978-65-5727-014-1

A mecânica evolutiva da Criação foi desvendada a Kardec – dois anos antes de Darwin! – pelos espíritos, com a genial declaração: "do átomo ao arcanjo, que começou sendo átomo". Mas... e entre o átomo e o arcanjo? Onde se encontram os degraus intermediários dessa escalada do zero ao infinito?

Com Ramatís, os degraus dessa simbólica "escada de Jacó" da imagem bíblica se povoaram, nos textos recebidos por vários médiuns e em diversas obras. Dos arcanjos (ou logos galácticos, solares e planetários) aos anjos e devas, dos espíritos da natureza aos animais – sem deixar de definir a posição de Jesus de Nazaré, anjo planetário da Terra, devidamente distinguida daquela do Cristo, nosso Logos.

Para que a humanidade possa ingressar de fato no patamar de consciência da Nova Era, esse conhecimento mais amplo da hierarquia e funcionamento do Cosmo se faz imprescindível, a fim de nos situar com maior amplitude no panorama do Universo e para o contato com nossos irmãos siderais, que se aproxima.

Este volume representa a condensação de conhecimentos iniciáticos milenares com que Ramatís abriu, para a mente ocidental, uma janela panorâmica sobre a estrutura e funcionamento do Cosmo, complementando a imorredoura revelação da Espiritualidade datada de um século e meio atrás.

EVOLUÇÃO ANÍMICA
foi confeccionado em impressão digital, em abril de 2025
Conhecimento Editorial Ltda
(19) 3451-5440 — conhecimento@edconhecimento.com.br
Impresso em Luxcream 80g – StoraEnso